# 重新定义卷烟营销

王武伟 著

中国市场出版社
China Market Press
•北京•

**图书在版编目（CIP）数据**

重新定义卷烟营销 / 王武伟 著.
—北京：中国市场出版社，2017. 10
ISBN 978-7-5092-1613-2

Ⅰ. ①重…　Ⅱ. ①王…　Ⅲ. ①卷烟－产品营销
Ⅳ. ①F768. 29

中国版本图书馆CIP数据核字（2017）第251375号

**重新定义卷烟营销**

王武伟　著

责任编辑：晋璧东
装帧设计：乐唐美学工作室
出版发行：中国市场出版社
社　　址：北京市西城区月坛北小街2号院3号楼（100837）
电　　话：（010）68034118 / 68021338 / 68022950 / 68020336
经　　销：新华书店
印　　刷：河北鑫兆源印刷有限公司
开　　本：710毫米×1000毫米　1/16
字　　数：284千字
印　　张：18
版　　次：2018年1月第1版　　2018年1月第1次印刷
书　　号：ISBN 978-7-5092-1613-2
定　　价：49. 80元

# 重新定义，大道至简

卷烟，作为一种特殊商品，原本无“营销”，现在也无“营销”。

2002年以来烟草行业大力推进的卷烟销售网络建设，以及2003年工商分设后的卷烟销售职能分工，使卷烟商品从传统批发逐步走上现代流通之路，并在多次改革的努力尝试中披上了“营销”的外衣。

按照市场、客户、品牌三大要素，烟草人将“卷烟营销”细分为卷烟市场营销、卷烟服务营销、卷烟品牌营销，以及由此派生出来的卷烟营销管理，并编写了对应的4本职业技能鉴定教材，江湖上人称“四大名著”。可以说，第一拨具有“现代营销意识”的卷烟销售工作者（烟草制品购销员）正是在学习“四大名著”中成长起来的。

岁月的年轮进入2015年后，前方高能预警：“需求拐点逼近！”此后，市场风向进一步逆转，“销量成为难题了！市场让人看不懂了！环境令人不知所措了！”尽管这样，2015年仍然是烟草行业上缴国家财政税收突破1万亿元的标志性年份，2016年进一步巩固了“两个超万亿”的发展成果，展现了烟草人为国护盘、努力建设社会主义的正确姿态和“我要把一切上交给国家”的赤诚情怀。

**“十年变幻两茫茫；烟草人，忙忙忙。”**业绩的辉煌与市场的疲态相映成“屈”，很容易让营销“老司机”找不着北，似乎“不是你不明白，而是世界变化快”，又似乎“老司机遇到了新问题”。确实，消费者在变，市场环境在变，“变是唯一的不变”，但也要认识到，除了层出不穷的新问题外，老问题、老课题其实有着“一颗不变的心”。经过多年的努力后蓦然发觉：卷烟市场仍然聚焦零售市场，没有延伸到神往中的消费市场；经营方式依旧依靠推动式销售，没有转型为传说中的拉动式营销，如此等等。

因此，面对烟草产业新的发展形势与环境，面对广泛禁止烟草广告的后广告时代，“重新定义卷烟营销”真正成为一种需要。重新定义市场，重新定义需求，重新定义终端，重新定义品牌，重新定义组织……似乎一切都要重新定义（事实上，新型烟草制品的涌现也正在重新定义“烟草产品”），唯有“重新定义”，才能打开脑洞、别开生面，探寻新时期卷烟营销的正确打开方式。

重新定义，本来这样的大话“我其实是拒绝的”，因为听起来、看起来似乎要改变什么、颠覆什么。在创享烟草智库（微信号yc520）推出一组“重新定义”系列文章后，老汉我终于放心地发现，大道至简，“重新定义”其实只是一种回归——**回归常识，回归本质，回归简单**；“重新定义”表达的都是基本——基本观念，基本认识，基本方法。这些正是卷烟营销“老司机”最基础的自我修养。

需要老实承认的是，本书既不是什么独创的武林秘籍，也不是多么严谨的钻研之作，只能勉强算作一组“有味道”的散论。稍微不同的是，此中有“三味”：**有烟味**，集吸烟30年、服务烟草15年之思考，“李白斗酒诗百篇，老汉一篇三包烟”；**有趣味**，尝试用互联网语言为枯燥乏味的卷烟营销加点“佐料”，复杂的事简单说，严肃的事轻松说；**可品味**，融产业视野与微观实操为一体，大中有小，小中见大，雅俗并存，可读可品。

作为男人，美女不可辜负；作为吃货，美食不可辜负；作为烟民，好烟不可辜负；作为卷烟营销人，市场常识不可辜负。如此而已。

叼烟斗的老汉

2017年10月于合肥

# 目 录

# 第一篇　回归常识

在本篇，老汉（即笔者王武伟，全书统一采用此称呼）尝试对**卷烟市场、卷烟需求、卷烟销量、卷烟结构、市场状态、卷烟零售终端**这6个既熟悉又“陌生”的概念予以重新思考、重新界定，旨在回归常识。遇见本篇老汉重新定义的文字，你可能忍不住要拍桌子，也可能忍不住要拍脑袋……

# 第一章 重新定义卷烟市场

什么是市场？这是营销“老司机”要面对的第一个基本问题。

什么？这居然成为问题！

虽然有关教科书里明白无误地写道：市场是商品经济中生产者与消费者之间为实现产品或服务价值，满足需求的交换关系、交换条件和交换过程。

但这确实还是个问题。正如“一千个读者就有一千个哈莫雷特”，每个营销老司机心目中市场女神的面貌也不尽一样。卷烟产品的特殊性导致了营销老司机对卷烟市场的认识，一度雾里看花、水中望月。美国有一位营销大咖西奥多•莱维特在《营销想象力》一书中提出：“企业的市场定义比产品定义更为重要。”究竟什么是市场，什么是卷烟市场，什么是可操作的卷烟市场，这需要老司机通过从宏观和微观层面分别重新审视、重新认识、重新发现，这是坚守基本原则、尊重基本常识的基本节操。

## 一、在体制的围城里眺望“市场”

长期以来，专卖专营、政企合一的管理体制令人爱恨交加、欲罢不能（如果你爱一个人，就让他到烟草行业工作；如果你恨一个人，也让他到烟草行业工作）。在体制的围城内眺望“市场”，“城里人”能够得出的结论就是：所谓“市场”，就是**卷烟零售市场**（商品交易的场所）。因此，市场管理，主要是管理卷烟零售秩序与环境；市场营销，主要是把卷烟批发销售给零售客户。

这一烙上专卖思维的市场认知根深蒂固，可以说贯穿了行业发展的“黄金十年”，也决定了烟草企业十多年来的销售网络模式。实践是最好的催化剂，随着卷烟销售网络建设实践的发展，行业认识市场的新视界逐步打开，特别是发轫于2006年的“按客户订单组织货源”改革和2013年“卷烟营销市场化取向改革”，有力驱动了烟草企业对市场进行与时俱进的认识与解读。过程大致这样：

1．2006年起试点“按客户订单组织货源”，逐步明确卷烟零售客户订单来自消费需求。

2．2008年召开国际一流卷烟营销网络研讨会，初步提出构建工商零售一体化面向消费者的营销体系。

3．2011年起推进现代卷烟零售终端建设，着力打通面向消费者的“最后一公里”。

4．2013年起试点“卷烟营销市场化取向改革”，进一步明确消费需求导向，推动营销模式由推销向拉销转变。

在这个持续的改革过程中，行业总体完成了对“市场”的再认识、再定义，即“市场”是指由消费者组成的**卷烟消费市场**，而不仅是指卷烟零售市场。也就是说，“零售客户怎么卖烟”是“市场”的重要组成部分，“消费者怎么买烟、怎么吸烟”才是“市场”的本质所在。烟民一包一包地买，一支一支地吸，这是原生态的卷烟市场。

欧耶！市场那么大，我想去看看。

## 二、市场之变：消费者去哪儿了

“曾经你对我爱答不理，今天我让你高攀不起。”今天的消费者大约要表达这样的消费主权意识。

尽管行业总体上对市场的认识逐步回归到消费者，但消费者是笼统抽象的（包括现实消费者、潜在消费者和永不消费者），也是持续迭代变化的。行业的市场化启蒙不幸又幸运地赶上卷烟消费者正在发生四大深刻变化：

**一是消费者的密度降低**。根据全国第六次人口普查数据，80后人口有2.28亿，90后有1.74亿，00后只有1.26亿，90后比80后少23.68%，00后比90后少27.59%（见图1）。随着人口红利的逐渐稀释、消费者的代际转移和控烟运动的持续发展，老烟民加速离场，新烟民进入减少，烟民存在着被边缘化的社会舆论倾向，烟草制品的消费者密度正逐步降低。

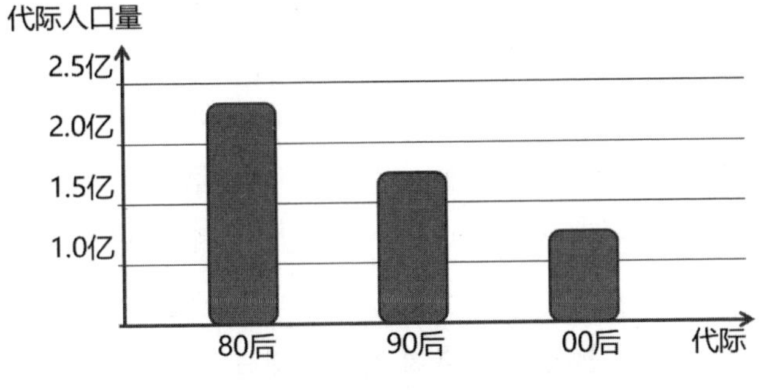


图1　消费者密度逐步降低

**二是消费者的代际转移**。年年岁岁花相似，岁岁年年人不同，新生代消费者正在涌入，成为消费新引擎。新生代消费者是随着网络的发展而成长起来的一代，他们拥有全新的生活方式、消费主张和消费形态，更容易成为品牌的拥护者。新兴消费群体的崛起往往带来整个社会品牌和社会财富的重新分配，很多新的品牌如小米、乐视、三只松鼠等都是依靠新生代消费者迅速发展，他们的加入与崛起也会带来卷烟品牌格局的改写。

**三是消费者的去中心化**。60后、70后、80后、90后等不同年龄层的消费者，各自形成特征完全不同的消费群体，消费分化、重聚的趋势更加显著，更多消费者以社群、圈层的形式潜伏于茫茫人海与茫茫网海，从“大众趋同”走向“小众自我”，从“千人一面”走向“十人一面”、“一人一面”，从“买产品”走向“买体验”，传统的人口学和社会学分类已不再能够准确区分消费群体。中心化意见领袖在消费引领上的“一呼百应”效应已大不如前。

**四是消费者的全渠道化**。随着互联网技术、大数据、物联网、人工智能等迅速发展，网上购物、网上学习、网上社交、网上娱乐等已成为更多消费者的生活方式。数字化的“低头一族”“指尖上的一代”不再生活在唯一的地理场景、时间场景、购物场景和媒体场景之中，而是成为全渠道、全频道、全天候的消费者，“365×24小时”的场景消费成为可能，消费行为“随时、随地、随心、随性”发生。

这样的大背景决定了营销老司机认识市场、认识卷烟消费者更加紧迫重要，也更加复杂和困难。

从实际状况看，卷烟消费者可谓是营销老司机“**最熟悉的陌生人**”，关系很微妙，正如很多同床共枕多年的老夫妻，其关系用一句歌词来表达恰如其分——“**这么近，那么远！**”这么近，因为每天朝夕相处，同床共枕；那么远，因为彼此根本没有读懂对方，同床异梦。大多数营销老司机对“市场”的认识与理解，就像很多夫妻之间的状态——自认为很理解，其实，有时是了解身体而没有理解心理；有时是在黑灯瞎火状态盲人摸象。

“烟漠漠，草萋萋，烟草低迷萦小路。”近年来“需求拐点逼近”，卷烟市场可谓风云突变：库存高，动销缓，销量降。许多营销老司机不禁疑惑：“**消费者都去哪儿了？**”难道烟民突然消失了吗？难道烟民大面积流失了吗？卷烟消费的顽固性决定了烟民的突然消失或大面积流失都不大可能。机场吸烟室的人头攒动、高铁到站时许多人急不可耐等现象都表明，“消费者一直就在那里”，该抽则抽，欲戒也难，正如自喻为“文艺界尽责的小卒”的老舍先生所说：“叫我戒烟，宁可上吊！”真正的问题不是“消费者在哪里”，而是“**消费者变了**”！有的“躲”起来了，有的“萌”起来了，也有的“溜走了”……电视剧《人民的名义》中就生动反映了烟民众生图，既有“老烟枪”李达康、

“雪茄客”祁同伟，也有戒而复吸的高育良和戒得彻底的侯亮平。这种种变化，意味着卷烟市场正在或已经发生前所未有的质变。烟草工商企业，在营销理念、营销策略、营销组织等方面，都还没有真正适应市场的变化，更谈不上对市场春耕秋收，精耕细作，但这“抽烟烧枕头——怪不了别人”。

## 三、宏观层面：经济学视角下的卷烟市场

从宏观层面重新定义市场，就是以经济学视角深化对市场的认识。

供给与需求是经济学最基本的概念，两者你离不开我、我离不开你，相互依存、互为条件。卷烟市场也由供给方与需求方组成，通俗地说，就是由买烟的和卖烟的组成，有恋才有爱，有买才有卖，买卖关系是市场的基本关系。

按照经典的“三分法”，买卖关系通常有3种状态：

第一，买大于卖。

第二，卖大于买。

第三，买卖相对平衡。

第一种情况，是令卖方疯狂喜悦的“供不应求”盛况，卖方很牛气，但牛气都有时效性，发展到一定程度必然“盛况不再”。第二种情况，是令卖方苦闷悲催的“供大于求”的情况（不排除“供非所求”因素），卖方很郁闷，好在郁闷也有期限。很显然，第三种状态是买方卖方都牛气的理想状态，就成为产业的永恒追求。问题是，在实际的市场状态中，供给与需求在动态中实现平衡，平衡总是短暂的，不平衡则是经常的。市场经济条件下，在其中发挥“无形之手”作用的是一位学名叫“价格机制”的理工直男。

从消费属性看，卷烟是一种快消品；从本质属性看，卷烟又不是一般的商品，它作为国家税赋的凝结物，事实上相当于一种特殊货币、特殊税票，**每一包烟都是一张含税率很高的税票**。著名作家路遥生前经常搬出“抽烟是爱国行为”之论，认为抽得多、抽得好更体现爱国的程度，虽是戏言却不是歪论。如果把卷烟作为一种快消品来定位，卷烟市场是一个**产品市场**，供给方是厂商，需求方是消费者；如果把卷烟作为一种特殊货币来定位，卷烟市场则是一个**要素市场**，消费者成了供给方，厂商则成了需求方。无论作为产品市场还是要素

市场，都要求全国形成一个统一开放、公平竞争、要素自由流动的大市场（见图2）。池子越大鱼越欢，市场愈大愈流通，则意味着市场的消费潜能、发展张力越大（从这个意义讲，行业推进多年的“大市场”战略功不可没）。

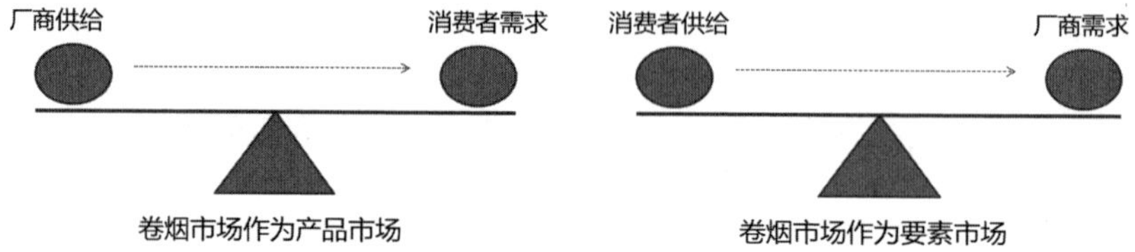


图2 卷烟市场的双重属性

卷烟市场的这种**双重属性**决定了“价格机制”这位理工直男不能自由发挥作用，他的任性会直接导致国家税收的流失和卷烟零售客户利益的受损。卷烟市场要实现供需相对平衡的理想状态，从市场宏观管理的角度看，至少要有两个前提：

第一，对作为快消品的卷烟“需求”、作为特殊货币的卷烟“供给”做出正确乃至准确的判断。

第二，对作为快消品的卷烟“供给”、作为特殊货币的卷烟“需求”做出合理乃至有力的调控。

是不是很绕很纠结？然而卷烟市场就是这样神奇的双重存在。做到第一条，需要直面卷烟作为快消品在需求上的有限性（当然，在策略上不可否认需求存在弹性，参见本书第二章《重新定义卷烟需求》），更需要直面卷烟作为特殊货币在供给上的刚性。做到第二条，需要恪守卷烟作为快消品在供给上的有限性，更需要恪守卷烟作为特殊货币在需求上的刚性。因此，从宏观角度重新定义卷烟市场，结论其实只能是一句老话：**卷烟市场是有限需求与有限供给之间的刚性配置**。这种刚性配置就是通过“有形之手”调节供需关系，改善供给质量，“总量控制、产销协调、稍紧平衡”是调节供需的理想境界。忽视有限性，突破有限性，带来的却不是“无限可能”；淡化计划性，向往市场化，迎来的不见得是“市场的春天”。

这样的重新定义，是做好卷烟市场宏观管理的逻辑起点。没有这个起点，谈所谓的“营销”基本上是白搭。

## 四、微观层面：营销学视角下的卷烟市场

微观层面重新定义市场，就是以营销学视角深化对市场的认识。

从营销实操的角度看，有人的地方就有江湖，有江湖的地方就有烟民，有烟民的地方就有需求，有需求的地方就有市场。卷烟市场由特定情景下的各种各样烟民组成，他们吸烟的动机可能不一样，消费能力也不尽相同，但解瘾或装酷耍帅都是刚需。

先来想象一个梦寐以求的场景：一款牛气的新烟上市，快速引爆市场！什么叫引爆市场？就是很多人都在为它装酷耍帅。比如某个细分市场有100个烟民，已有超过20烟民为它装酷耍帅，就会容易形成引爆现象；但是，如果在20个分别有100个烟民的细分市场，每个市场有1个烟民为它装酷耍帅，虽然总数也有20个人，但不会形成引爆效应。

所以，营销老司机都会知道，一种新产品要想成功推向市场，必要的条件是：至少先在同一个市场进行有效渗透，**直至在同一个市场的渗透率超过某个临界点**。

那么，问题来了！什么是“同一个市场”？提高市场渗透率的前提是，要能真正找到“同一个市场”。比如，一个固定抽50元一包烟的烟民，和一个固定抽10元一包烟的烟民，两人住在一个小区，他们是“同一个市场”中的顾客吗？事实上，他们一个中产，一个草根，几乎没有在“同一个市场”的可能，甚至小区门口的食杂店很难见到中产来买一次烟。

传统的市场细分是企业主导的合并同类项过程，习惯上按照地理、人口统计、社会经济、心理和行为等维度，把不同消费者按相同或相似性的消费特征进行归类，从而得到细分市场的组合，如年龄特征组合、收入特征组合等，并在此基础上分析定位自己的目标市场。从营销实操的角度看，不仅要找到靶子，更要瞄准靶心；不仅要找到目标市场，更要找到目标市场中的“同一个市场”。

所谓“同一个市场”，至少要满足这两个基本条件：

第一，一批普遍存在的拥有某种需求偏好的消费者（比如，都关注健康的烟民），可称之为**“消费者密集度”**。

第二，在消费或购买时，他们之间相互参考（比如，相互敬烟与分享），可称之为**“相互参考性”**。

第一条是前提，第二条是关键，是某个品牌（规格）成功引爆市场的关键。“相互参考”是消费行为，也是消费场景，如果消费者之间不能围绕某个需求满足点进行相互参考，也就是相互讨论、相互影响，就不构成同一个市场”。比如，婚庆用烟市场，一般说来是一个相互参考性强的市场；又如，2015年以来的卷烟消费需求萎缩，一个不可否认、不容忽视的因素就是控烟运动发展使烟民之间的相互参考受到了明显制约。

细分、细分、再细分，直至真正找到那些可操作的“同一个市场”，这是最有技术含量的营销“必杀技”，掌握了这一点，营销老司机就升格成为**“营销战斗机”**。

那么，如何正确定义与描述营销实操中的“同一个市场”？

**首先，不能只用地理位置来描述市场**。我国卷烟市场的一个突出特点是区域化程度高，卷烟营销组织也习惯按照地理区域设置。但物以类聚、人以群分，市场细分是要找到特定区域内不同需求属性的消费群体，而不仅仅是“特定区域”。如包工头、木工、瓦工、漆工、杂活工等即使在同一个建筑工地，但并不在“同一个市场”，他们各自的消费档次与品牌偏好不一样，包工头在抽烟档次上更容易与项目经理对接，木工、瓦工在品牌偏好上则取决于他们来自哪个地方。

**其次，不能只用产品属性来描述市场**。如：高端卷烟面向高收入的消费者、低焦卷烟面向那些注重健康的消费者等。同理，市场是由消费者构成，而不是由产品组成。即使完全相同的产品，可能满足完全不一样的消费需求，也就根本不是“同一个市场”。

**最后，不能只用目标群体来描述市场**。如：我们的目标顾客是那些关爱健康的高端烟民，或我们的目标顾客定位于20～40岁的偏好时尚的男性消费者等。一样的消费群体，在不同的场景下可能有着不一样的需求。比如“细支烟”，有的用来减少吸食量，有的用来彰显个性，甚至有的用来吸引异性，他们根本不在“同一个市场”。

正确的“同一个市场”描述，应清晰地说明产品如何在一个能够参考意见的群体里满足需求，包括：**哪些消费者，要用什么产品，来满足其什么需求**。如黄鹤楼“三口品”，其可定义的“同一个市场”是：坐高铁的烟民，使用本产品在每个短暂停站时刻快速解瘾。由此绑定相关话题进行有效传播，形成烟民之间的相互影响、相互参考。

总之，市场不能简单按照地理位置、产品属性、目标群体等来界定与描述。从营销实操角度定义卷烟市场，结论其实也就一句话：**同一个卷烟市场，就是有一群相互参考的烟民使用某款香烟来满足类似需求**。聚焦市场，就是寻找一个能密切提供参考意见的消费群体，充分利用他们之间的连锁反应。当他们之间的相互影响、意见参考达到一个临界点，品牌成长的“引爆点”自然会来临。

## 五、让你秒懂：干货盘点与小炒

1．企业的市场定义比产品定义更为重要。

2．“市场”是指卷烟消费市场，而不仅是指卷烟零售市场。

3．卷烟市场具有双重属性，既是产品市场，也是要素市场。

4．宏观上，按照要素市场管理，做好以刚性调控为主的供需配置。

5．微观上，按照产品市场营销做好市场细分，找准“同一个市场”。

6．做好卷烟市场宏观管理是做好卷烟市场营销的逻辑起点。没有这个起点，谈“营销”基本上是白搭。

7．烟草行业计划与市场的有机结合，更应体现在“上下结合”——上面用好计划手段，下面用好市场手段。

8．对工业公司、地市级公司等营销主体的有效放权才是符合市场导向、推动从销售向营销转型的真正改革。

## 小贴士：“同一个市场”的识别与描述

按照“消费者密集度”和“相互参考性”两个指标，可以形成一个简单直接的识别矩阵，帮助营销老司机判断识别目标市场中的“同一个市场”。如图3所示：

图3 同一个市场识别矩阵示意图

如婚庆市场，消费者密集度高不高？一般说来比较高。相互参考性强不强？一般说来具有明显的参考性，因而是“同一个市场”，值得集中资源去精细开发。当然，在某个特定区域内的城镇居民与乡村居民，他们在结婚用烟上也许并不相互参考，因而要进一步细分出城镇婚庆市场与乡村婚庆市场，为之提供不同的主推品牌（规格）与增值服务。

找出“同一个市场”，营销老司机要能正确地描述它。说得清楚，才能干得明白，只有正确定义与描述“同一个市场”，才可能正确地引爆市场。

比如对“某个区域城镇婚庆市场”，可以这样来描述：某某区域内准备办婚宴的城镇消费者，用推荐的喜庆用烟规格，方便地满足其体面而大气的需求（假定其需求点为“体面而大气”）。

比如对“某个区域乡村婚庆市场”，可以这样来描述：某某区域内准备办婚宴的乡村消费者，用推荐的喜庆用烟规格，方便地满足其体面而节俭的需求（假定其需求点为“体面而节俭”）。

当营销老司机能够这样描述“同一个市场”时，那么要面向谁、采取什么策略、需要哪些资源等问题，也就一目了然。通过对“同一个市场”的寻找与描述，可以发现营销的艺术与技术就在于“温柔一刀”的市场细分——**不仅要揭开面纱，还要探出真相**。

# 第二章 重新定义卷烟需求

自国家提出“供给侧结构性改革”以来，开始流行说“供给”。到底是需求决定了供给，还是供给引导了需求，理论界似乎说得清楚，但似乎又道不明白。可以确认的是，需求是系统性的外生变量,一切供给侧的问题都离不开需求侧。分析研究一个产业，上游看价格，下游看需求，中游看库存与毛利。从卷烟营销的角度看，重新定义卷烟需求，打开“需求”的黑匣子，从而更深地理解卷烟需求，更准地把握卷烟需求，这是认识市场、开发市场、维护市场的基础。

## 一、卷烟需求究竟是指什么

这是一个老掉牙的问题，但不得不弯腰拾老牙。

在经济学中，需求是在一定的时期，在一既定的价格水平下，消费者愿意并且能够购买的商品数量。在某一价格下，消费者愿意购买的某一商品的总数量称为需求量。因此，需求在营销实践中通常表达为市场需求，指消费者全体对某种商品需求的总和。

处在专卖体制和计划经济中的烟草行业，长期以来“以产定销”，总体上缺乏甚至是匮乏需求观念。自2006年试点“按客户订单组织货源”起，在市场启蒙教育中烟草企业逐步有了需求意识。由此，市场导向、需求导向成为处于改革求变期烟草企业的流行标签与报告口头禅，但对需求的认识仍然模糊，既有简单化的倾向，也有复杂化的倾向，同时干的仍然是背离需求的活计。

为啥出现这种情况？因为烟草企业过去对“市场”的认识局限于“卷烟零

售市场”，因而很容易以零售市场需求（零售客户订单需求）代替消费市场需求（消费者消费需求）。除此之外，还有其他现实因素：一是税利增长目标决定了企业形成以订单为中心的销售模式，预测订单需求有直接而现实的作用；二是订单需求相对容易获取，而消费需求的预测难度要大得多；三是简单粗暴地认为订单需求可以反映消费需求。

这种情况的出现，导致行业实行多年的卷烟需求预测成为一场**“真实的谎言”**，说它很真实，因为流程严谨，还用了一系列神乎其神的预测方法，如指数平滑、回归分析等；说它是谎言，因为结果其实就是“要卖多少，就预测多少”。

随着卷烟营销市场化取向改革的启动与推进，国家烟草专卖局从战略高度再次重申与强调了“以满足消费者需求为核心”，明确了需求预测要预测的是**“消费需求”**，虽然只是强调了一个常识问题，但确实是一场真正需要的卷烟营销观念变革。在消费者主权时代，消费需求导向绝对不能成为空口号和流行标签。唯有真正坚持消费需求导向，才能谈得上尊重市场，才能谈得上遵循规律，才能谈得上有效调控，也才能实施真正意义上的“营销”。

## 二、消费需求从哪里来

消费者的需求从哪里来？按照心理学的说法，来自“需要”。“需要”也叫欲望，是指有机体感到某种“缺乏”而力求获得满足的心理倾向，是“不足之感”与“求足之愿”的心理统一，乃一切心理运动的起源。可见，“需要”来自人性，因而对消费者需求的观察，也是对人性的观察。

那么，“需要”就是“需求”吗？当然不是。“需要”转化为“需求”，必须有两个基本条件：

第一，“需要”经过“刺激”转化为“动机”。

第二，“动机”匹配上“消费能力”形成“需求”。

如图4所示。

图4　从“需要”到“需求”

消费动机如“烟”，消费能力如“火”，“有烟无火，难成正果；有火无烟，难成神仙”。只有“烟”与“火”美丽相遇，才能迸发出真正的需求。

为便于营销老司机进一步理清“需要”与“需求”的关系，举例如下：

“就算丑八怪，也要谈恋爱”（这是需要）。

“不做电灯泡，何以懂爱情”（这是刺激）。

“为了能和女神在一起，管他玫瑰贵不贵”（这是动机）。

“红玫瑰真的很贵，幸亏挣了加班费”（这才是需求）。

消费者的需要是永恒的，正所谓“欲壑难填”。随着社会经济发展，人们各种各样的需要不断被激发和强化，人民美好生活需要日益广泛。必须承认，再牛气的营销活动，也创造不了需要，只可能把需要刺激转化为消费动机。

概言之，**消费需求＝消费动机＋消费能力**。

**从消费动机的角度看，卷烟消费需求逐步弱化**。卷烟消费需求由于产品特性而总体上被划分为“有害需求”（烟酒等都是如此）。有害为什么还会有需求？人们大部分时候抽烟，当然不是为了刻意危害自己的健康，而是因为有更强的“需要”啊，正如男人需要接触异性、女人需要展示自我，这是原始需要。500多年来，人类与烟草展开了一场场爱恨之战，无数人对烟草产生了狂热爱恋。

随着我国消费者的消费需求从温饱向小康升级、从生计向生活升级，人们对健康的需求更强更大了，据麦肯锡公司调查显示，65%的中国消费者追求更健康的生活方式，“小康小康，追求的就是健康”，加上控烟运动不断发展，卷烟消费的“负需求”“无需求”增加，部分市场出现“下降需求”。同时，新的消费观念与政策环境，使卷烟消费中曾经存在的“过度需求”（如公款消费、炫耀式消费）像泡沫一样已被挤净。如表1所示。

表1 需求的八大类型

| 序号 | 类型 | 含义 |
|---|---|---|
| 1 | 负需求 | 市场上众多顾客不喜欢某种产品或服务 |
| 2 | 无需求 | 目标市场顾客对某种产品毫无兴趣或漠不关心 |
| 3 | 潜伏需求 | 现有的产品或服务不能满足许多消费者的强烈需求 |
| 4 | 下降需求 | 目标市场顾客对某些产品或服务的需求出现下降趋势 |
| 5 | 不规则需求 | 因季节、月份、周、日、时变化而引起对产品或服务需求的变化 |
| 6 | 充分需求 | 某种产品或服务现今的需求水平和时间等于期望的需求，但消费者需求会不断变化，竞争日益加剧 |
| 7 | 过度需求 | 市场上顾客对某些产品的需求超过了企业供应能力，产品供不应求 |
| 8 | 有害需求 | 对消费者身心健康有害的产品或服务 |

**从消费能力的角度看，卷烟消费需求逐步增强**。随着烟民的消费能力提高，卷烟消费结构、品质、精神等方面的“潜伏需求”存在着激活的巨大可能。如2005年我国卷烟消费平均水平为每包4.5元，“三红一白”品牌现象反映了当时的平均消费水平，那时“爱情受折磨，抽根小红河”；2010年卷烟消费平均水平大约为每包8元，高端消费的引领品牌为“华溪楼王”，“抽上黄鹤楼，单位是个头”；2015年卷烟消费平均水平则提高到每包12元多，高端消费的引领品牌演变为“和一大天”，这时“中华也入平常家”。收入水涨船高，观念与时俱进，卷烟消费已告别模仿型排浪式消费周期，步入以自买自吸为主的消费阶段，消费结构也由传统的“金字塔型”转变为两头小、中间大的**“橄榄型”**。在橄榄型消费结构中，“四有新人”将大量出现，他们对未来有规划、对生活有讲究、对消费有情怀、对社会有责任，释放出强大的消费引领力。如图5、图6所示。

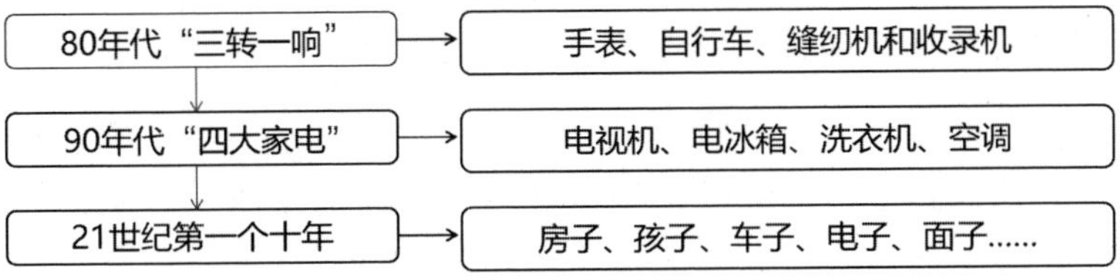


图5 我国消费者模仿型排浪式消费升级示意图

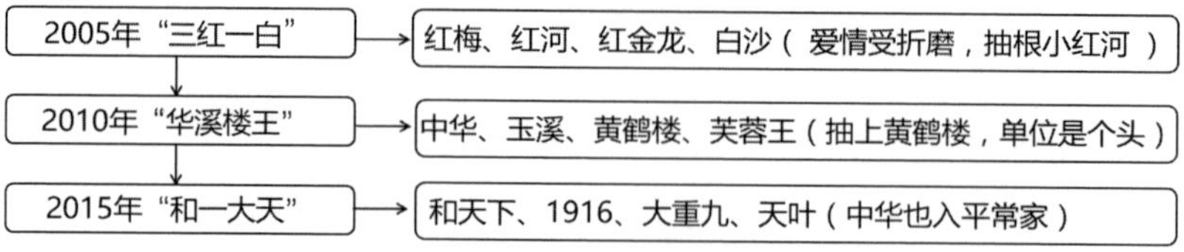


图6 我国卷烟消费升级中的品牌现象示意图

在卷烟营销实务中，研究消费需求，可以按照**消费动机**和**消费能力**两大族群进行研究。研究消费动机的关键指标是消费者的消费偏好（购买偏好），研究消费能力的关键指标是消费者的消费观念。如图7所示。

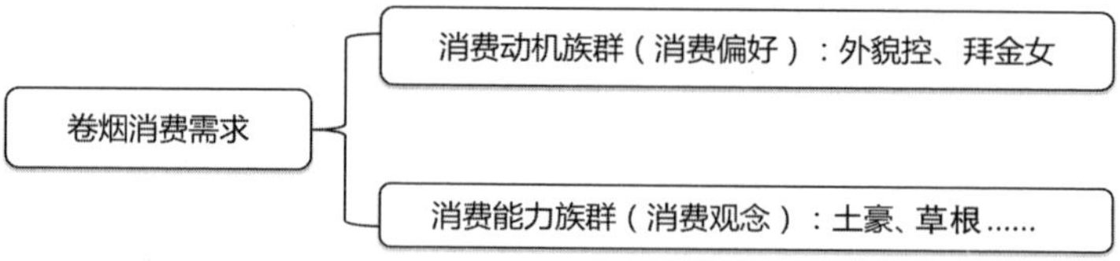


图7 卷烟消费需求研究的关键指标

不研究消费动机的营销，是无策略的营销；不研究消费能力的营销，是低能力的营销。说破了就这么简单，不用折腾得太复杂。把简单的事情持续做好，就是不简单。

## 三、消费需求有一定的拐点吗

凡是营销老司机都知道，现阶段谈卷烟需求，脱离不了一个大背景、大研判，那就是**“需求拐点逼近”**。卷烟消费需求总量真的有拐点么？如果有，那么它在哪儿？

从经济学的基本原理看，影响需求规模的因素主要有商品本身价格、替代品价格、互补品价格、消费者收入水平、消费者偏好、消费者预期和消费者规模。卷烟是无替代品的特殊商品，虽也必然受“需求规律”作用，但其需求具有刚性大、高频率发生、有限性明显、稳定性较强等特点，属于一种需求弹性很低的商品，价格可以区分需求层次，但不是影响需求规模的第一位因素。常识和经验已充分证明，决定卷烟市场需求规模的第一位因素是消费者规模，即有多少人吸烟、他们的平均吸烟量有多大，转化为关键指标就是**烟民数量**和**烟民平均吸食量**。这两个指标都有峰值，都是常量，因而，卷烟需求总量拐点是存在的（相对于供给总量而存在）。基本公式如下：

卷烟需求总量（箱）＝人口总体规模×吸烟率×人均日吸烟量×365 / 50000

（注：吸烟率、人均日吸烟量分性别、分年龄研究更精确，由此可以细化计算公式）

按照营销学的基本观点看，卷烟需求总量拐点则又是不确定的。营销学大神菲利普•科特勒如是说："市场需求不是一个固定的数字，而是由确定的地理区域、确定的一段时间、确定的消费群体之间共同构成的一个关系函数。"从这段话中可以看出，科特勒眼中的"需求"是动态的，是变量。对照下生活常识，大约也是如此，很刻板地每天只抽10支或19支的烟民大约屈指可数，他高兴或悲伤了，多抽或少抽几支都属正常的任性范围。消费者调查结果也显示，绝大多数烟民在特定情况下会多抽烟，吸食量具有一定的弹性。据说，创业大咖史玉柱先生抽烟很特别，一支烟点着还没抽几口，要开口说话时，便三根手指捏着长长的香烟往烟灰缸里一戳，话说完后再为自己点上一支新的，不一会儿烟灰缸里就挤满了一堆伸着长长"脖子"的烟头，这样吸一半留一半的烟民，其吸食量的弹性更大。

因此，卷烟需求总量拐点具备两个特点：

第一，它是存在的。

第二，它是动态的。

如果说"市场"是位性感女神，那么"需求"就是女神变化多端、不易捕捉的心思，它在一个数值区间游离而不是固定在某个数值。

## 四、消费需求可以被预测吗

根据前文所述，当讨论需求预测时，必须明确两个认知前提：一是预测对象是烟民的消费需求，预测的是烟民能抽多少烟，而不是烟草企业能卖多少烟。二是消费需求是一个关系函数，预测结果不可能以某个固定数值来表示。

营销老司机对需求的探索如饥似渴，残酷的真相却是：**消费需求可以被预测，但不能被准确预测**。追求甚至考核所谓的“需求预测准确率”，既背离了市场的真实，也容易造成预测的造假，而且消费需求一旦能被“准确预测”成某个固定数值，营销的乐趣与创造的空间便荡然无存。

卷烟消费需求之所以可以被预测，是因为它有确定性的一面。这种确定性来自于基本规律：在确定的区域、确定的时间内，卷烟消费需求量取决于烟民数量和烟民平均吸食量，这两个指标都具有相对稳定性。基于历史销售数据的各种定量预测方法揭示的就是这种确定性（当然，数据要靠谱）。

卷烟消费需求之所以不能被准确预测，是因为它有不确定性的一面。影响卷烟消费需求的不确定因素很多，既有宏观的，也有微观的，随时随地都在发生，导致每个烟民的实际吸食量充满了弹性与随机性，因而需求总量也不是固定的。灰色预测等模糊预测方法可以从随机、杂乱中寻找出规律，对消费需求发展规律做出模糊性的长期描述，但并不能解决预测的准确性问题。流行一时的“精准预测”之说，只能表达良好的愿望，客观上预测要有一定的模糊性与定性成分。营销老司机改进需求预测质量，需要提高预测的科学性，而非预测的精准性。

消费需求可以预测，为营销决策提供有限的参照；消费需求不能被准确预测，为营销创新提供无限的可能。如果机械地认识消费需求，消费需求就会变成一个大泥坑——坑你没商量。

## 五、满足需求，还是创造需求

长期以来，满足需求被奉为营销圭臬，烟草企业一直也是奉行“满足需求”。牛人乔布斯则掷地有声地指出：“满足客户需求是平庸公司所为，引导客户需求才是高手之道。”

消费者生活需要的广泛性和可扩张性决定了他们普遍存在“潜在需求”。在很多情况下，消费者一般并不能很清晰地表达自己的潜在需求，所以对现状习以为常。在汽车发明之前，若问消费者需要什么，他会告诉你需要一匹更快的马；在手机发明之前，若问消费者需要什么，他会告诉你需要个耐用的传呼机；在空调发明之前，若问消费者需要什么，他会告诉你需要一把凉爽的风扇。“马”“传呼机”“风扇”看上去是显性需求，但“更快”“耐用”“凉爽”才是真正的需求（强大的潜在需求），如果局限于显性需求，就无法创造性地提供供给，只有围绕着满足消费者的潜在需求去创新，才会产生汽车、手机、空调等无数新商品。

因此，企业满足已在市场上出现的现实性顾客需求，就像找到伴侣一样，是本分（不算本事）；将潜藏在人性深处的潜在需求转化为现实需求，则像遇见爱情那样，是本事（也是缘分）。菲利普•科特勒曾这样论述：“营销管理的实质是需求管理——不仅要刺激需求还要影响需求的水平、时机和构成。”也就是说，真正的高水平营销一定是引领与创造需求的，令“剁手党”悲喜交加的“双11”现象就是引领与创造需求的活生生例子。

如何引领与创造市场需求？一般原理是“新的供给可以创造新的需求”，要从改善供给侧着手，创新供给与增加有效供给。从营销实务的角度看，主要有两大基本法则：

**第一，改变人们的消费观念**。思想是发现市场、创造市场的第一生产力。比如，钻石品牌戴比尔斯发现女性的左手市场已经饱和（再炫富也不能左手戴几只钻戒吧），所以瞄准了女性消费者的右手市场，提出了“左手代表我们，右手代表自己”的口号，前者唤醒“求偶动机”，后者唤醒“社会地位”

动机，仅仅换了一个定位、一个理念，就激活了新的需求，创造了一个全新的市场。

**第二，创造或附庸一种新的生活方式**。所谓生活方式，是指人们为了满足生存和发展的需要而进行的全部活动的总体模式和基本特征。通常，生活方式决定着消费决策，消费决策又改变着生活方式，牛气的品牌总能为用户创造一种新的生活方式。比如，使用苹果是一种生活方式，吃麦当劳是一种生活方式，喝星巴克是一种生活方式，用微信／QQ聊天是一种生活方式，淘宝是一种生活方式……当品牌转化为人们的生活方式后，消费动机不断被强化，消费场景不断被激活,消费需求就源源不断、生生不息。

卷烟需求管理，无论是平衡现实需求与潜在需求，还是统筹数量需求与结构需求，其杠杆工具是**品系／品类管理**（划分依据是消费动机或消费能力，而不是价格）。有效的品系／品类结构是烟草企业持续优化存量需求、创造增量需求的重要武器。对于工业企业来说，就是瞄准消费动机，建立不断推陈出新的产品组合结构（品系管理）；对商业企业来说，就是抓准消费能力，建立不断优化升级的商品组合结构（品类管理）；工商企业共同通过前瞻性产品来布局创造、引领新兴需求，追求供给结构与需求结构相匹配。如图8所示。

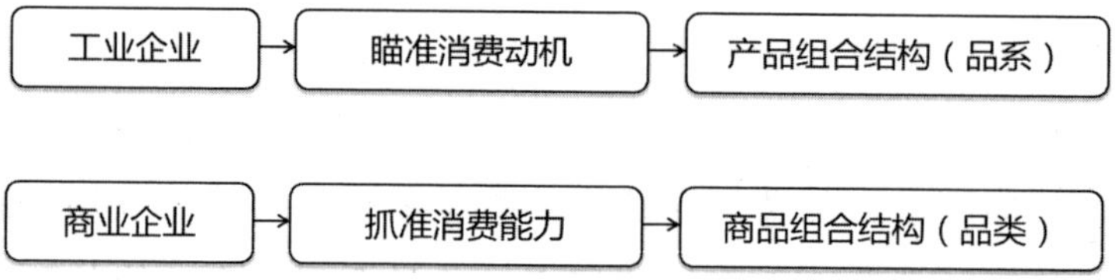


图8 工商企业消费需求研究各有侧重

当然，伟大的需求创造其本质是创造“系统”——工商企业通过**整体营销**而全方位地影响消费者的消费观念乃至创造新的生活方式。

## 六、让你秒懂：干货盘点与小炒

1. 卷烟市场需求，是指卷烟消费需求，而不是零售客户订单需求。

2. 需求从需要中来；消费需求＝消费动机＋消费能力。

3. 人性需要决定了卷烟需求的客观存在。任何过激控烟的做法都是行不通的。

4. 如果说“市场”是位性感女神，那么“需求”就是女神变化多端的心思。

5. 卷烟营销实务中研究需求，可以按照消费动机和消费能力两大族群进行研究。

6. 卷烟消费需求总量有拐点，但拐点是动态的，在某个数值区间内变化。

7. 卷烟消费需求既有刚性，也有弹性，可以被预测，但不能被准确预测。

8. 满足需求是本分，创造需求才是本事。

9. 营销管理的实质是需求管理。卷烟需求管理的杠杆工具是品系／品类管理。

10. 从供给侧看，激活卷烟市场存量需求主要有“低、细、短、新、奇、特”等途径，细支烟、中支烟、短支烟这3个现象值得进一步论证。

## 小贴士：烟民消费动机、消费能力与消费痛点小析

消费动机反映烟民为什么吸烟、为什么吸这包烟，消费能力反映烟民怎么买烟、买什么价位的烟，两者共同构成细分后的有效需求。消费痛点则反映烟民在满足有效需求过程中的阻碍点。消费动机直接影响数量需求，消费能力直接影响结构需求，消费痛点是影响数量需求与结构需求的关键变量。学会研究消费动机、消费能力与消费痛点，才是会侃大山、能装酷、有潜力的营销老司机。

### （一）哥抽的其实不是烟

“叼起一支烟，快乐到嘴边”。对绝大多数烟民来说，吸烟是一种成瘾性行为，因此，要区分一级消费动机和二级消费动机。一级动机是本能性消费动机，分为成瘾性消费和非成瘾性消费，前者需求刚性大，后者需求弹性大。二级动机是社会性消费心理，据此，成瘾性消费者可分理性导向（求实、求质）和感性导向（求名、求异），非成瘾性消费者可分社交导向和自我导向。如表2所示。

表2 烟民消费动机分类

| 一级动机 | 二级动机 | 消费偏好 | 消费观念 |
|---|---|---|---|
| 成瘾性消费 | 求实 | 价格、吸味 | 哥抽的不是烟，是习惯 |
| | 求质 | 品质、品牌 | 哥抽的不是烟，是享受 |
| | 求名 | 品牌、包装 | 哥抽的不是烟，是体面 |
| | 求异 | 新品、包装 | 哥抽的不是烟，是个性 |
| 非成瘾性消费 | 社交／从众 | 品牌、吸味 | 哥抽的不是烟，是交际 |
| | 好奇／逆反 | 品牌、包装 | 哥抽的不是烟，是自我 |
| | 高兴／悲伤 | 品牌、吸味 | 哥抽的不是烟，是情绪 |

关注健康是不是烟民的一个消费动机？一般而言，成瘾性烟民都深知“吸烟有害健康”（每一包烟上都有醒目的良心提示），也会越来越关注健康，更准确地说，“关注健康”是一种生活态度／消费偏好，在“求质”类的烟民中更容易出现，这种消费偏好会影响、调整其消费行为。

### （二）哥买的其实不是烟

“出手漫天游，混得实在牛”。决定烟民消费能力的基础首先是烟民的“口袋”即收入水平，其次是“脑袋”即消费观念，两者共同构成了有效的消费能力。有“口袋”没有“脑袋”，或有“脑袋”没有“口袋”，都会拉低消费能力。如表3所示。

表3 烟民消费能力分类

| 消费能力 | 习惯价位 | 身份标签 | 购买观念 |
|---|---|---|---|
| 高能力 | 60元／包以上 | 红领／土豪 | 哥买的不是烟，是任性 |
| | 40～60元／包 | 金领／中产 | 哥买的不是烟，是身份 |
| 中能力 | 30～40元／包 | 灰领／精装草根 | 哥买的不是烟，是体面 |
| | 16～30元／包 | 白领／小资 | 哥买的不是烟，是喜好 |
| 低能力 | 10～16元／包 | 蓝领／新晋草根 | 哥买的不是烟，是烟火 |
| | 10元／包以下 | 无领／资深草根 | 哥买的不是烟，是口粮 |

烟民习惯价位的划分标准在各个区域市场当然不一样（上表仅为示意），调查结果也显示，不同消费能力的烟民在逢年过节等特殊时点，其消费能力都会有明显跃升。

### （三）哥的“痛”其实你不懂

吸烟总体上是一件很爽的事情，但爽的过程中也会有痛点存在。抛开社会的、环境的因素不谈（如吸烟有害健康、控烟场所越来越多），就卷烟产品使用而言，可能存在一些影响消费效率或体验的点。如表4所示。

**表4 烟民消费痛点**

| 环节 | 痛点表现 | 痛点等级 |
|---|---|---|
| 买烟 | 担心买到假烟 | ★★ |
| | 第一次买不知道吸味好坏 | ★ |
| 带烟 | 烟盒太大不方便（硬盒） | ★ |
| | 容易挤压走形（软盒） | ★ |
| 敬烟 | 手拿过滤嘴不卫生 | ★ |
| 存烟 | 开启过的盒包容易跑气 | ★★ |
| 点烟 | 不容易点着 | ★ |
| 吸烟 | 条/盒包装难打开 | ★★ |
| | 香气不够饱满或不够纯净 | ★★★ |
| | 烟气浓度偏高或偏低 | ★★★ |
| | 燃烧不顺畅（吸食不流畅） | ★★★ |
| | 烟灰突然掉下来（特别是带火的烟灰） | ★★★ |
| | 吸味中有杂味 | ★★★ |
| | 抽完后身上烟味难散 | ★★ |
| 灭烟 | 一次难以拧灭 | ★ |
| | 烟头无处可扔 | ★★ |

当然，这里仅仅是示例，烟民可能的消费痛点远不止这些。不难发现，高等级、强感知的痛点主要集中在“吸烟”环节。

如何精准寻找烟民痛点？这里提供4个方法：一是转变角色。品牌决策者把自己变身为产品经理，或者把自己当成第一客服和用户。二是对话用户。培育一批品牌的核心用户，与他们保持强互动，这也是很多企业的社群营销做法。三是场景还原。逼真还原用户消费过程中的所有场景，包括所有的消费细节。四是痛点分析。有效利用已有信息，绘制用户“痛点定位图”，其横坐标是完整的消费过程，纵坐标是不同层级的消费需求。

不解决烟民痛点的产品，都是缺乏竞争力的产品；不洞悉烟民痛点的营销，都是缺乏人性关怀的营销，这已经成为诸多企业“多么痛的领悟”。

# 第三章 重新定义卷烟销量

卷烟销量是烟草行业发展的重要基础，是经济运行最重要的评价指标之一。在需求拐点逼近或已过的市场环境下，习以为常、自然而然、理所当然的卷烟销量增长已不复存在。“四大难题”不断凸显，行业“突出面临卷烟销量下滑的严峻形势”。2015年全国卷烟销量出现了自2000年以来的首次下降，2016年继续下降的势头不仅没有发生改变，而且下降幅度进一步增大（同比下降5.6%），甚至有人提出卷烟市场已出现“灰犀牛”现象（比喻大概率且影响巨大的潜在危机）。如图9所示。

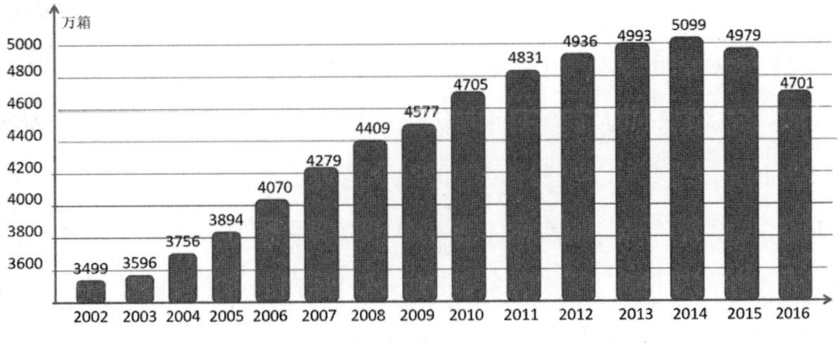


图9 2002年以来卷烟销量增长示意图

出现这一状况，不是烟草人不作为、不努力，恰恰还是全体烟草人面对宏观经济下行、上下同心努力拼搏的结果，许多地方全员专卖、全员营销，没日没夜、没休没假，很多营销老司机“努力到无能为力、拼搏到感动自己”，但仍然不得不说**“销量，销量，你是我心中的魔棒”**。有的老司机已经卖烟卖到怀疑人生（当然，应该怀疑的其实不是人生，毕竟人生还有诗与远方）。

在“压力山大”下，大多数烟草企业采用传统的三大板斧“压、放、快”来增加零售库存，成为勤劳的“库存搬运工”，把工业库存搬运到商业，把商业库存搬运到零售终端。其实，真正可怕的不是卷烟销量下降，而是面对下降所表现出来的慌乱与依赖传统销售手段的惯性做法。**方向不对，努力白费**。营销老司机需要思考和改进的，不是工作的努力程度，而是努力方向，而这要从重新定义卷烟销量开始。

## 一、卷烟销量为什么会下降

卷烟销量从2002年到2016年平均增长约2.3%，2010—2014年增幅逐年下滑，增幅分别为3.01%、2.48%、1.1%和1.99%（2014年数据是行业调控的数据），2015年成为21世纪以来第一次同比下降的转折性、标志性年份。2016年卷烟销售进入囧途，“不比增长比降幅”，无论多么拼搏，结果仍然单薄。尽管2017年止跌企稳且有回暖迹象，但不改趋势，卷烟销量由“增”转变为“稳”乃至“减”，稳中有减，减中求稳成为一种新常态。

卷烟销量为什么会下降？难道这阶段股民不行，烟民也不行？这需要从基本原理推演，剖析销量下降背后的市场逻辑。

这里分4个问题渐次推演。

**问题1：卷烟销量为什么下降？**

导致卷烟销量下降的因素如图10所示：

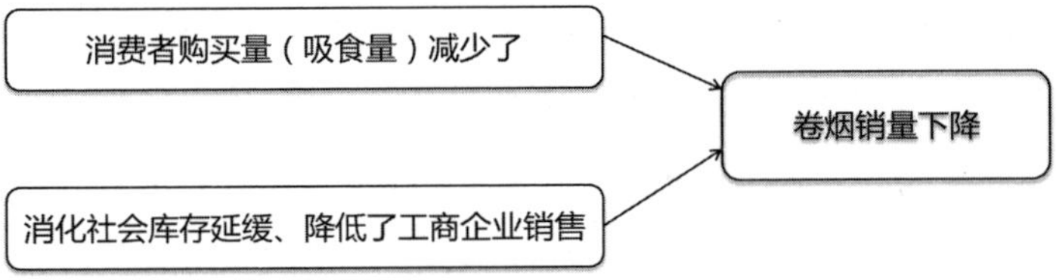


图10 卷烟销量下降要因分析

从市场现状来看，应该说这两个因素都有。究竟哪个因素是主因？这需要结合当期零售库存量做综合研判，如果零售库存量明显降低了，则烟草企业销量下降不完全是坏事；如果零售库存量没有明显降低，则反映出是第一个因素即消费者购买量减少驱动了销量下降。

**问题2：消费者购买量为什么减少？**

导致消费者购买量减少的因素如图11所示：

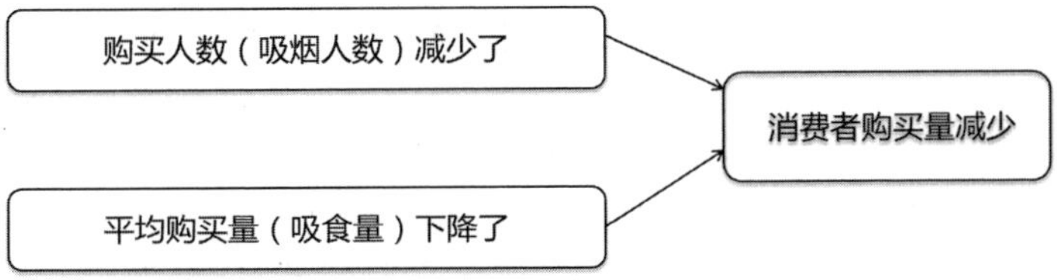


图11 消费者购买量减少要因分析

这里应进行要因确认，即吸烟人数是否减少了、平均购买量是否下降了，当然需要借助消费者调查予以确认。从目前行业的普遍认知和直观的外部环境来看，这两点基本可以确认，如消费者调查结果表明2015年全国烟民日均吸烟量为18.36支，比2014年减少0.83支，降幅为4.3%。

**问题3：烟民人数为什么减少？**

导致烟民人数减少的因素如图12所示：

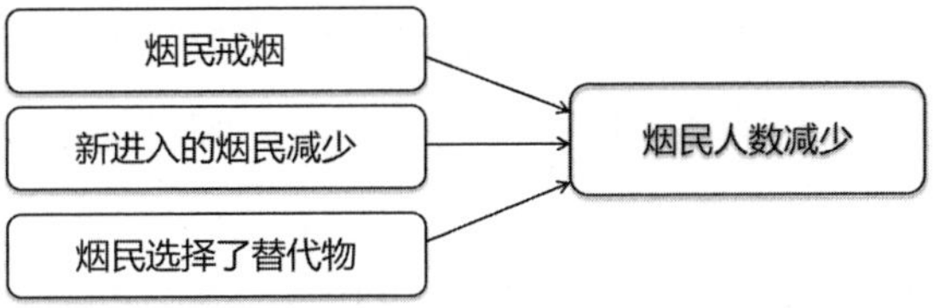


图12 烟民人数减少要因分析

前两个因素是外部环境变化，第三条因素属于烟民消费行为变化。第一条，鉴于戒烟成功率不高，其直接影响不是很大；第二条，基本可以确认。一是烟民逐步减少。正如前文所述，消费者密度降低，20～29岁的刚需人口2013年为2.32亿，2020年将下降到1.79亿，2025年进一步降低1.51亿。即使吸食率不变，烟民数量呈大幅减少的趋势也是确定的。二是吸烟率持续下降。第六次全国烟草消费状况调查结果显示，全国18岁及以上人口吸烟率为30.96%，比2009年下降2.01个百分点；根据《2015中国成年人烟草调查报告》，2015年成年人吸烟率为27.7%，比2010年下降0.4个百分点。随着控烟的日益严苛，吸烟场所的严格限制，控烟舆论的潜移默化，都会在无形中导致吸烟率呈下降趋势。第三条，替代物主要是新型烟草制品以及假冒卷烟，新型烟草制品的冲击正在凸显，假冒卷烟则是痼疾。

**问题4：烟民平均吸食量为什么下降？**

导致烟民平均吸食量下降的因素如图13所示：

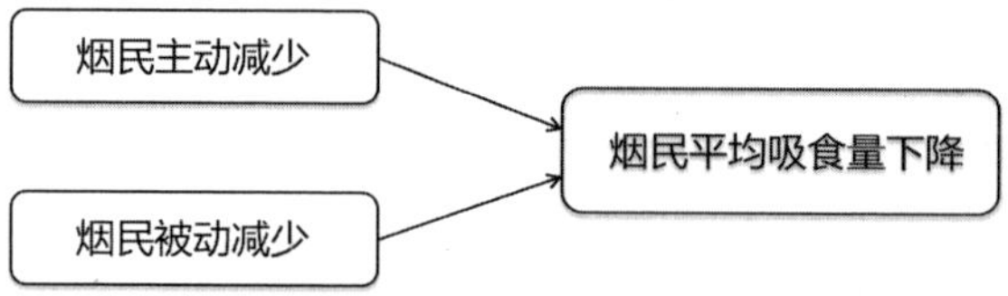


图13 烟民平均吸食量下降要因分析

第一个因素属于烟民消费行为变化，随着健康意识增强，“抽少点、抽好点”正在成为新的消费价值观，在消费形态上表现为抽少了、抽贵了，“哥抽的虽细，但也是烟”，细支烟的兴起可以理解为是这种新的消费价值观的折射。第二个因素是外部环境变化，受控烟环境制约，大中城市烟民在许多场合“想抽但抽不了”，偷偷摸摸很不体面，抽烟的“爽”劲变成了无奈的“憋”劲（像闻一多先生那样上课时手执一缕绵绵不绝的画风美得令人不敢想象，已成绝版）。

综合上述4点，营销老司机们大约也可以得出这样的结论：卷烟销量下降，**主因**是消费者的消费行为变化导致消费者购买量下降，**次因**是较高的社会库存延缓，减少了工商企业销售。而消费者行为变化主要表现在减少吸食量、选择替代物等方面。

由此，可进一步认识到，卷烟销量减少是**趋势性减少、趋势性变局，**属于不变甚至不可改变的基本面，但鉴于卷烟需求的顽强性与我国烟民数量庞大，减的过程是逐步、可调适的，不会是“一刀切”式的，而是减中有增、减中有变。

## 二、卷烟销量的本质是什么

虽然天天说“销量”，但能够完整理性地认识这根“魔棒”的营销老司机，也许并不是很多。因为行业通常所说的“卷烟销量”，是指烟草商业企业实现的**卷烟批发销售数量**。这一传统认知无形中隐含着两条在今天看来已经落后的观念：一是销量实现主体是烟草商业企业，二是销量实现形式是批发销售。这样的销量观决定了在完成销量任务发生困难时，为销量埋单的只能是相对弱势的零售客户群体。

卷烟销量作为**利益载体**，它是有风度的，或反映失衡，或体现共享。反映失衡时，小船说翻就翻；体现共享时，巨轮行稳致远。

卷烟销量作为**一个数值**，它是有温度的，或冰冷无情，或激动人心。冰冷无情时，数值虽大也伤心；激动人心时，数值虽小也暖心。

对于卷烟销量的重新定义、重新认识，要建立在4个角度的系统思考之下：

**第一，销量与需求应匹配**。从常识的角度看，卷烟销量是卷烟消费需求的结果，两者应保持相对匹配。需求是市场女神变化多端的心思，实现销量是捕捉女神心思的过程。不能有效满足需求的销量，“步子迈得小，难博女神笑”；超过消费需求的销量，“步子迈得大，容易抻着腰”。

**第二，销量与结构应协调**。销量与结构是既对立又统一的两大关键指标，两者紧密联系，缺一不可。没有结构保障的销量，乃一盘散沙、一地鸡毛；没有销量支撑的结构，如空中楼阁、海市蜃楼。过于追求销量，势必会牺牲结构；过于追求结构，势必会牺牲销量。紧扣税利目标，统筹量价关系（研究量价曲线），销量确保下限，结构力争上限，保持两者协调发展，大约是烟草企业经济运行中最有技术性的一面。

**第三，销量与品牌应共生**。销量对于卷烟品牌来说，就意味着市场规模、市场份额，任何稀释品牌价值而实现短期销量的行为，都无异于杀鸡取卵。在实现销量过程中应落实行业品牌发展战略，促进全国性重点品牌、区域性优势品牌、创新型特色品牌错位竞争、共同发展，做到低焦、细支、混合等不同类型产品的合理配置。

**第四，销量以规范为前提**。烟草专卖体制的特性，决定了严格规范是行业发展的生命线，烟草企业只能经营好自己的“责任田”。任何以不规范手段获取短期销量的行为，都是自乱阵脚，最终自受其害、自食其果、自毁长城。卷烟销量中的“规范”包含两层主要意思：一是与零售客户关系的规范，尊重客户自主经营权；二是经营行为的规范，不搞体外循环、虚假销售、降价销售等，真正落地销售。

因此，卷烟销量从来不是孤立的，而是合乎需求、合理结构、合适品牌、合法渠道的销量。营销老司机都应理性看待销量增长，既不要闻增则喜，也不要闻降则忧。符合这4条本质的销量，降也无妨，“短期有阵痛，长期很健康”；不符合这4条本质的销量，增也有害，“领导很高兴，后果很严重”。销量是烟草企业经营行为的重要结果，但绝不是唯一结果，建立在稀释品牌价值、透支市场资源、损害市场信心基础上的销量增长都是伪增长。只有“四位一体”统一的销量才是真正的经营成果，放弃其中任何一项都行之不远。

## 三、卷烟销量的关键驱动因素

如前文所述，卷烟销量是卷烟消费需求的结果，归根到底取决于烟民卷烟消费量，“销量”其实应是“消量”。同时，市场的动态性、复杂性和多样性决定了一个周期内可实现的卷烟销量会大于可测量的卷烟消费量（排除供小于求的情况），因为在卷烟销量与消费需求量之间存在着一个较大的蓄水池——零售商库存。

因此：

单位时间内的卷烟销量＝（单位时间内的卷烟消费量＋时点零售商库存量）×市场净化率

从这一常识公式来看，卷烟销量有三大关键驱动要素：

**关键要素1：卷烟消费量**

人口决定卷烟消费需求是永远适用的定律，《重新定义卷烟需求》一章中已提及，决定卷烟市场容量的两个关键指标是烟民数量和烟民平均吸食量，即卷烟消费量＝烟民数量×人均吸食量。

在这两个指标中，前者相对稳定，难以施加影响；后者则具有一定的弹性，可以有所影响。烟民为什么会提高吸食量？从营销刺激的角度看，有3种可能：

一是遇到新产品。低焦、细支、短支等特色卷烟产品对于放大烟民需求量有一种无形的作用。有调研数据表明，吸食细支烟以后的消费人群，吸烟量约30%增加，58%没有变化，12%下降。

二是遇到好产品。吃货遇到好吃的东西总是胃口大开，烟民遇到好抽的烟，也会在不知不觉中多抽几支、多买几包。

三是遇到利益点。绝大多数图实惠的烟民，在购买时遇到实际的利益（好处）时，会放大购买量。放大购买量虽然不一定刺激消费量，但会将零售库存转移为消费者库存，间接刺激烟民吸食量。

从消费群体的角度看，还有一种可能：有一类人放大需求量，往往不问

“为什么”，彪悍的人生不需要解释，抽烟的生活不需要理由，那就是——需求张力较大的新烟民。

**关键要素2：零售商库存量**

从业务环节来看，一定时间内可实现的卷烟销量是由客户是否进货、进货多少决定的，因此，进货客户数量、平均进货数量决定着卷烟销量大小，即卷烟销量＝（进货）客户数量×平均进货量。

零售客户进货而没有转移到消费者之中的量，即为传统意义上的社会库存量（老汉习惯称之为“零售库存”），这是一个较大的变量，具有一定的蓄水池功能。

问题是，这个“蓄水池”究竟能装多少水？

从市场真相的角度看，蓄水池的边界是不确定的。因为“水满则溢”，某个蓄水池中的“水”多了，就会通过市场的自发调节向其他蓄水池渗透，即形成体外循环。这种隐性零售库存有多大？这个问题目前恐怕谁也不能说清楚。

从实际操作的角度看，“蓄水池”究竟能装多少水，取决于下面这3个条件：

一是池子有多大。这与本地的卷烟消费量、市场净化率密切相关，消费量大，池子也就大；消费量小，池子也就小；净化率高，池子也就大；净化率低，池子也就小。

二是池子装多满。这其实就是客户占有率问题，池内每个蓄水桶（零售客户）是否都充分合理地装载了。只有充分占有客户（不是饱和占有），池子的装水量才能最大化。

三是池子能否扩容。在不向外渗透的前提下，池子能否扩容？一般说来，增加零售客户数，提高新增客户入网交易率，可有限扩容；提高单个客户订货交易量，也可有限扩容。

客户订货量的背后是其库存能力，而客户库存能力＝客我关系（客户心理账户）×客户经营能力。

**关键要素3：市场净化率**

假烟究竟占领了多少市场份额，这在很多地方不得而知，真烟非法流通愈演愈烈却是有案可查的事实（尽管绝大多数地方的市场净化率多年定格在

98%）。真烟非法流通有两种情况：

一是有些地方总担心别的地方的烟民需求得不到很好的满足，因而发扬大家庭团结友爱、互帮互助精神，主动“帮助”满足市场，积极跨界“割韭菜”。

二是不同零售市场之间的自然流动，其动力在于零售客户（特别是大户）的资本逐利精神。

无论是**“社会互助”**还是**“资本逐利”**，提高市场净化率，就是要降低发生这两种情况的概率。

作为市场经营主体，烟草商业企业要的是市场占有率。市场占有率与市场净化率互为因果、相辅相成。因此，“向强化专卖要销量”仍然是必要的手段，虽然这不是营销老司机的职责与专业。

上述这3个要素中，卷烟消费量是根本因素，零售库存量是重要变量，市场净化率是保障因素。

## 四、到哪里要销量、稳销量

在销量成为问题的时候，究竟到哪里要销量、稳销量？国家烟草专卖局在战略层面清晰指出了“要销量”的主要路径（见图14）：

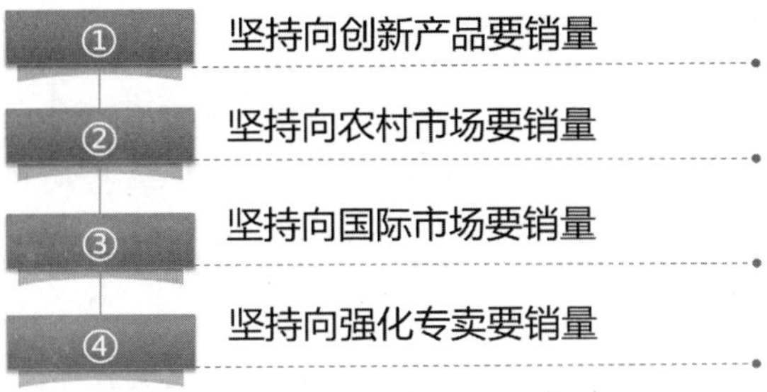


图14 行业层面“要销量”主要途径

也就是说，卷烟销量绝不仅仅是营销部门与营销人员的事情，需要从上到下、从工到商、从内到外、从专到销，系统发力。在这里，没有什么一招制胜的“绝招”“神功”，成功企业遵循的永远是基本原则，而非秘籍。对烟草商业企业来说，要做的、能做的就是练好内功。

**基本功1：净化市场，肩上有责**。只有提高市场净化率，才能提高市场占有率。提高市场净化率，一是腾出被假冒卷烟侵占的市场空间；二是防止别的蓄水池里的水渗透到本地蓄水池之中，前者要真干，后者要干得像真的一样。

**基本功2：需求预测，心中有数**。现代社会人口的流动性增加了预测消费需求的不确定性。虽然不能准确预测，但消费需求预测仍然具有重要的实践意义：一是把握市场大盘。从量、价、品类等维度研判市场基本面，把握市场发展趋势。二是把握市场机会。完善月、周、日“预测–监控–分析–改进”的闭环流程，精细研究消费时点，把握稍纵即逝的机遇。三是把握市场张力。持续开展卷烟消费市场分析，把握消费变量与市场张力，找准需求张力较大的细分市场。

**基本功3：优化供给，手中有粮**。优化供给是实现销量的基本保障。供给侧改革涉及工商企业，对商业来说，主要是组织适销对路的货源：一是保障主销规格。每个价位段的主销规格做到货源有保障，有替代，“不缺档，不断货”，稳定保障订单满足率。二是优化品类组合。品类管理是烟草商业企业引导消费需求的利器，成功的营销总是决胜开端，从优化品类组合开始，提高低、细、短卷烟比例，细一点、短一点、低一点，并通过有效的消费引导把选择权交给消费者。

**基本功4：目标管理，脚下有路**。通过目标管理，增强实现销量目标的确定性。一是有效分解目标指标，在时间上分解到每一天，在空间上分解到最小单元，在策略上落实到资源、落实到终端；二是目标管控可视化，通过看板管理让销售过程看得见、摸得着、控得住，可进可退可调节。

## 五、有没有稳定销量的营销／销售策略

内功初成之后，在新形势下，有没有在不产生任何负面市场影响的前提下，稳定甚至做大卷烟销量的招数（策略）呢？

围绕前面讲的三大关键驱动因素，卷烟消费量是根本因素，零售商库存是

重要变量。因此，提高卷烟销量的根本途径是提高卷烟消费量，面向烟民设计拉动式策略，此途径有长期效果但不容易做；直接途径是最大化占有零售商库存量，面向零售终端设计推动式策略，此途径容易做但只有短期效果，且副作用十分明显。

## （一）拉动：把零售库存转移为消费者库存

营销老司机必须深信：**需求有潜力，营销有方法**（有没有觉得这台词很熟悉）。需求潜力的空间在于消费者，因此，要将工作视角和资源聚焦到消费者，实施有针对性的拉动式营销策略，把握消费时点、创造消费热点、捕捉消费张力、挖掘消费潜力，这是创造消费需求、释放卷烟消费量的根本之道。针对性的强弱，就在于能否找到可操作的卷烟市场即“同一个市场”（参见《重新定义卷烟市场》一章），不断地细分与深植，乃为新形势下的策略王道。

下列几个公式，值得所有营销老司机抄（默）写100遍：

1）消费时点＝人多的时候＋人动的时候

2）消费热点＝新产品／好产品＋利益点

3）消费张力＝新生烟民＋流动烟民＋铁杆烟民

4）消费潜力＝新品＋新人＋新渠道

至于具体操作方法，默写100遍后如果还不能掌握，就只能请“**操着烟草心，拿着淘宝薪**”的老汉我去面授玄机啦。

## （二）推动：把商业库存转移为零售库存

零售客户是卷烟销售网络的主体，是社会库存的直接埋单人，是群众性营销活动的“民兵组织”。从维护客户利益的角度，设计针对性的推动式策略，用活投放“指挥棒”，用好上柜“计算器”，提高新增客户入网交易率，提高客户平均进货量，从而策略性地用足零售库存，扩容“蓄水池”，这是稳定或提高卷烟销量的直接手段和短期手段。

推动式策略必须以良好的客情关系为基础，以增强客户经营能力为追求。否则，副作用较大。

拉动偏向于“营”，推动偏向于“销”。营销，营销，七分营，三分销，主要资源当然应放到拉动式策略上去。综合运用得当，当然可以实现一定程度的增量（可称之为策略性增量）。

事实上，在非市场导向的观念与行为中，一切策略可能都是失效的。那么，就认真做好“库存搬运工”吧，努力把商业库存搬运成零售库存，如果可能，顺便促进下零售库存向消费者库存的搬运。

## 六、让你秒懂：干货盘点与小炒

1. “销量，销量，你是我心中的魔棒”。

2. 卷烟销量为什么会下降，主因是消费者的消费行为变化。因此，卷烟销量是不可逆的趋势性减少。

3. 合乎本质要求的销量，降也无妨，“短期有阵痛，长期很健康”；不合本质要求的销量，增也有害，“领导很高兴，后果很严重”。

4. 卷烟“销量”，其本质应是“消量”。

5. 卷烟销量的3个关键驱动要素中，卷烟消费量是根本因素，社会库存是重要变量，市场净化率是保障因素。

6. 没有一招制胜的“绝招”“神功”。要做的、能做的就是练好内功。

7. 提高卷烟销量的根本途径是提高卷烟消费量，有长期效果但不易做；直接途径是最大化占有零售商库存量，易做但只有短期效果，且副作用明显。

8. 拉动式策略和推动式策略，如果综合运用得当，可以实现一定程度的稳量增量。但在非市场导向中，一切策略可能都是失效的。

9. 促进销售向营销转型的一个有效措施或许是，改“销量考核”为“消量考核”，即消量＝销量－社会库存量。

# 第四章 重新定义卷烟结构

量与价如同一枚硬币的两面，共同构成了卷烟消费，也共同构成了税利源泉。卷烟经济运行如一艘巨轮，销量如吨位，结构如风帆，没有风帆的赋力，巨轮行之不远。

从发展历程来看，在过去的卷烟销售黄金时代，“销量与结构齐飞，业绩共政绩一色”，但销量贡献度不断走低，结构贡献度不断攀高。大致的演进规律是：“十五”时期销量、结构五五对开；“十一五”时期三分靠销量、七分靠结构；“十二五”时期一分靠销量、九分靠结构。随着销量的必然回落和缺乏增量资源的未来预期，结构提升越来越成为烟草经济发展的主心骨。

在经历了保销量、保税利的3年“保卫战”之后，2017年国家烟草专卖局终于将目标重点倾斜于提升结构，销量要稳，结构要进，这标志着行业步入以结构提升为特征的新周期。

## 一、结构：增长放缓的节奏

过去10多年，卷烟销售结构增长一路高歌猛进（2002年到2016年，平均增长约10.6%），单箱批发销售收入在2005年迈上1万元台阶，2011年迈上2万元台阶，2017年迈上3万元台阶（上半年已达3.12万元），每隔6年上1个万元级台阶（见图15）。其中，增幅最高峰出现在2011年（达15.64%），此后逐年回落，下降到2015年的7.18%（含提税顺价因素）、2016年的2.09%（没有跑赢CPI 2.1%的增长，就意味着事实上有所下降，而且第一次出现一类卷烟销量下降）。

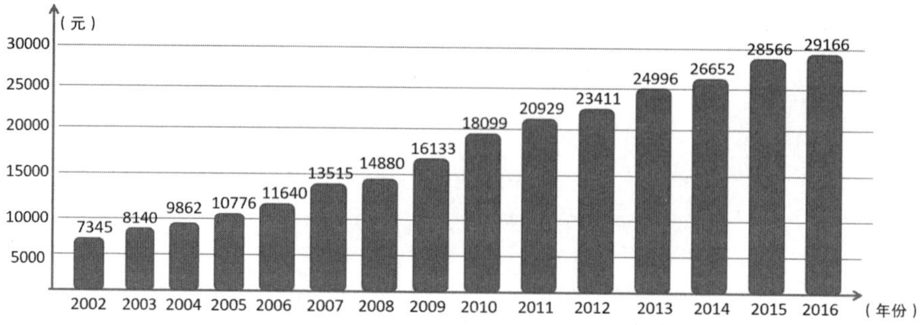


图15 2002年以来卷烟单箱批发收入增长

为什么会出现结构增长幅度回落？有营销老司机不动脑筋地将之归结为提税顺价的影响，掩盖了更主要的事实——在这场艰苦的“两保”保卫战中，有些品牌、有些地方在一定程度上以牺牲结构的代价来换取销量的少降缓降。从发展的角度看，卷烟结构**总体向增、持续向增的基本趋势**不会改变，但“增中有减”，增长幅度会呈现出回落、放缓的节奏，这就是卷烟结构新常态。

## （一）为什么“总体向增”

两大根本因素决定了卷烟结构总体向增、持续向增。

**一是烟民收入的持续提高**。党的十八大明确提出，到2020年我国要实现国内生产总值和城乡居民人均收入比2010年翻一番，全面建成小康社会的宏伟目标。对照2010年GDP基数，2020年我国GDP将达到81.78万亿元，按照经济年均增长保持在6.5%的数据测算，我国GDP将提前实现比2010年翻番目标（2016年已达744127亿元）。对照2010年我国居民人均可支配收入数据，到2020年人均可支配收入应超过25000元，同样按照6.5%的数据测算，我国人均可支配收入也将提前实现比2010年翻番目标（2016年已达23821元）。这意味着在经济发展新常态下，烟民收入将有较大幅度提高。根据相关数据分析，居民可支配收入是决定卷烟消费结构的关键因素之一，人均可支配收入增长与卷烟消费结构增长的相关度为0.998（也有数据表明：城市居民收入每提高1个百分点，卷烟销售提高0.9个百分点；农村居民收入每提高1个百分点，卷烟销售提高1.1个百分点），因此，烟民的卷烟消费升级是必然的、持续的。在全面建成小康社会的过程中，卷烟消费日益形成可以释放出较大结构潜力的橄榄型消费结构（参见《重新定义卷烟需求》一章有关内容）。如图16所示。

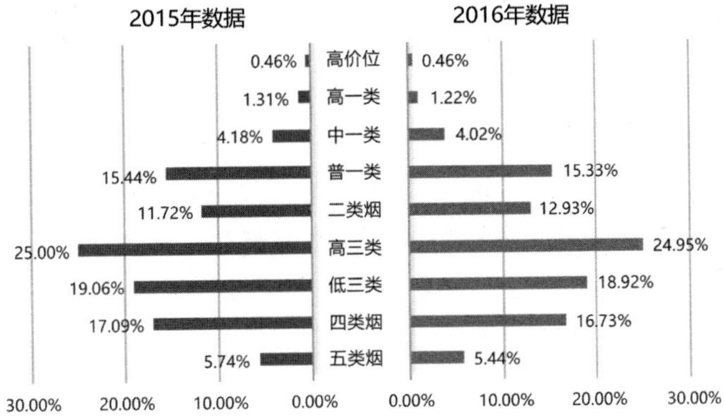


图16 2015—2016年各价位卷烟销售比例

**二是新生代烟民的不断涌入。**正如社会学家所说的，90后不是一代人，而是另一类人。90后烟民的消费价值观决定了其消费起点、平均消费水平大大高于前代人。据调查，90后烟民平均消费起点在15元每包左右，任性的他们要么不抽，要抽就抽好烟，更愿意为精神消费而付费。而且在3～5年后将逐步迎来“人少钱多、光芒万丈”的千禧一代新烟民，其消费观念和消费水平都迥异于上一代人，可谓“香火不断人不老，烟草无涯色又新”。

### （二）为什么“增中有减”

也有两大因素决定了卷烟结构增中有减、节奏放缓。

**一是经济发展步入新常态。**卷烟消费结构水平与宏观经济发展有高相关性，据测算，烟草行业发展与国民经济整体发展水平相关系数在76%至78%之间。随着国家GDP增长进入6.5%左右的新周期，卷烟销售结构两位数高速增长的势头不复存在，由“大步快走”转变为“小步稳走”。在橄榄型消费结构中，低端消费持续向上走，高端消费走不上去，很可能出现双向趋中且整体结构上行、增长率趋缓的状况。当然，增长率下降也不会“一刀切”，更不排斥出现新的消费热点，部分细分市场、部分品牌规格增长率强劲的局部现象仍将存在。

**二是卷烟消费步入新生态。**随着贯彻落实中央“八项规定”常态化，公款消费彻底落幕，“只选贵的、不买对的”的面子消费明显弱化，“吸烟不买烟、买烟不吸烟”的礼品消费逐渐出局（当然，个人礼品市场仍然活跃），卷烟市场越来越趋向理性成熟，自主消费、适量消费、安全消费日益成为主流。这种新的消费生态既为消费升级提供了新动力，又决定了高端卷烟特别是超高端卷烟很难再现以前的跨越式增长。

简言之，经济发展和烟民换代两大动力，决定了卷烟结构发展**“总体向增、只向上走”的基本趋势**，经济发展速度和卷烟消费环境两大变量，决定了卷烟结构发展**“增中有减、节奏放缓”的基本面貌**。按照2020年卷烟单箱批发销售收入达到3.8万元的预期，在不远的将来，大多数烟民从口袋里掏出价位20～40元一包烟的应是消费常态。如图17所示。

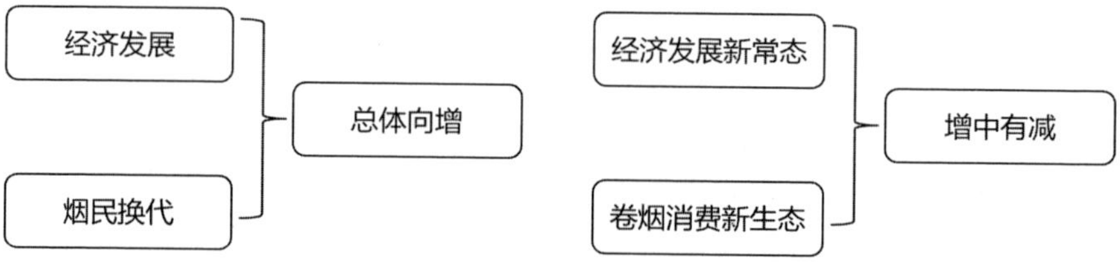


图17 卷烟结构发展动力示意图

## 二、卷烟结构的本质是什么

营销老司机几乎天天为“结构”而奋斗，但结构究竟是个什么鬼？还需辩证分析与理性认识。

行业通常所说的“卷烟销售结构”，主要通过卷烟销售总额、单箱批发销售收入、条均价这3个指标量，在无形中隐含着落后的“批发销售”观念。提升结构，就是提高单箱批发销售收入么？就是多卖高档烟少卖低档烟么？很显然，没有这么简单。销售是以价格将产品卖出去，营销是让用户以产品将价格（价值）买回去，如果以营销思维重新定义卷烟结构，会有完全不一样的认识与做法。

### （一）用户角度：结构提升就是烟民消费升级

烟民是卷烟市场的活水源头，有人抽烟看价格，有人抽烟看场合，有人抽烟看心情，有人抽烟看牌子……卷烟销售结构，其实就是烟民的消费结构；没有烟民的消费升级，哪来所谓的结构提升？

烟民为什么会升级消费？从规律上看只有两个原因：

第一，口袋富了；

第二，脑袋转了。

**“口袋富了”**就是烟民的收入水平提高了、消费能力提高了。改革开放40年来呈现出的一波波模仿型排浪式消费升级，就与消费者口袋的不断充实密切相关。在国贫民穷、口袋空空的年代，烟民面对好烟只能“口水直下三千尺，一摸口袋没有钱”；在国强民富、口袋殷实的今天，“各种好烟亲民价，烟民口袋不差钱”。

**“脑袋转了”**就是指烟民的生活态度转变了、消费观念转变了。观念转变是个复杂的事儿，主要有3种可能：一是“口袋”影响“脑袋”，随着收入增加，烟民的消费观念自然发生转变；二是“屁股”决定“脑袋”，烟民的生活圈子、社会阶层（主要与学历、职业等因素有关）会影响其消费观念；三是“营销”刺激“脑袋”，有效的营销活动也能刺激甚至改变烟民的消费观念。

**“脑袋转了”**一般表现为3种情况：一是健康意识增强，“抽少点，抽好点”；二是品牌意识增强，“只要点火能冒烟”的烟民基本绝迹；三是个性化需求增强，“我就是我，不一样的烟火”，不同需求催生新的细分市场。如图18所示。

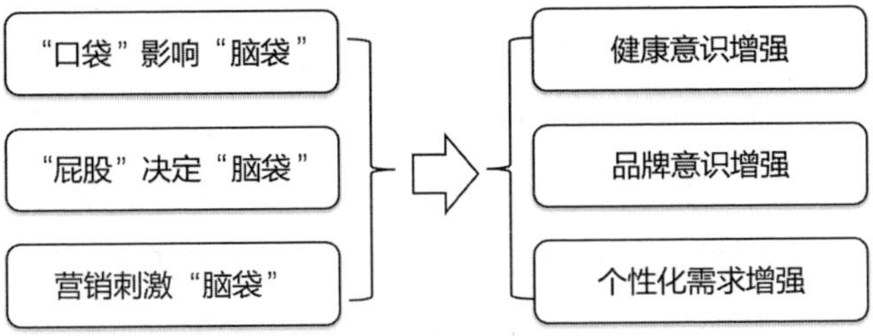


图18　烟民“脑袋转了”的原因及表现

实际的消费场景要生动复杂得多。有些烟民口袋充实了，抽烟仍然节俭，据说宗庆后先生只抽一种十几块钱一包的烟；有些烟民口袋不算充实，抽烟却很大方，比如作家路遥抽烟总比别人高出几个档次；有些烟民，自吸很节俭，交际很大方，比如隔壁老王平时自己抽“小方”，出门应酬时改抽“大方”。

这表明：“口袋富了”只是消费升级的充分条件，“脑袋转了”才是消费升级的必要条件，**“观念不变，原地打转；观念一变，抽烟体面”**。比如，我国华北地区卷烟消费结构普遍偏低，西南地区卷烟消费结构并不算很低，主要原因不在“口袋”而在“脑袋”。浙江作为高结构市场的标杆，“口袋”与“脑袋”两个条件兼具。

那么，烟民消费升级是否有规律可循？有的营销老司机提出了“梯次上移”论，看似没问题，但通过对不同年代烟民的消费行为观察和卷烟市场主流价位的分析，不难发现：消费结构变化趋势并不是呈梯次上升状，而是较明显的跳跃式上升，即从一个主吸价位直接跳跃到另一个主吸价位，如10元到20＋、到40＋、再到70＋。这一基本规律的形成，与这些年来强势规格的消费引领密不可分，诸如经典红塔山、紫云烟、软玉溪、硬芙蓉王、硬中华、软中华等。当然，这个规律在各个区域市场的具体表现略有差异，与当地的主流规格、消费文化密切相关，如安徽市场的12元、18元、26元，贵州市场的10元、25元、35元等。因此，“梯次”是结果，过程其实是“台阶”状。

以用户思维来看，提升结构就是烟民主动或被动升级消费。有才华的营销老司机**“武装烟民脑袋”**，让烟民主动升级；缺乏才华的营销老司机**“打劫烟民口袋”**，令烟民被动升级。

## （二）品牌角度：结构提升就是品牌价值升级

品牌是卷烟市场的消费图腾，烟民之所以愿意升级消费，是因为他们相信不同档次的品牌（产品）会带来不同层级的质量承诺与身份认同。卷烟销售结构的背后是品牌的产品结构、价值输出，所谓结构提升，从品牌的角度看就是品牌价值升级。

何谓品牌价值升级？从内容上看主要有两个方面：

第一，产品升级；

第二，文化升级（内容升级）。

**“产品升级”**就是指改善提高品牌的产品组合、产品质量、产品档次，赋予烟民更优的功能价值。就产品组合而言，纵观卷烟品牌，有的品牌“矜持”，专注一二类烟；有的品牌“博爱”，涵盖一二三四类烟；有的品牌“亲民”，走中低端路线。其中，改善产品组合空间最大、难度也最大的就是**“博爱型”品牌，**它们在规模扩张时期选择了产品线全面覆盖，虽然赢得了品牌规模，但一定程度上也拉低了品牌结构、矮化了品牌形象、稀释了品牌价值。“重量不代表力量，肥大不等于强大”，如今大体量的低结构产品已尾大难掉，使品牌成为浑身肥膘、大腹便便、骨质增生的“胖子”，陷入类似“紫云”那样的品牌发展陷阱（简称“紫云陷阱”，是指国产烟最大单品紫云烟因结构已低于全国平均消费价位而陷入进退两难的状态）。营销老司机须知：价格高低不是一个纯粹的定价问题，而是品牌定位的核心问题。

**“文化升级”**就是丰富完善品牌文化内涵、品牌形象以及品牌口碑，赋予烟民更好的情感价值。品牌文化实际上是品牌定位、品牌特质的生动展现，帮助品牌与烟民之间建立起情感链接，清晰地告诉目标用户“我是谁”“我怎么样”“我能给你带来什么”，也寓示着品牌钟情什么样的目标用户；反过来，烟民也可以循此更直接地找到自己所需要的、适合的、喜欢的品牌。那些“博爱”的品牌，价格底线很低，价格宽度从儿十元/条到千元/条，很难界定它究竟是高端品牌、中端品牌、抑或大众品牌，烟民也很难对它产生更高的身份认同。正所谓“品牌没文化，用户也害怕；品牌若博爱，用户懒得爱”。

在营销实践中，有些品牌不断推出高结构新产品，但收效甚微，达不到预期效果。其内在原因即：总是一味升级产品结构，而不是升级品牌价值。产品升级只是品牌价值升级的基础，文化升级才是品牌价值升级的关键。推出高结构产品是品牌价值升级的手段与形式，但并不能替代品牌文化的持续迭代、品牌形象的持续增强、品牌口碑的持续传播等驱动品牌价值升级的软功夫。

产品升级不应“乱枪打鸟”，其前提是根据品牌定位与产品规划（品系），选准关键价位或潜力价位进行价值锚定，以培育符合消费升级趋势的高结构单品。一般有两种情况：一是在关键价位／大众价位力争做规模化单品，兼顾规模与结构价值，树立品牌形象；二是在潜力价位／细分价位专注做小众化、特色化单品，突出结构引领价值，创造产品溢价。无论是哪种情况，要成功都离不开品牌的背书。

以品牌思维来看，提升结构的关键不在于产品“价格上扬”，而是遵循产品结构价值等式，专注做好品牌价值升级。当然，与价值升级密切相连的，还有整个品牌发展转型问题（参见本书《重新定义卷烟品牌》一章相关内容）。

### （三）商业角度：结构提升就是供给品类升级

商业企业是直接面向卷烟市场的营销主体，主要功能就是实现消费市场需求与品牌价值点的无缝衔接。烟民之所以能方便地升级消费，是因为供给升级了，卷烟品牌的价值升级能够顺畅地传递到他们那里。卷烟销售结构的背后是商业企业的品类优化（商品组合结构优化），所谓结构提升，从商业的角度来看就是供给品类升级。

何谓商业的供给品类升级？主要涉及3个方面内容：

第一，品类布局。

第二，品类宽度。

第三，品类角色。

所谓**品类布局规划**，就是根据消费升级规律改善优化在销商品的组合，形成更具互补效应的**“商品兵团”**，有效满足不同档次消费群体的需求。随着卷烟市场橄榄型消费结构的成形，原有的卷烟消费“金字塔”事实上已被打破，“塔基”的低价位卷烟不可避免地步入“黑铁时代”。因此，品类布局规划，就是要坚持消费需求导向，优胜劣汰，进退有序，精兵简政，建立与消费群体及需求规模相匹配的橄榄型供给品类结构，从源头上解决供求不匹配的问题。如图19所示。

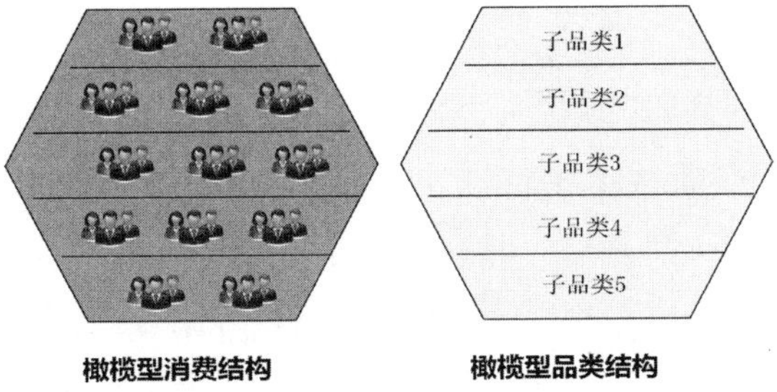


图19　消费需求导向的橄榄型品类结构

**品类宽度设计，**就是根据每个消费群体的需求规模而合理设定每个对应子品类的宽度（商品个数），形成更有战斗力的**"商品尖刀排"**，精准满足目标消费群体的需求。根据橄榄型品类布局，对居中的、满足主流消费群体需求的子品类，设定相对较宽的品类宽度，丰富其品牌规格构成，使"腰部产品"成为结构提升主动力；对上下两端消费群体规模相对较小的子品类，设定相对较窄的品类宽度，精简其品牌规格构成。品类宽度的具体数字，可按照心理学家发现的"神奇的数字7±2"来配置，即相对较宽为"9"，相对较窄为"5"。

**品类角色定位，**是指对每个子品类中每个品牌规格进行清晰的角色定位，找准突破点，培育更具结构引爆力的**"排头兵"**，充分激活市场的结构拉力。在每个子品类中，无论宽度为多少，都要形成主导规格、护卫规格、潜力规格这样角色齐全、功能互补的品类布局。主导规格稳定市场、引领发展；护卫规格激发活力、形成替代；潜力规格丰富生态、完善品类。

以商业角度来看，提升结构的关键不是单纯追求毛利率，而是结合市场实际，持续优化供给品类结构。这既要"接地气"，遵循烟民消费升级的基本规律；又要"向前看"，半步领先于烟民实际消费需求，寻求本地市场结构提升的最大公约数。优化供给品类的结果表现为建立以烟民为中心的品类结构，实现供给结构与需求结构的最大化匹配。

## 三、提升结构：套路的正确使用方法

结构提升不仅“靠脸吃饭”，还要“靠才华吃饭”（营销能力与水平）。“靠脸吃饭”即根据地域市场特点，顺其自然，也能分享结构红利一杯羹；“靠才华吃饭”，即因势利导，持续“武装烟民脑袋”，充分享有结构提升的红利。有些地方会强调：本地烟民具有“顽固的消费习惯”“强烈的消费偏好”“脑袋不开化”，这些客观因素固然存在，但不应成为结构难题的“挡箭牌”与才华不足的“遮羞布”。

怎么提升卷烟结构？国家烟草专卖局多次从战略层面指明了“提结构”的基本套路。

如“四个提升”（见图20）：

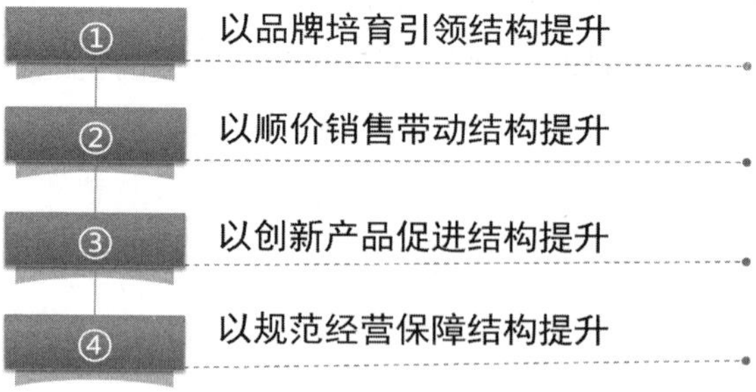


图20 行业层面的“四个结构提升”

又如“三个努力实现”（见图21）：

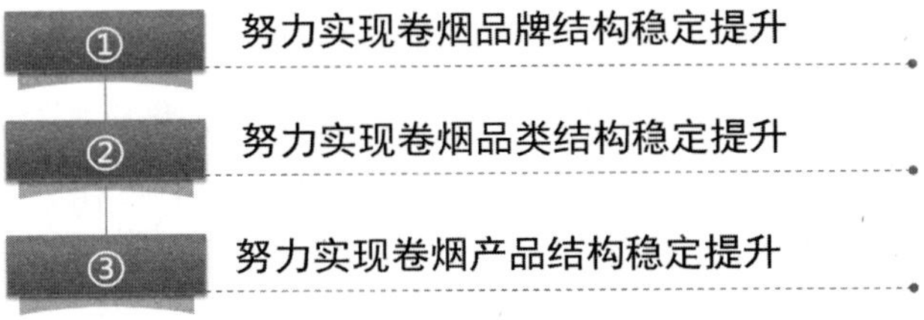


图21 行业层面的“三个努力实现”

这两个都是行业层面的整体套路、战略套路。具体到企业经营层面，国家烟草专卖局也明确指出了**“稳高端、扩中端、调低端”**的基本操作套路，其中，低端由“保”变“调”是个重要的变化。

### （一）正确使用“高中低”组合套路

绝大多数营销老司机都具备卷烟结构“高中低”的常规思维，对这一基本套路易认知、易理解，但是否能正确使用，还有待实践练习。

**首先，“高中低”的概念是相对的。**就全国卷烟市场总体而言，“高中低”似乎有不言自明的统一标准，具体到各个地区则是各有各的实际，在东部某些地区，一类烟已成为自主消费的主力军，在“三北”地区，可能仍以三类烟为主。因此，各地应以本地烟民消费结构为准，确立适宜本地市场的“高中低”标准，结构越低的地区划分标准需要越精细。

**其次，“稳扩调”的做法是动态的。**鉴于卷烟消费新生态，高端烟要“稳”，但“稳”只是相对的，“稳”中也有“进”的机遇或机会，以“进”才能促“稳”。根据橄榄型消费结构，“扩容中端”无疑是最大公约数，但不代表中端产品的全面扩容，而应是重点品牌规格的扩容与引领，否则，结构提升将会导致空心化。“调低端”也是大势所趋，但对低档烟不宜全面卡紧，不能简单粗暴地“一刀切、砍一刀”，而要耐心地“切多刀、慢慢切”。

**最后，玩转套路需要良好基本功。**“高中低”统筹兼顾、协调发展，当然是理想的状态，但这对营销老司机的基本功提出了较高要求，特别是品类规划与管理的能力。如果基本功不扎实，与其玩套路不如“一招制胜”，与其“四面出击”不如持续“向同一个城墙冲锋”。因此，对于没有能力同时成功培育3个以上品牌规格的烟草企业来说，现实的选择就是：踩准烟民消费升级节点（把握“跳跃性”而不是“梯次性”特点），集中意志、集中资源、集中力量，培育1～3个兼具规模与结构价值的重点品牌规格，带动整体结构提升。

## （二）正确使用“市场–品牌–客户”组合套路

按照卷烟营销“市场、品牌、客户”三要素，可以形成提升结构的营销策略组合套路。

**第一，市场策略**

营销老司机必须明确，市场是由烟民组成的，不能从产品角度认识与划分市场，所谓细支烟市场、短支烟市场、爆珠烟市场等都似是而非，不是可操作性的市场。

首先，开放市场。在大市场、大流通的时代，封闭市场、地方保护其实就是抑制消费潜力。市场开放程度高，可以产生“虹吸效应”，吸引各品牌将自己的强势规格、高结构产品试水本地市场，多元化的选择会释放消费潜能，促进烟民消费结构升级。从行业标杆经验来看，开放市场正是“浙江经验”的核心。

其次，精耕市场。营销老司机对待市场的唯一正确态度就是不厌其烦、精耕细作，力求颗粒归仓。这中间的技术与艺术就在于市场细分，真正找到具有营销操作性的“同一个市场”（参见本书《重新定义卷烟市场》一章相关内容），通过特定市场的辐射传播功能，引领卷烟消费升级。比如：婚庆市场是一个重要的消费风向标，在调研市场、确立主推规格之后，建立流程化、敏捷型的市场响应机制。又如：在许多城市，出租车司机也是一个不可忽视的消费风向标，大体代表着当地平均消费水平，可面对这个群体做针对性品牌推广与消费引导。只要能找到有效的细分市场，机会总是隐藏在其中。

最后，净化市场。高结构卷烟更是制假贩假者眼中的“诱人蛋糕”，净化市场对提升结构的重要性与稳定销量是一样的。这个不属于营销老司机的专业范畴，不再赘述。

**第二，品牌策略**

结构提升有赖于强势品牌、优势规格的支撑，当然，这些品牌规格应是高结构的（至少要高于全国平均消费水平）。

首先，落实品类。提升结构，对于商业企业来说就是优化供给品类。单纯从规划上、纸面上优化供给品类并不困难，困难的是把品类结构真正落实到品牌进退、货源采购、品牌培育中去，真正落实到卷烟零售客户的柜台上、陈列中。这需要做到品类结构一经确定，就不折不扣地执行，使品类成为引导烟民消费升级的方向盘。

其次，精选精育。“做强品类”就是通过坚定确立主推品类、聚焦培育主推品类引领烟民消费升级，正如前文所述，与其“四面出击”不如有的放矢，持续“向同一个城墙冲锋”。无论是老品还是新品，精选精育要把握3个要领：一是优选符合扩容趋势的中端价位、腰部产品；二是优选全国性重点品牌、重点规格；三是按照“终端动销五要素”实施终端培育（参见本书《重新定义终端营销》一章相关内容）。

最后，专项推广。与精耕细分市场相结合，围绕重点品类面向不同的细分市场持续实施专项推广，应用口碑营销、体验营销、社群营销等策略，塑造品牌形象，提升品牌价值，培育品牌知名度与美誉度，不断扩大品牌的忠实消费群体（粉丝乃至铁粉），逐步引导消费升级。

**第三，客户策略**

零售客户对提升结构既具有本能性的需求，又具有后天性的恐惧，因此要充分激发其需求，尽力消除其恐惧。

其一，定位客户经营能力。分析定位零售客户在结构上的经营潜力，主要方法是商圈分析与同类客户对比分析。商圈分析的重点是把握客户的主要消费群体，判断其品类结构与消费需求是否一致，销售结构与消费水平是否相符？正如在产品上要重点抓住“腰部产品”一样，在客户上要重点抓住中等客户，数量庞大的中等客户可以释放出结构提升的“洪荒之力”。

其二，实施客户经营指导。因地、因时、因户指导卷烟零售客户经营，科学设置一二类烟存销比例，积极实施客户经营指导，最大限度提高客户经营水平和经营效益。这是一件有难度的事儿，需要营销老司机开动脑筋，且坚持不懈。

总之，结构提升永远在路上，这注定是一场培育主导品牌规格的持久战，因此营销老司机要谨记：顺应趋势，把握节奏（节点），小步精进，久久为功。

## 四、让你秒懂：干货盘点与小炒

1．行业已步入以结构提升为特征的新周期。销量要稳，结构要进；销量保下限，结构争上限。

2．卷烟结构总体向增、持续向增的基本趋势不会改变，但“增中有减”，增长幅度会呈现出回落、放缓的节奏。

3．从用户角度看，结构提升就是烟民消费升级。没有烟民的消费升级，哪来所谓的结构提升？

4．烟民为什么会升级消费：第一，口袋富了；第二，脑袋转了。有才华则“武装烟民脑袋”；无才华则“‘打劫’烟民口袋”。

5．从品牌角度看，结构提升就是品牌价值升级。品牌应遵循产品结构价值等式，专注做好品牌价值升级。

6．何谓品牌价值升级：第一，产品升级；第二，文化升级。产品升级只是品牌价值升级的基础，文化升级才是品牌价值升级的关键。

7．从商业角度看，结构提升就是供给品类升级。需把握本地市场结构提升最大公约数——烟民消费升级规律。

8．商业的供给品类升级：第一，品类布局；第二，品类宽度；第三，品类角色。

9．“高中低”是相对的，“稳扩调”是动态的。正确使用“高中低”组合套路需要良好的基本功。

10．正确使用“市场—品牌—客户”组合套路，基础在市场，重点在品牌，落地在客户。

## 小贴士：引导客户提升卷烟结构“七种武器”

有营销老司机总结了一线客户经理实践经验，现改编归纳为“七种武器”如下：

1. **趋势引导法（长生剑）**。通过短期、中期、长期主销卷烟的价格趋势说服客户，使客户明白卷烟结构的提升是大势所趋。此方法建立在数据分析的基础上，具有较强的说服力。

2. **横向比较法（碧玉刀）**。有些客户具有结构潜力，但受自身经营观念束缚，不妨选择经济发展水平相近区域的客户，横向比较其经营之道和销售业绩，激发客户跳出经营“老一套”。

3. **典型引路法（霸王枪）**。在某个细分市场选择信誉好、辐射力强的客户重点突破，推荐目标品牌推荐上柜且优势陈列，引导客户“开口营销”，使客户成为该品牌的义务宣传员和拉升结构的“先锋官”，带动周边客户共同提高卷烟结构。

4. **时机利用法（孔雀翎）**。及时捕捉服务区域内的婚丧嫁娶等集体用烟和集团消费用烟等信息，牢牢抓住每个提结构的良机，积极主动帮助客户解决货源，拉升结构也就水到渠成。

5. **重点陈列法（多情环）**。商品陈列所产生的刺激可以临时改变烟民的“脑袋”。从提升结构的角度看，陈列应遵循“先高后低”、“先重点后一般”原则，即中高档规格“站中间、往上站”，低档规格“靠边站、往下站”。

6. **持续推荐法（离别钩）**。营销老司机必须做到重点推荐品类挂在嘴边，坚持天天讲、月月说，营造客户耳熟能详的品牌氛围，提高客户品牌意识，让客户首先想到然后做到。

7. **身体力行法（拳头）**。营销老司机要不断提高自己的专业性，让客户在卷烟经营上信赖你、依靠你。如果自己是烟民，不防根据辖区消费水平与自己的“口袋”状况而“抽好点”。正所谓“要想烟民抽得好，自己就要做领跑”。

# 第五章 重新定义市场状态

卷烟作为一种特殊货币、特殊税票，无法也不能无限量生产供应，烟草行业多年来坚持“总量控制”的基本方针，基本上保持了“稍紧平衡”的市场状态，甚至曾经出现“一烟难求”的市场景观。但近年来随着需求拐点到来，意味着“总量控制”中的“量”已发生变化，也意味着“稍紧平衡”中的“平衡点”发生了位移，原有的市场平衡已被打破，供求关系的小船正在摇晃。

这是产业从成长期向成熟期进化的正常现象，营销老司机大可不必惊慌失措，而应**淡定再淡定**。在重新定义了卷烟市场、卷烟需求、卷烟销量等基础概念之后，也需要重新定义“社会库存”、“市场状态”等常用术语，正如从“淑女”变成了“熟女”，胃口、体形、身体状态自然都有了很大变化，保持健康的方法也应有所调整。当然，无论“淑女”或“熟女”，**“保状态”**其实不仅是**保健康，**而且是**保节操**。近年来的卷烟市场，似乎有一种激情过后、节操散落一地的尴尬。

## 一、社会库存，从“蓄水池”到“活水源头”

“社会库存”是与“市场状态”关系最密切的一个概念。胃口好，吃嘛嘛香，状态就好；胃口不好，难消化，状态就差。因此，行业一直高度重视“社会库存”的监测与调控，强调把压缩库存特别是“社会库存”作为调整市场状态、提振客户信心、保障零售利益的重要抓手。从销量的角度看，“社会库存”就是一个大的**“蓄水池”**，为了搞清这“蓄水池”里究竟有多少水，行业这些年来可谓不遗余力，耗费人力精力财力颇多，但事实上，就算让上帝去统计传说中的“社会库存”，上帝也会哭。

营销老司机都知道，行业所讲的“社会库存”具有约定俗成的含义，是指卷烟零售客户的卷烟库存，即零售客户进货而没有转移到消费者手中的卷烟数量。衡量“社会库存”的主要指标有社会库存总量、户均库存量和时点（周、月）存销比这3个指标。正如“三围”更直观地反映女性身材，时点存销比更直观地反映社会库存状况与市场供需程度。

“社会库存”的适量存在，是满足消费需求的客观要求。库存量偏少，虽“物以稀为贵”，但容易错失需求；库存量偏大，容易导致市场价格走低，**“谷贱伤农，烟贱伤心”**。“社会库存”作为蓄水池，既能载销量之舟，也能覆销量之舟，关键在“适量”。

问题是，如何认识并把握**“适量”**？蓄水池能扩展容量吗？对这些问题，不同的市场答案当然不尽一致。“思想解放天地宽”，营销老司机需要打开脑洞发出疑问：“社会库存”仅仅是“零售库存”吗？其实不难发现，卷烟生产–消费链上共有4个存货节点：工业库存、商业库存、零售库存和消费者库存（工商之间的“在途库存”本质上属于商业库存），而且在生产量与消费量相对确定的情况下，它们之间是此消彼长的关系。去工业库存，商业库存必增；去商业库存，零售库存必增；去零售库存，消费者库存必增。对卷烟库存的认识和掌握必须树立工商零消协调互动的系统观，而不应孤立地研判其中任何一个存货节点。如图22所示。

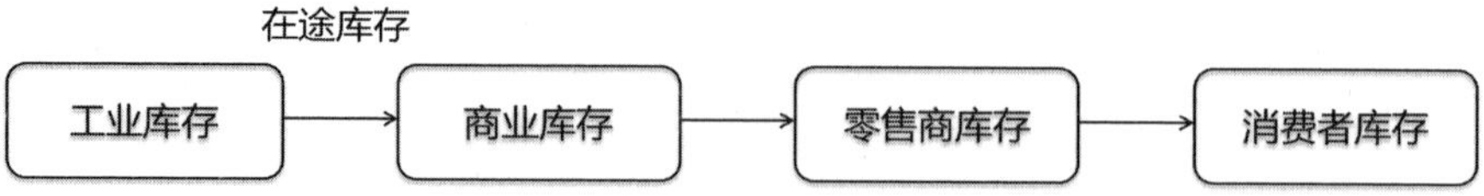


图22 卷烟生产–消费链存货节点

传统的社会库存观念简单地将零售商库存等同于“社会库存”，忽略了**消费者库存**也是“社会库存”这个关键事实。为什么会这样？主要原因有二：

一是销售观念长期占主导，只要把工商库存转移到零售商那里，就算完成任务、大功告成。

二是消费者库存就算客观存在，那又能怎样？既难以监测把握，也难以有效利用。

正因为如此，习惯做“库存搬运工”的烟草工商企业更倾向于去自己的库存，但此消彼长，如果消费者不“接盘”，只能是零售客户做光荣的“接盘侠”，用零售客户的话来说，就是“辛辛苦苦忙一年，最后挣了满屋子库存”。

重新定义后的“社会库存”，是指完整的工商企业之外的库存量，既包括行业已认知的零售库存，也包括行业尚未认知的消费者库存。用公式来表达就是：

社会库存＝零售库存＋消费者库存

其中，消费者库存＝卷烟销量－零售库存－理论吸食量，这个公式可以帮助研判消费者库存的理论值。认识并利用消费者库存，会进一步打开卷烟营销的空间，只有全心全力帮助零售客户把零售库存转化为消费者库存，才是“去库存”的正确姿态与对营销的正确解读（当然，从源头拧紧“水龙头”也是一种有效的“去库存”，但那不属于一线营销老司机能操上心的事儿）。

正如经典的“把梳子卖给和尚”故事所启示，把目光放在和尚身上，只能卖出一把梳子，把目光放到香客身上，就能卖出很多把梳子。确立新的社会库存观，把目光从零售端移向消费端，“蓄水池”就变成了**“源头活水”**。涓涓细流，汇聚成河，如果每个烟民有2条卷烟库存，就意味着全国卷烟市场有200多万箱的弹性空间。从购买行为来看，习惯按条购买的烟民都有或多或少的卷烟库存，习惯按包购买的烟民一般都追求“0库存消费”（调查显示，这两类烟民大致三七开，老烟民一般都是“手中没粮，心中发慌”）。也许有营销老司机会说：就算烟民库存了2条，但每天还只是抽那么多啊。烟民存货行为与吸烟行为之间的关系确实有待进一步研究，但社会库存的结构性改变对市场的正向影响还是不可忽视的：消费者库存低，零售商库存就可能高；消费者库存高，零售商库存就可能低。关键是改变了终端动销节奏，加速终端动销速度，从而提高零售客户的市场预期，充值客户“心理账户”（每个人内心都有一个神奇的心理账户，客我关系也是打开心理账户的一把钥匙）。

因此，**零售库存能力＝市场预期（心理账户）×客户经营能力**。比如，某个零售客户有1000条卷烟库存，多还是不多？对经营能力较强、心理账户充足、市场预期乐观的客户来说，“多乎哉不多也”；对经营能力偏弱、心理账户余额不足、市场预期悲观的客户来说，“这是不能承受之重”。零售客户库存指标对卷烟市场具有很强的预警价值：一是反映了终端动销速度的变化；二是反映了零售客户市场预期的变化；三是间接反映了客我关系的变化（至于客户经营能力，其实是相对稳定的）。

归纳起来，重新定义的新社会库存观与传统社会库存观的区别如表5所示：

**表5 社会库存观的重新定义**

| 传统社会库存观 | 现代社会库存观 |
| --- | --- |
| 基于销售观念 | 基于营销观念 |
| 社会库存＝零售商库存 | 社会库存＝零售商库存＋消费者库存 |
| 零售客户实际存货能力 | 零售客户实际存货能力＋心理账户 |
| 事后监测（周末、月末） | 事前预测＋事后监测 |
| 静态地看市场 | 动态地看市场 |

## 二、市场状态，从数据研判到人性洞察

人要状态，“只要精神不滑坡，办法总比困难多”；市场也要状态，**“只要价格不滑坡，买的总比卖的多”**。

烟草行业历来高度重视市场状态，强调在状态、销量、结构、税利四者之间，要坚持把状态排在第一位。通俗地说，状态是“里子”，销量是“面子”，过去“里子”“面子”可以兼顾，在不能兼顾的情况下，还是要“里子”比较靠谱。亦如下围棋的“起势”与“起地”，要状态是“起势”，要销量是“起地”。卷烟营销市场化取向改革更是提出“按状态调整策略”，把“市场状态调控”作为改革的规定动作之一，要求建立市场状态监测办法，建立健全地市—省级—国家局“三级”调控机制。部分企业围绕着量化市场状态、监测市场状态、甄别市场状态、调控市场状态进行了积极有益的探索。

与传统的社会库存观一致，从卷烟销量、社会库存、市场价格等指标维度研判市场状态，可称之为传统的市场状态观。这种传统的市场状态研判有两个明显的局限：

第一，只能进行事后研判，比如周末、月末，对真实市场的反映具有一定的滞后性。

第二，只能静态反映市场在某个时点的“切面”，但市场是永远连续运动的，不会停滞在某个时点。

供求关系的纽带表面上看是产品，实质上是使用产品的人。因此，分析供求关系，**既要“见物”“见数”，更要“见人”**。2016年美国总统大选，我国“吃瓜群众”也是操碎了心，多家大数据应用公司抢先发布消息：大数据预测希拉里将获胜，以期见证大数据的奇迹，却没有料到结果“特不靠谱”。虽然不能因这个事例而否认大数据的价值，但也足以说明单纯的数据分析有时并不靠谱。对市场状态的认识也是如此，不能单纯地基于数据监测去分析，而要结合人性洞察做研判。经济学大咖凯恩斯认为人们具有“动物精神”，人的行为在很多情况下是本能的反应，因此市场并非是完全理性的。所谓“动物精

神”，指的是人的难以解释的信心问题：信心下降，会进一步影响消费，带来需求不足。

结合人性洞察研判市场状态，意味着市场主体（工、商、零、消，特别是零售客户与消费者）的市场预期/信心指数很重要，或者说，他们的市场预期/信心指数本身就是市场状态的组成部分。期货、股指可以用来交易，看多、看空可以用来博弈，这都反映出对市场的预期本身就是一种“状态”。权威人士指出：“预期并非无中生有，也不是无关痛痒，它来自现实，又影响着现实。”积极的市场预期不仅影响当前时点的市场状态，而且会刺激市场需求，使社会库存和市场需求的弹性空间都变得更大。信心比黄金重要，士气比武器重要，说的都是这个理儿。近年来利群品牌保持了持续的逆势增长，“鹤立鸡群”，诸多市场主体的积极预期起到了推波助澜的作用，浙江中烟把零售客户“要货积极性”、“周订货面”作为市场状态的重要衡量标准，也体现了对市场预期的考量。

因此，重新定义后的市场状态，既包括某个时点的卷烟市场实态，也包括市场主体对卷烟市场前景的预期。大约可以这样简单理解：

**完整的市场状态＝时点市场实态×阶段性市场预期**

对“时点市场实态”的判断属于一种**事实判断**。从易操作的角度看，耗时耗力的零售库存信息采集对研判市场实态的意义并不是很大，观测出来的状态也与市场的真实面貌不匹配。价格是市场的晴雨表，价格水平决定着价值的实现程度，市场价格信号更简明清晰地传递了市场健康与否，特别是卷烟产品的特殊属性决定了价格不能任性。因此，只能将卷烟价格（单条价格指数）作为衡量市场实态的首要指标。

对“阶段性市场预期”的判断属于一种**价值判断**。市场预期包括零售客户经营信心指数和消费者消费信心指数，对信心指数的研判无法单纯依赖数据模型（满足率、重需率、订足面等数据或可一定程度上进行辅助判断），而要借助营销老司机“阅人无数”的功力。不可否认，当前愈演愈烈的控烟运动正在降低零售客户、消费者对卷烟市场的市场预期，这也是烟草产业面临的真正挑战。

新的市场状态观对市场调控策略与规则提出了新要求。烟草企业按照规定动作习惯上把市场状态分为“紧”“稍紧”“平衡”“稍松”“松”5种并对应采取调控措施（如果5种状态并存，那真是个奇葩的市场）。那么，“紧”，就一定要“加油门”吗，加到什么程度为宜？“松”，就一定要“踩刹车”吗，踩到什么程度为宜？老司机们已经知道：不能单纯基于数据判断而要融入人性洞察，因为消费者对市场状态的感知与反应有着群体非理性的一面。如表6所示。

**表6 不同市场状态下的市场反应**

| 市场状态 | 市场反应 |
|---|---|
| 紧（供不应求） | 买，买，买！买到就是赚到 |
| 稍紧（供略小于求） | 买，买！不买就没有了 |
| 平衡（供求平衡） | 买！反正是刚需 |
| 稍松（供略大于求） | 不买，不买！反正不缺货 |
| 松（供大于求） | 不买，不买，不买！便宜没有好货 |

**开车流行自动档，调控还是要用手动档**。市场调控要根据市场价格信号、品牌发展目标和对市场反应的研判等多方面因素，坚守品牌价值与保障客户盈利的两条底线，因时因地因品地精准施策、精细操作，无论加油门或踩刹车都要把握分寸，踩点有度，进退有度，“红灯停，黄灯等，绿灯行”。就算整体市场宽松疲软，也总要有部分价位、部分品类能“紧”起来、“硬”起来，形

成品牌溢价与市场亮点。

当然，市场状态还与市场秩序密切相关。一个市场状态良好的市场，周边又没有筑起铜墙铁壁，很容易被“隔壁老王”甚至“隔壁的隔壁的老王”钻空子（真烟非法流通的冲击），说来话长，此处只能省略。

总之，无论是社会库存还是市场状态，都有“人性”的一面而不单纯是“数据”的一面，甚至人性因素更占主导，其弹性空间可能超越许多营销老司机的想象。

## 三、让你秒懂：干货盘点与小炒

1.“社会库存”作为蓄水池，既能载销量之舟，也能覆销量之舟。

2. 重新定义后的“社会库存”，是指零售商库存与消费者库存的总和。

3. 新的社会库存观使传统的“蓄水池”变成“源头活水”。

4. 零售库存能力＝市场预期（心理账户）×客户经营能力。

5. 分析供求关系，既要“见物”“见数”，更要“见人”。

6. 以社会库存、市场价格研判市场状态，属于事后监测与静态监测，可能背离市场的真实面目。

7. 完整的市场状态＝时点市场实态＋阶段性市场预期。

8. 开车流行自动档，调控还是要用手动档，市场调控要因时因地因品地精准施策。

## 小贴士：基于市场预期的培育“爆款”五步法

卷烟产品推陈出新，是满足不断发展的消费需求的需要，也是品牌持续升级发展的需要。在卷烟市场相对低迷的背景下，好的卷烟新品，对于零售客户而言，可成为新的利润增长点，对于消费者而言，可成为新的消费热点。但过去一段时间内，新品数量过多过滥、上柜方式简单粗暴，导致许多零售客户闻新“蓝瘦”（难受），望新“香菇”（想哭），更导致许多新品承载着工商企业的款款深情，但“深情总是被辜负”。

不客气地说，这都是传统卷烟销售方式惹的祸。只要按照营销的思维与方法正确打开新品上市的帷幕，大凡产品质量过关的新品，都有可能成为区域市场新晋“爆款”。那么，如何让新品上市成为培育“爆款”的过程呢？这里提出“五步法”（见图23）：

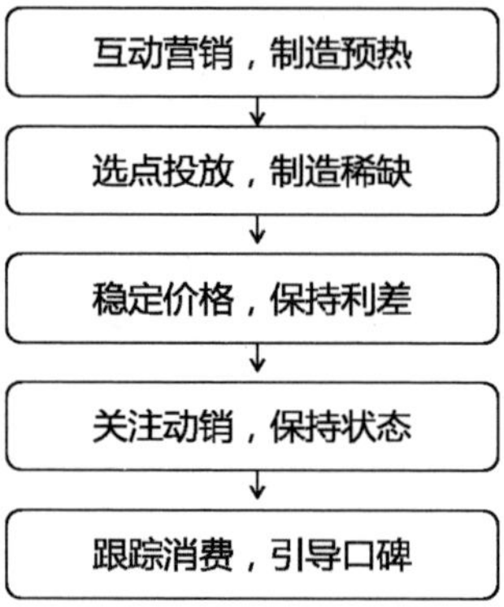


图23 培育新品爆款“五步法”

### 第一步：互动营销，制造预热

在新的营销环境下，新品已无法通过大规模的广告来营造氛围，但完全可以通过换一种玩法在零售客户中制造预热。运动之前要热身，啪啪之前要调情，前戏对新品上市同样很重要。常规的互动预热方式包括新品竞猜、新品宣讲、新品品鉴、新品申购、新品买点提炼等，关键在于与零售客户有效互动，而不是单向传播。其中，新品申购就是利用网络订货平台或微信平台面向零售客户实行“新品申购”活动，把“我推”变成“你要”，由单向推销变成互动营销。

### 第二步：选点投放，制造稀缺

过去一般认为只有高档新品才需要选点投放，这是错误的认知。对于凡是你不想做死的新品，都应采取选点投放策略。只有选点投放，才能制造稀缺，只有稀缺的东西人们才会珍惜。不同价位的新品，区别在于选点数量多寡，但都要坚持从严选点（在同一个市场进行有效渗透），片面追求高上柜率就会模糊新品的目标市场、淡化新品的价值稀缺，得不偿失。

第三步：稳定价格，保持利差

新品的一个重要使命是为零售客户创造利润，提振经营积极性。利润是火，点燃零售客户培育新品的激情，这是新品成长的原始驱动力，因此保持市场价格的稳定是新品上市关键之关键。采取少量、多批次的投放方式，对上柜客户加强明码实价指导与管理，对于不能遵守零售指导价的上柜客户，在下一轮投放中就要坚决不再投放。

第四步：关注动销，保持状态

当预热到位了，稀缺感建立了，客户经理培育新品的重心就不再是推荐上柜，而是关注价格与动销，密切关注每个上柜客户的动销状态，并分析动销原因与主要购买群体，对动销缓慢的上柜客户则要减缓投放节奏甚至取消投放，对动销快的上柜客户仍要坚持控制投放节奏，以保持状态为主。

第五步：跟踪消费，引导口碑

新品上柜后，要发挥上柜客户的消费跟踪功能，即这些烟被哪些消费者买走了，驱动他们购买的关键因素是什么，如此等等。烟草工商企业特别要跟踪首用消费者，选择具有代表性的首用消费者进行回访跟踪，听取他们的评价，努力把他们培育成为意见领袖，发挥口碑传播作用，让爆品的“传说”在市场上流传开来。

按照“五步法”，有没有可能在同一时间培育出多款“爆品”？答案当然是“NO”！打造“爆款”的重要前提是新品宜精不宜多，动辄同时十几个二十多个新品同期上市，那是找死的节奏。如果新品数量超过3个，就需要在错位培育上做进一步的统筹策划。

# 第六章 重新定义卷烟终端

卷烟零售终端，也就是卖烟（买烟）的店铺，业态各异，大小不一。对卷烟零售终端，营销老司机可谓最熟悉不过了，天天打交道。但不用像过去那样斗转星移，随着电子商务“忽如一夜春风来”，世界已不是那个样子，终端已不是那样“端”着。对“卷烟零售终端”这个熟悉的陌生体，也需要重新定义，重新发现价值。

## 一、终端终端我爱你，就像老鼠爱大米

在“决胜终端、终端制胜”的营销大语境下，烟草行业过去10多年的卷烟销售网络建设大约可以用“终端时代”来形容，网建始终围绕着终端展开，一路高歌“终端终端我爱你，就像老鼠爱大米”。

无论是2002年以后推广“两电一网”业务模式，还是2007年以后抓农网延伸、推广网上订货和“135”营销工作法，都始终把零售终端作为重要环节。其中，节点性事件有：

1. 2005年在上海召开新型零售业态座谈会，较早地研究终端业态变化和对未来的影响。

2. 2007年召开国际销售网络研讨会，提出如何建立面向消费者的营销体系和终端如何面向消费者的问题。

3. 2010年兰州网建会上，首次提出行业要研究终端建设。

4. 2011年5月召开武夷山终端建设研讨会，首次系统研讨终端建设怎么看

和怎么干的问题。

5．2011年10月召开柳州网建会，正式部署终端建设。

6．2012年9月召开上海网建会，继续推进终端建设。

7．2013年9月召开西安网建会，部署全面推进现代终端建设。

8．2016年12月召开南宁网建会，提出“提升客户盈利，深化客我关系”。

在这一过程中，行业对终端的认识更加深刻具象，对终端建设的部署更加深入具体。概括起来，主要有如下经典说法：

1．高度权威的**“四同”**之说：发展同向，工作同心，服务同步，利益同体。

2．体现重视的**“五最”**之说：最宝贵的资源，最基本的依靠力量，最重要的阵地，最核心的战略资源和最关键的战略合作伙伴。

3．体现特色的**“四性”**之说：建设有中国烟草特色的集便利性、体验性、连锁性、现代性“四性”于一体的现代终端体系。

4．生动形象的系列比喻：毛细血管，神经末梢，蓄水池，调节器，稳定器。

5．充满情感的**“三境界”**说：（营销网络）“一部分”、（平等合作）“好伙伴”、（烟草行业）“自己人”。

6．分类定位的**“三层次”**说：建立以自营终端为标杆、现代终端为支撑、普通终端为基础的金字塔型零售终端体系。

7．目标更明的**“三聚焦”**说：聚焦客户盈利，聚焦价值提升，聚焦消费者营销。

在这一系列不断深化、不断丰富的认识与指导思想下，行业终端建设取得显著成效，没有之一；客我关系一度达到良好状态，没有之二。但不可否认，专卖体制下卷烟零售终端的**“囚徒困境”**并没有根本改变，即：它们作为事实上的经营主体，却不完全具备自主经营权，在货源上要么“吃不饱”，要么“吃不消”，“吃不了”也要兜着走。而且，市场行情的逆转使卷烟零售终端由大户难做、小户难活的“两难”状态，转变为大中小户都生存不易的临界状态。有人会选择坚守，相信“阳光总在风雨后”；也有人会选择离场，认为“老板难当，烟酒店老板更难当”。

## 二、阵地你若不坚守，没有人会替你值班

零售终端，一般被定义为消费者与卖方发生交易的场所，或消费者与卖方交易关系的总和，在传统流通中具有不可或缺、不可替代的基础性地位，做得好是**“忠端”**，做不好是**“中断”**，因而成为快消品营销的前沿阵地，成为品牌竞争的舞台。

卷烟零售终端，是卷烟销售网络的最末端，是卷烟和消费者面对面展示与交易的场所。这样的场所，注定与风月无关。近年来，随着“互联网+”的兴起，控烟运动的发展，“四大难题”的凸显，新《广告法》的实施等，终端的地位有没有发生变化？行业终端建设要不要继续深入下去？甚至有些营销老司机也会有类似的疑问。

虽然环境发生了巨大的转变，但按照2016年数据，实体店仍然占据我国社会消费品零售总额的85%，对于消费者来说仍然是线下消费的主要场景。从卷烟商品特性来看，有两点不可忽视：一是卷烟消费需求的刚性。烟民习惯上亲切地将香烟称为“口粮”，购买香烟是日常生活中的一种高频率行为，因而香烟对零售终端而言，具有很强的导流引客功能，**“无烟不成店”**说的就是这个理儿。二是现行《烟草专卖法》规定不得在网上销售烟草制品，在电商大潮的强烈冲击下，卷烟成为实体终端特别是中小实体终端的一道重要“护身符”。这两点反映出，无论环境怎么变化，卷烟对零售终端的重要性没有发生改变，反过来亦然，零售终端对卷烟销售网络的重要性也没有发生改变，终端离不开烟草，烟草更离不开终端，就像男离不开女，女也离不开男。

商业环境、消费环境的变化，更加凸显了零售终端在卷烟销售网络中具有基础和不可替代的地位，更加强化了零售终端在卷烟销售中的调节器、蓄水池作用。特别是在控烟日趋严苛的大环境下，人是环境的产物，烟民显然也是环境的产物。在烟民所处的环境中，社会舆论是最重要的环境，**零售终端则是最直观的环境**。卷烟营销活动难以左右社会舆论，但可以显著改善零售终端，为烟民创造保持消费信心、维护消费尊严的微环境。因此，过激控烟越是“灭人欲”，越是决定了烟草人要理直气壮地守好终端这一战略“要地”和价值“高地”。

从社会责任的角度看，中小零售终端，你若不去支持，没有人会为你补位；从卷烟营销的角度看，零售终端阵地，你若不去坚守，没有人会替你值班。

## 三、零售终端新“五化”，重新发现“五内涵”

在饱和且不断变化的零售环境中，现代零售已经成为一个技术密集型、管理密集型的行业，似乎帅气的“风清扬大侠”为此宣称道：“新零售将引领未来全新的商业模式。”按照阿里研究院的说法，所谓新零售，就是以消费者体验为中心的数据驱动的泛零售业态。此中有3个关键词：一是以心为本，体验至上；二是信息共享，数据驱动；三是无限跨界，业态融合。无论是“天猫小店”、“京东便利店”还是“小米之家”等，都体现了新零售的这些特点。在新零售的大趋势下，卷烟零售终端发展呈现出一些新特征，可概括为**新“五化”**，即媒体化、移动化、体验化、智能化与连锁化（见图24）。

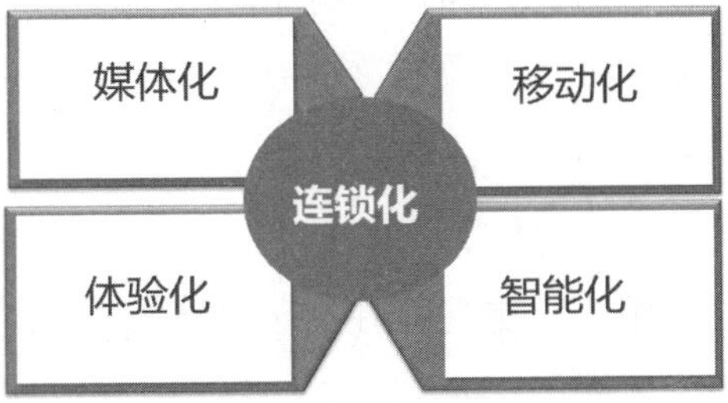


图24 卷烟零售终端新“五化”

**媒体化**。在看脸的全媒体时代，一切皆媒体。零售终端作为产品销售的最后环节，是产品与消费者的主要接触点、约会地，将终端整合为一个重要媒体，并进行产品核心信息的互动式集中传播，有利于促进产品核心价值在消费者心智中留下独特印象。特别是对于禁止公众媒体广告的卷烟品牌来说，新《广告法》给品牌传播留下的重要窗口就在卷烟零售终端。一个卷烟零售终端就是一个自媒体，可以有动有静，可以有声有色，还可以有图有真相。虽然全国各地广告执法部门的执行尺度不一，有的地方比较严苛，但阻止不了终端自身的媒体化发展趋势，零售终端日益成为品牌传播的重要媒体。

**移动化**。在晒账单的全民“剁手”时代，一切皆互联。人们越来越习惯于使用移动端搞定购物，手机不仅仅是移动端，已经成为钱包，甚至成为了身份认证。正如查克·马丁在《决胜移动终端》中所言：“消费者的购物行为正在发生着革命性转变，这场革命的驱动力就是移动网络。”线上与线下已由“相杀”到“相爱”，更多的零售终端在拥有实体店面的同时，向线上转型，把本地化服务与互联网的便利性结合起来，形成以满足顾客需求为中心的全渠道格局，实现线上与线下的融合。虽然《烟草专卖法》规定卷烟商品不能在网上零售（包括移动端），但改变不了零售终端整体“触电移动”的事实与趋势。

**体验化**。在看心情的全民自嗨时代，一切皆体验。消费者可以率性任性，在任何时候、任何地点，以任何方式、随时随地购物，因此，问题不是“在哪买”，而是“为何买”，他可能因为心情不好为了刺激多巴胺分泌产生愉悦而“买”，可能因为被某种氛围影响觉得不“买”好像对不起人，可能因为朋友圈几条微信而“买”，也可能因为朋友的一席谈话而立刻搜索后购“买”……总之，消费者已由物质消费进入精神消费层面，购买行为越来越娱乐化、社交化，零售商也不断创新，创造更独特、更难忘以及更有效的零售场景及顾客体验。零售终端从销售商品向提供体验转变，从钱货交易向品牌体验中心转变，卷烟零售终端也日益成为卷烟品牌体验的基础平台。

**智能化**。在看电影可以配对的大数据时代，一切皆智能。新零售不仅建立在移动互联网技术的应用上，更建立在智能技术的全面应用上，其中一个重要关键词就是“更智能”，有了“更智能”，才会有更新奇、更好玩的用户体验，才能以消费者为中心，将消费者在各种渠道的购物体验无缝链接，实现消费过程的愉悦最大化。移动终端、传感器、社交网络、定位系统、大数据五大元素为零售终端智能化创造了无限的可能。智能化货品管理、智能化数据采集、智能化商品推荐、智能化消费跟踪、智能化体验管理……比消费者更懂消费者，更加善解人意，一不小心就会变成智慧商圈里的智慧商店。卷烟零售终端智能化将是卷烟营销数据化、智能化的基础。

**连锁化：**在共享经济时代，一夜之间似乎所有的物品都可以被共享+。长期以来，卷烟零售终端以社区超市、便利店、食杂店为主，存在着主体众多、经营分散、恶性竞争等问题。以需求为导向，以共享为目的，优化卷烟零售终端资源配置，实现终端之间的连锁、互助、协同，是发展卷烟新零售的必然内容。连锁化的实现形式有烟草商业企业投资运营的直营连锁、与其他零售企业跨界合作的合作连锁、建立统一形象、统一标准的加盟连锁（如大连烟草“春天便利”）等，甚至零售客户自律互助小组也是一种链接与“连锁”，提高终端组织化程度，让同行之间不再是冤家，而是互助如一家。

新“五化”是大趋势，背后的根本驱动力是消费者需求，一切围绕着消费者的便利性、体验性发展，也就是回归零售的本质：**更好地满足消费者**。从这个意义上看，新零售不分线上线下，而是看谁更懂消费者，谁能赋予消费者主权。再牛的电商也取代不了社区店，成为大趋势里的一个小趋势。

根据零售终端“新四化”特征及卷烟营销转型需要，可从5个方面重新定义零售终端内涵，重新发现终端价值（见表7）。

**表7 卷烟零售终端再定义**

| 传统视角下的零售终端 | 现代视角下的零售终端 |
|---|---|
| 销售的终点 | 营销的起点 |
| 销售商品的场所 | 用户体验的场所 |
| 实体店面 | 全渠道店面 |
| “人货场”的组合 | “人货场”与数据的融合 |
| 硬件至上 | 软件为王 |

**第一，终端不是终点而是起点**。传统销售视角下的零售终端，是销售工

作的终点，终端上柜出样即完成销售；现代营销视角下的零售终端，则是（终端）营销工作的起点，终端上柜出样意味着品牌终端动销的刚刚开始。

**第二，终端不仅销售商品更创造体验**。传统销售视角下的零售终端，是销售商品的场所，以商品为中心开展终端促销；现代营销视角下的零售终端，则是用户体验的场所，以用户体验为中心开展整体营销。

**第三，终端不仅是实体店面也是全渠道店面**。传统销售视角下的零售终端，主要是线下的实体店面，销售人员只需关注物理形态的店面空间；现代营销视角下的零售终端，则是全渠道的店面，营销人员在关注店面空间之外，需要高度关注线上活动与虚拟商圈。

**第四，终端是“人货场”与数据的融合**。传统销售视角下的零售终端，主要是人、货、场的组合，销售人员主要做好人员关系维护（客情）、进退货管理（进销存）和现场维护（陈列展示）三件事即可；现代营销视角下的零售终端，则是“人货场”与数据的融合，数据成为终端要素，同时，“人”拓展为“用户”（既包括店面人员，更包括消费用户）。

**第五，终端是硬件与软件的统一**。传统销售视角下的终端建设，重视看得见、摸得着、可感知的硬件投入；现代营销视角下的终端建设需要“软硬兼施”，该硬的地方要“过得硬”，该软的地方要软得有水平。

总之，零售终端不是简单的“卖烟店”或者“买烟店”，其价值随着现代营销视角的拓展而不断拓展。重新发现终端价值，是打开营销脑洞的源泉。

## 四、一切不讲依存度的终端建设，都是单相思

近年来卷烟的社会库存高位运行，零售价格相对低迷，零售终端的盈利空间受到挤压，许多客户**“努力到贷款进货，坚持到感动房东”**，经营信心严重受挫，供零关系正在经历前所未有的挑战与考验。经过十多年的努力，零售终端还没有成为行业的客户资产，它们随时可以“挥一挥衣袖，不带走一片云彩”。

在这样的情形下，卷烟零售终端建设要见物更要见人，需以恢复、提振客我关系为主线。没有靠谱的客我关系，就没有稳固的终端阵地。

关于客我关系，行业内一直有满意度、忠诚度、依存度“三度”之说（有时还会加上“贡献度”）。客我关系的本质，不是常说的“满意度”，也不是所谓的“忠诚度”。“满意”永远是一种自欺的假象，“忠诚”其实是没有背叛的筹码。客我关系真正的本质在于——**客观上的依存度**（依靠或依赖程度），即使不愿意，尽管不满意，甚至不忠诚，但客观上彼此依存，我离不开你、你也离不开我，这就是靠谱的客我关系（那些不忠诚夫妻之所以没有离婚，是因为彼此之间的依存度太高）。因此，终端建设的核心问题始终是保持或提升终端对烟草行业的依存度，从“无烟不成店”的原始依存到“有烟才有店”的高度依存。一切不讲依存度的终端建设，都是满腔热情、自娱自乐的单相思。

终端依存度会从哪里冒出来？

**首先，没有利益就没有依存，利益共同体是持久的依存**。利益是“最简单的爱”，也是“最可靠的依赖”。没有了利益，小船说翻就翻，巨轮说倒就倒，正如墨子《商之道》所言：“我有利，客无利，则客不存；我利大，客利小，则客不久。”终端含金量（卷烟销售收入占比与效益占比）是保持依存度的基础。

**其次，没有黏性就没有依存，高黏性可以使利益共同体进一步黏合为命运共同体**。正如你我的生活离不开QQ、微信、百度一样，如果零售终端的经营方式甚至生活方式离不开卷烟营销网络，那就可能产生烟草BAT了。同时，顺应连锁化趋势，提高卷烟零售终端连锁率与组织化程度，也是提高客户黏性的有效途径。

**最后，没有共同价值观就没有高度依存**。缺乏共同价值观的彼此依存只是各取所需的同居，拥有共同价值观的彼此依存才是见证真情的婚姻。

## 五、一切不谈消费者的终端建设，都是瞎忙活

现代终端建设作为行业卷烟销售网络建设现场会多次不变的主题，真是“流水的现场，铁打的主题”。各地由此迸发出高昂的热情，热衷于所谓的“终端建设模式”创新，按照想象出来的完美“现代终端”模样来“打造”终端。

终端建设忙活了多年，为啥许多零售客户不买账、消费者也无明显感知？因为在既有的终端建设观念里，在今天看来有两个明显的薄弱或不足：

一是过于强调按照行业的想法（卖烟的角度）去“打造终端”，而不是按照消费者的需求（买烟的角度）去“改造终端”，导致主观意愿很强，客观效果有限。

二是设想一层一层地打通卷烟供应链，“先做终端，再做消费者”，但消费者在哪里？至少99%的消费者都会去零售终端。虽然强调了发挥终端消费跟踪功能，但总体上还没有把终端建设与消费者营销更紧密地统一起来。

因此，新阶段的终端建设需要**“跳出终端做终端”**，发展融卷烟消费、体验、零售为一体的卷烟新零售。一方面，以消费者的视角来认知终端，什么样的终端能为消费者“买烟”提供更大的价值与更好的体验，就引导发展什么样的终端，过去的思维出发点是“卖烟”，现在的思维出发点应是“买烟”。另一方面，以用户为中心、以“互联网+”为手段，增强终端软实力，把终端“改造”成为跟踪消费者、聚合消费者、引导消费者、服务消费者的前台。终端建设的初心除了提高终端依存度，还在于提高品牌的市场活跃度（参见本书《重新定义终端营销》一章有关内容）。

实施消费者视角的终端建设，就要回归到前文所述的零售终端五层内涵，以消费者体验为中心，以数据为驱动，重构零售终端的人（用户）、货（商品）、场（现场），把用户培育成为行业/品牌的铁杆粉丝，把商品转化成为目标用户的生活方式，把店面现场改造成为用户与品牌的沟通场景。目前行业内部分单位探索“讲颜值更讲气质、看气质更要走心”的特色终端建设，已体

现出从细分消费市场的角度建设终端的新动向。

关于终端营销“人货场”，请所有营销老司机记住如下口诀：

人：脱离用户做营销——好比没有对象谈恋爱；

货：脱离商品做营销——好比不想结婚谈恋爱；

场：脱离现场做营销——好比从不约会谈恋爱。

## 六、让你秒懂：干货盘点与小炒

1. 行业十多年网络建设历程就是一个“终端时代”，但零售终端的“囚徒困境”还没有发生根本改变。

2. 新环境下，零售终端阵地，若你不去坚守，没有人会替你值班。

3. 零售终端发展呈现出“五化”特征：媒体化、移动化、体验化、智能化与连锁化。

4. 从5个方面重新定义终端内涵，重新发现终端价值，才能打开营销脑洞。

5. 一切不讲依存度的终端建设，都是单相思。

6. 没有利益就没有依存，没有黏性就没有依存，没有共同价值观就没有高度依存。

7. 一切不谈消费者的终端建设，都是瞎忙活。

8. 新阶段要“跳出终端做终端”，以消费者的视角来认识与建设终端。

9. 卷烟终端营销，既要“见物”，更要“见人”，还要“见数”。

## 小贴士：小米之家的新零售战略

什么叫零售？以电商思维提炼公式如下：

零售=流量×转化率×客单价×复购率

什么是新零售？就是用互联网的工具和方法，把线下门店的流量、转化率、客单价和复购率做到极致。

真正体现一家门店零售能力的指标是“坪效”（每平方米店铺面积上的年

销售额），对应上述公式：

坪效=（流量×转化率×客单价×复购率）/面积

小米根据这一认识，启动了“小米之家”新零售的八大战略。如图25所示：

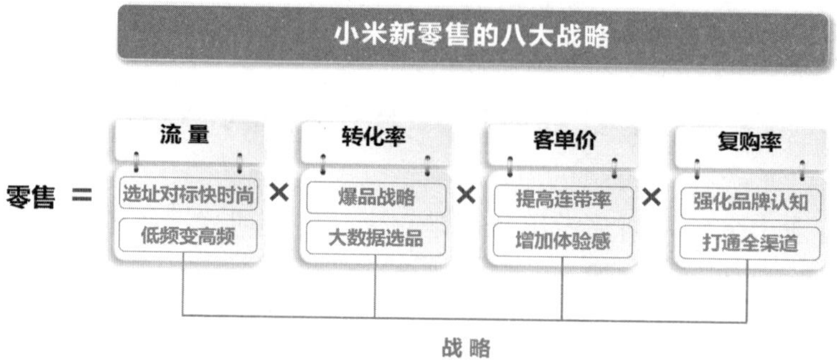


图25 小米的新零售战略

据小米创始人雷军披露，小米之家的（年）坪效已做到27万元/平方米，仅次于苹果专卖店的40万元/平方米，是其他手机专卖店的N倍。

# 第二篇 回归本质

在本篇，老汉立足卷烟品牌步入自主消费时代、后广告时代和社会化传播时代这三大背景，尝试对**卷烟品牌**、**品牌创新**、**品牌传播**、**口碑传播**、**事件传播**等与品牌营销密切相关的概念予以重新界定，旨在回归本质。遇见本篇文字，你唯一可能的收获就是继续思考……

# 第七章 重新定义卷烟品牌

21世纪以来，中国烟草进入塑造大品牌的时期。纵观近20年来的卷烟品牌演绎史，有些品牌历久弥新，有些品牌异军突起，有些品牌渐趋衰微，有些品牌昙花一现。这背后究竟有什么奥秘？

在近年来的市场变化中，品牌分化加剧，“大牌”面临“抓到好牌不能成炸”的窘局，“小牌”面临“抓不到好牌”的困境，大牌小牌争相推送新品但鲜有成功，为啥以前的套路越来越走不通了？

只能说，变是唯一不变的法则，友谊小船说翻就翻，隔壁老王说搬就搬。一切都在变化，一切都要变化。

## 一、激情岁月：从混战到争位赛

回眸21世纪以来的卷烟品牌发展历程，大致有3个主要阶段：

**第一阶段：**以2001年国家烟草专卖局出台36名优烟战略为起点，经过“工商分设”前后的一场混战，到2005年标志性出现“三红一白”（红塔山、红河、红金龙、白沙）规模化品牌。

**第二阶段：**以2004年国家烟草专卖局出台百牌号目录为源头，以2008年出台“20+10”品牌战略为节点，经过一场合并重组的淘汰赛，标志性出现了“华溪楼王”（中华、玉溪、黄鹤楼、芙蓉王）等高档规模化品牌。

**第三阶段：**以2010年国家烟草专卖局出台“532”“461”战略为起点，经过一场激烈的争位赛，以“双15”品牌为主体的“中式卷烟”民族品牌大家族在震荡、阵痛中初步形成。

卷烟品牌演进的基本进程是从**“百家争鸣”**的春秋时期进入了**“列强争霸”**的战国时期，但并没有进入**“三足鼎立”**的三国时期。

失败定有原因，成功自有道理。归纳相对成功的卷烟品牌，大致有3种类型：

1. **“地利”型成功**。产地与传统是卷烟品牌的天赋血液，这方面的代表是云烟、玉溪等云南产烟品牌。此外，利群也可以作为地利型代表，流动性高的大量优质消费群是其重要“地利”。

2. **“天时”型成功**。在发展过程中抓住了可遇不可求的历史机遇，比如1994年创牌的芙蓉王，抓住了全国卷烟价格放开的经济和政策窗口期，抢先占据了“20+”的消费档位，把握了20世纪末以来的消费升级先机。

3. **“人和”型成功**。这方面的代表，如中华和黄鹤楼。中华的“人和”来源于品牌历史与先进的企业管理，黄鹤楼的“人和”来源于烟草产业重组时期的企业领袖与创新精神。

地利型成功难以复制，天时型成功不可坐等，人和型成功则事在人为。争位赛尘埃落定，新征程已然开启。

## 二、转折之际：从竞赛走向竞合

随着市场环境变化，卷烟品牌发展由增量分享的“好日子”进入存量分割的“阵痛期”，由增速比拼的“争位赛”转变为竞争与合作并存的“竞合赛”。既竞争，又合作，在合作中竞争，在竞争中合作，这是我国卷烟品牌之间关系的本质所在。

### （一）竞争是必须的

毕竟国内卷烟市场存量“蛋糕”就那么大，且逐渐有所萎缩，抢地盘、占份额是每个品牌的生存根基。事实上，也只有竞争才能催生真正有竞争力的品牌。卷烟品牌竞争正呈现出三大新特点：

1. **竞争焦点“向高走”**。以2015年数据分析，超一类价区共有84个规格，呈现出“和一大天”四强争霸的格局，但市场占有率最高的和天下没有超过20%，前3位市场占有率之和为51.56%，按照兰彻斯特法则，属于典型的分散型市场（任何一个品牌大量投入资源后，都可能改写竞争格局）。高一类价区共有118个规格，中华市场占有率61.27%（超过41.7%的安定目标数值，但离73.9%的绝对安全地位还有一定差距），处在一枝独秀的相对优势状态，前3位品牌市场占有率之和为76.33%，黄鹤楼、云烟排名第二、三位，但二者市场占有率合计不足15%。按照兰彻斯特定律，这是一个明显的绝对独占型市场（第一名将继续坐收渔翁之利）。中一类价区共有150个规格，中华市场占有率48.13%，排名第一，而且与第二位的战斗力关系在根号3以外，处在绝对独占地位。以兰彻斯特定律观照，这也是一个明显的绝对独占型市场。普一类共有165个规格，呈现出芙蓉王、玉溪、黄鹤楼三雄鼎立的格局，但市场占有率最高的芙蓉王也只有23.62%（没有超过26.1%），前三位之和为58.13%，也是明显的分散型市场，但有可能向相对寡占型市场演化。可以预期，随着行业发展进入结构提升新周期，规模品牌提结构，结构品牌稳优势，结构上移成为所有品牌的共同方向，高价位市场竞争将更加热闹。

2. **竞争重点“向下沉”**。过去十多年，在“大市场”的感召下，各个工业企业加大拓展省外市场，全国卷烟省际间的交易量不断提升。但2012—2016年连续5年卷烟省际间交易量占比几乎停滞，说明随着由增量经济模式转向存量经济模式，一方面，各品牌加大了对本土市场的固守和精耕，既拼全国大市场，更拼家门口的主场。另一方面，市场化取向改革必然要求打破地方壁垒，建立统一开放、竞争有序的现代卷烟市场体系，每个区域市场对所有品牌公平开放。这两个看似矛盾的因素交织在一起，必将使全国性品牌在各个区域市场面对的竞争将更加激烈。对于任何一个品牌来说，要把失去的市场份额夺回来，无异于虎口拔牙，难上加难。营销重心下移、精耕细作重点市场，成为每个品牌市场拓展的必选路径。

3. **竞争难点“在深处”**。深处，是指消费者心智的深处。过去，品牌之间的“抢地盘”主要是争取商业渠道，争取零售终端，建立市场覆盖优势。随着卷烟营销市场化取向改革的推进，特别是消费行为发生了深刻变化，自我消费、理性消费、个性消费渐占主流，品牌之间的“抢地盘”将转变为争夺消费心智，争夺品牌粉丝，建立市场占有优势。正如营销定位大神里斯所言：“营销竞争的关键是心智之争，而非市场之争。”进入消费者心智，归根到底，其实只有两条路径：逻辑或情感。前者是说服（让人动脑），后者是打动（令人动心）。

## （二）合作是必然的

商业文明发展到今天，竞合理念应运而生。竞合理念认为，企业经营活动是一种可以实现双赢的非零和博弈；合作竞争是一种高层次的竞争，并不意味着消灭竞争，而是从企业自身发展角度和社会资源优化配置角度出发，促使企业间关系从单纯的对抗竞争走向一定程度的合作。竞合理念对于卷烟品牌来说尤其适宜：

1. **“本是同林鸟，理应比翼飞”**。中国烟草是一家，所有的品牌都在一个林子里，同享一个生态。已经实施多年的合作生产充分体现了各个品牌之间的合作属性，虽然这本身是一种拉郎配式的行政安排，但在发挥重点品牌带动效应、提高要素资源配置效率、支持老少边穷地区烟草产业共同发展等方面起到了重要作用。

2. **“品牌分三类，错位即合作”**。国家烟草专卖局提出“十三五”期间要加快形成全国性知名品牌为主导、区域性优势品牌为护卫、创新型特色品牌为引领的品牌发展格局。“三类品牌”战略符合大众品牌与小众品牌分化并存的品牌演变趋势，使各个卷烟品牌的定位更加清晰有序，更加有利于错位发展。如今，大时代与小时代交织，大趋势与小趋势并存，因而必将出现大品牌与小品牌共生的局面：一方面大众品牌（如海尔、一汽大众、麦当劳等）流行，另一方面越来越多的小众品牌（如裂帛、速写、梵几、己出等）涌现，满足人们更加小众化、个性化的消费需求。卷烟品牌也必将呈现出有大树、也有花草，大品牌与小品牌分化并存、共同发展的“森林效应”。

3. **“面对市场寒，抱团更暖和”**。面对卷烟销售趋势性的严峻形势，各工业企业之间抱团取暖，是理性务实的选择。竞争固然难免，竞合更显“风骚”，合作生产、合作研发、培育联合品牌等都体现了卷烟工业企业抱团取暖的内在需求。2016年上海烟草集团、广东中烟、湖北中烟3家单位合作开发“双喜（百年红）”，开创了工业企业从竞争走向竞合，实现工业协同、优势互补的先例。2017年广东中烟与河北中烟、河北省局三方携手推出“双喜•莲香”，是竞合发展的进一步探索。

在竞合时代，各个品牌既要各显其能“抢风口”，也要各尽其责“划大船”，做最好的自己。

## 三、跨越障碍：从品类走向品系

2008年，国家烟草专卖局提出构建中式卷烟品类，在世界烟草版图上“三分天下必有其一”，要“像中国菜一样”“有支撑、成体系、能感知”，这无疑是正确的行业战略决策。整体而言，中式卷烟作为一个大品类是市场共识，某些以产地为区分的品类也是客观存在的，但是不是每个品牌都要构建自己的品类、创造品类原型呢?

### （一）品类是个“坑爹”的大坑

在“中式卷烟品类构建”战略的引导下，诸多品牌都曾以创新之名为自己挖了一个很大的坑，这个大坑就是所谓的“品类”。品类“专家”们强调：

品类是隐藏在品牌背后更大的品牌（究竟是绕口令还是脑筋急转弯，老汉不知），品牌要成功，就要成为某个品类的代表，成为第一胜过更好，而且随着消费者需求越来越细化，品类可以不断地进行更加细致的创新。

近年来涌现出的诸多卷烟“品类”，如表8所示：

**表8 卷烟品类一览表**

| | 香型角度的子品类 | 代表性品牌 |
|---|---|---|
| 中式卷烟大品类 | 浓香 | 中华 |
| | 清香 | 玉溪 |
| | 淡雅香 | 黄鹤楼 |
| | 雪雅香 | 黄鹤楼（雪茄专属） |
| | 中间香 | 芙蓉王 |
| | 清甜香 | 云烟 |
| | 焦甜香 | 黄山 |
| | 本草香 | 金圣 |
| | 浓醇香 | 黄金叶 |
| | 茶甜香 | 泰山 |
| | 生态绵柔香 | 七匹狼 |
| | 国酒香 | 贵烟 |
| | 原香 | 双喜 |
| | 清润香 | 好猫 |
| | 绵香 | 兰州 |
| | 莲清香 | 苏烟 |
| | 奶香 | 金桥 |
| | …… | …… |

由此可见，几乎到了“凡品牌皆品类”的境地。消费者买烟时会首先考虑基于什么香型而划分的品类么？至少目前还得不到更多的消费行为数据支撑。所谓的品类概念，大多沦落为品牌卖点，有的甚至连卖点都算不上；所谓的品类构建，就是为自己挖坑，主动跳进让品牌更加复杂化的陷阱。有些品牌在品

类的道路上负重前行，“自己装的酷，含着泪也要装完”。

### （二）品系是跳出“大坑”的垫脚石

对于那些价格跨度大的“博爱型”品牌来说，消费阶层泛化是一个不争的事实，从土豪到草根，都是品牌的目标用户，由此带来品牌价值的普遍模糊，最终影响了品牌形象。因此，它们需要的其实不是复杂化的“品类”，而是简洁化的“品系”——以品牌为识别，以品系为区分，以战略单品为载体，在不同的细分市场建立品牌和产品优势。利群的市场表现，在一定程度上可视为构建品系的成功。“休闲系”定位千元价位，旗舰产品系列，其战略任务是树立价值标杆；“阳光系”定位300～800元/条价位段，高端产品系列，其战略任务是推进结构壮腰；“原生系”定位300元/条以下价位段，经典产品系列，其战略任务是夯实价值基座。同时，从消费者体验出发，建立可感知的产品诉求和品系主张。这样以战略单品为中心的品系组合，既有效区分了消费需求，又有利于满足各档消费需求。如图26所示。

图26　以宝马为参照的利群品系构建

与品类相比，**品质更重要，品系更靠谱**。如果说，品质是让目标用户“感到”满足，那么，品系就是让目标用户“找到”归属。

### （三）战略单品是品系的压舱石

消费者对品牌的认知，往往是从某个具体产品开始的，提到茅台酒首先想到53°飞天，提及中华烟马上想到软硬中华，因此，品系首先要体现在产品身上。在品系构建中，品牌需要进行价值锚定，努力用一款产品找到更多用户，也就是“做精规格”、聚力“战略单品”。所谓战略单品，即拳头产品、招牌产品，就是能代表用户对品牌认知情况的单品。战略单品对品牌的重要性主要体现在3个方面：一是支撑力，战略单品一旦成熟，直接形成品牌联想，甚至变成品牌的代言产品；二是带动力，可以成为品系的依托，形成联动销售；三是影响力，战略单品甚至可以改变市场规则，重建对品牌有利的市场秩序。

战略单品有两种类型：一是畅销型战略单品，顺应主流消费，性价比高，具有很强的产品竞争力，一般规模足够“大”，如芙蓉王（硬）等；二是形象型战略单品，口碑效应好，树立品牌形象，一般价值足够“高”，如黄鹤楼1916等。至于云烟（紫）、利群（新版），可称之为“大单品”甚至“超级大单品”，具有很大的现实意义但不见得具备未来意义，因而不能称为战略单品。对照现实，2016年在销品牌规格多达1060个，有的卷烟品牌拥有几十个规格，且不断推陈出新，不是“用一款产品找到更多用户”，而是“为一群用户提供更多产品”，期待“多子多福”“东方不亮西方亮”，结果往往适得其反，最终没有一个单品能在消费者心智中牢固占位，这是品牌战略迷失的病症。任何成功的战略单品，绝非“昙花一现”，更非“一夜爆红”，都是专心、匠心与耐心的心心相合。匠心诚可贵，耐心价更高；若为战略故，专心最重要。

## 四、理清认知：从打造走向共建

在重新定义品牌之前，需要理清关于品牌的3个基本问题：究竟什么是品牌？咋样是个好品牌？品牌属于谁的？

### （一）究竟什么是品牌

定义似乎是明确的，似乎又是不明确的，营销“砖家”多如牛毛，品牌说法满天飞。作为营销老司机，只记得营销大神菲利普•科特勒的定义：品牌是一个名称、名词、符号或设计，或者是它们的组合，其目的是识别某个销售者或某群销售者的产品或劳务，并使之同竞争对手的产品和劳务区别开来。

这个定义，与品牌出现的初衷是一致的。品牌的英文单词brand，源出古挪威文brandr，意思是“烧灼”，人们用这种方式来标记家畜等需要与其他人相区别的私有财产。到了中世纪的欧洲，手工艺匠人用这种打烙印的方法在自己的手工艺品上烙下标记，以便顾客识别产品的产地和生产者。16世纪早期，蒸馏威士忌酒的生产商将威士忌装入烙有生产者名字的木桶中，以防不法商人偷梁换柱。到了1835年，苏格兰的酿酒者使用了“Old Smuggler”这一品牌，以维护采用特殊蒸馏程序酿制的酒的质量声誉。

从品牌的起源看，品牌就是识别，就是区别，就是目标用户购买时可以用来选择的一个因素。品牌之所以能成为购买理由，首先它代表着被反复验证的质量承诺，有人对质量负责，质量出现问题时可以追诉；其次它意味着形象和身份的认同（也叫价值观输出），品牌演绎成为社交身份证，形成了群体区分，为用户带来形象和身份的认同，“你要是开一日本车，你都不好意思跟人家打招呼！”电影《大腕》里的这句台词说得很有意味。

因此，任何一个品牌有且只有两个价值：质量承诺价值和身份认同价值，在消费升级过程中，用户越来越需要第二个价值；任何一个品牌有且只有两个组成部分：产品＋内容，产品承载质量承诺价值，内容承载身份认同价值。绝大部分传统品牌缺乏优质内容，或者内容与产品关联性弱。

### （二）究竟咋样是个好品牌

品牌本身是中性的，有好品牌也有坏品牌。一个好品牌的“3D”要素（见图27）：

1. **不看广度看高度**。广度即知名度，有的品牌广度很广，但缺乏高度（美誉度），因而不是好品牌。好品牌，须受到用户认可和尊敬，品牌美誉度能战胜知名度。

2. **不看角度看态度**。角度即品牌满足目标用户需求的切入点，态度即品牌具有哪些鲜明的态度。每个品牌都是从消费者的某一需求切入，这不构成品牌好坏的真正区分，用户需要的是“态度”，好品牌，须“三观正”，提供超越产品的态度价值观，为消费者创造消费的新意思、新意义。

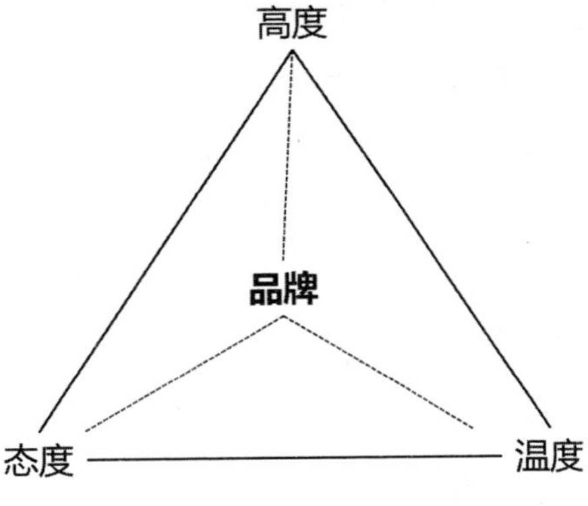

图27　一个好品牌的“3D”要素

3. **不看风度看温度**。风度即品牌的颜值，温度即品牌是否具有情感。如今追求风度的品牌越来越多，但消费者更看重的偏偏是品牌的温度。傅园慧作为人物品牌的快速崛起，也是取决于“说人话”所激发出的人性共鸣。换言之，有温度的风度才是好品牌的风度。

用户喜欢一个品牌，始于态度、迷于温度、忠于高度，有态度、有温度、有高度，才是丰满温润的好品牌。优雅女神林徽因曾写了一篇《小谈烟》的精品美文，“一个人最亲切的伴侣是什么，要我说的话，那么我要说是烟”。好香烟，好品牌，就是烟民最亲切的伴侣。

### （三）品牌究竟属于谁的

营销老司机一般都认为品牌是企业的，企业辛辛苦苦“打造”出来的，为什么不是我的？但真相是，品牌并不一定是你的！

可口可乐用一次严重挫败对此作了生动说明。1985年4月，可口可乐公司推出口感更好的新产品取代老产品，各方踌躇满志，因为在前期调查中，新品的口感接受度高达90%。出乎意料的是，新产品摆上终端之后，消费者翻脸了。上市当天，数百个抗议电话便打到了公司。随后，公司每天要接到5000多个抗议电话，有人甚至宣称永远不再买可口可乐公司的产品。公司高管觉得很荒唐，“你们不是说新产品更好喝吗？”但抗议持续了3月，可口可乐扛不住了，终于在同年7月份宣布恢复老可乐的生产，全体高管在电视上向消费者道歉。

可口可乐牛气吧？但这个例子表明，可口可乐品牌不一定是可口可乐公司的（尽管在法律上完全拥有），而是同属于公司和用户。可口可乐高管为什么要道歉？因为用户对品牌和产品是有权利的，他们有权要求品牌和产品是自己所喜欢的样子。

烟草行业历来流行一个动感十足的词儿，叫做“打造”，比如“打造品牌”。不难想象，“品牌英雄”抡起铁锤，一阵猛敲，在叮叮当当火星四溅中，“品牌”被锤炼成型，热气腾腾横空出世。但“打造”的概念必须被用户承认才成立，不是企业想把品牌“打造”成啥样，品牌就是啥样子，如果敲打出的品牌，用户不接受，不仅会贻误时机，还会让用户齐唱“爱让我静静地走开”。

品牌是企业和用户共创共享的（请记住，**“创”“享”这两个字是永不过时的主题词**），品牌建设必定是一场永远的互动与共建。企业一说“打造”，上帝就会发笑。

## 五、品牌转型：从自我走向社会化

这是一个“人人都带小喇叭、人人都是自媒体”的社会化时代，人与人之间的链接发生了深刻变化，阶层社会走向圈层／社群社会。

社会化时代需要社会化品牌，品牌建设规则与规律发生了根本变化。那么，啥是社会化品牌？即品牌不再是狭义的象征企业或产品的品牌，而是成为一个群落的品牌，一个具有共同特质的群落的品牌。如表9所示。

表9 社会化品牌与前社会化品牌区别

| 前社会化品牌 | 社会化品牌 |
|---|---|
| 品牌即品类 | 品牌即情感 |
| 品牌讲创意 | 品牌讲诚意 |
| 品牌重产品价值； | 品牌重社群关系 |
| 品牌看“性价比” | 品牌看“心动感” |
| 品牌要“满意度” | 品牌要“尖叫度” |

### （一）从品类到情感

品牌竞争的关键永远在用户而不是竞争对手。随着移动互联发展，以果粉、米粉等为代表的“粉丝经济”出现，加上烟草制品进入后广告时代，所谓的“构建品类”进一步失去了意义。在“粉丝经济”时代和后广告时代，无粉丝，不品牌，找到一群有着相同价值观又有消费能力的品牌粉丝才是真正要做的功课，品牌需要的不再是“坑爹”的品类而是“光宗耀祖”的粉丝，连茅台这样过去高高在上的大佬都开始玩“茅粉节”了。

何谓品牌粉丝？粉丝不是仅有“点赞之交”的产品用户，而是产品用户中对产品有信仰的发烧友甚至是狂热的痴迷者，因为喜欢，所以喜欢，喜欢不需要理由，用户一旦注入感情因素，有缺陷的产品也会被接受（如同恋爱中的人都是盲目的，会自动放弃很多比较的机会）。**身残尚可志坚，脑残无药可救，**品牌粉丝中的“脑残粉”成为品牌发展的核动力，每位“脑残粉”都是一个具有扩散效应的核弹头，因此，与其弱弱地影响10000人，不如深深地打动1000人。

如何培育品牌粉丝？用户需要的不仅是产品还有情感，只有情感才能培育粉丝，品牌的重要使命就是帮助用户增加情感。只有功能，没有情感，很容易沦为“夜壶”品牌，正如电影《古惑仔》里的台词：“需要的时候拿来一用，用完后一脚踢到一边。”同时，任何品牌都必须清醒地认识到这样一个残酷的真相——世上从来没有忠贞不渝的粉丝，因此，培育和维护粉丝是一场没有尽头的马拉松，正如哲人所言，付出一天情感不难，难的是坚持付出一辈子情感。

### （二）从创意到诚意

既然培育粉丝的关键是情感，那情感的关键又是什么呢？“一见钟情看脸，细水长流走心”。一切不以结婚为目的的恋爱都是耍流氓，一切没有诚意的情感都是虚情假意。有满满的爱、有诚意的情感才可能把产品用户转化为品牌粉丝（只是可能，不是必然）。任何一个品牌，都要“少一点套路，多一点真诚”，不再以“创意”去忽悠用户，而是以满满的诚意去打动用户，以心与心、点对点的沟通赢得用户的信任与信赖。正如恋爱中制造一个浪漫的生日Party是创意，固然可以感动一时，但深情不及久伴，久久牵手才是诚意。目前卷烟品牌新品大战已陷入过度追求“创意”的误区，你单爆，我双爆；你跨界，我混搭；你红色，我革命；你年份，我纪念。面对层出不穷的品牌“创意”，“吃瓜群众”在心底会说：**“套路，全都是套路。”**

品牌从创意向诚意转身，一个重要标志就是品牌人格化。**品牌人格化**，是指为了增加品牌的温度与亲和力，赋予品牌以各种人格化（拟人化）特征。其中，最核心的是品牌的价值观、态度与格调。以烟草人熟悉的“褚橙”来说，用户买的是水果，吃的则是精神。这种精神，绝不单是褚时健的传奇人生，而是具有传奇人生的褚老，在75岁再创业过程中，那种执着、那种淡然、那种坚定，凝聚在一颗颗小小的橙果上，将这小小的橙果赋予了独特的精神、独特的气质、独特的内涵。也就是说，品牌的人格化塑造，关键不是传播而是践行，始终如一地践行某个价值观、某种态度、某种格调。

### （三）从产品价值到社群关系

这个时代基本的商业规律就是：商业的重心正在从“物”转移到“人”，商业的驱动力正在从“流量”转换为“关系”，商业的衡量标准正在从“价值”转为“价值观”，如此等等。在互联网造就的社群时代，品牌的产品价值当然重要，但更重要的是品牌的社群价值。用户长期购买某个产品的主要动因不再是产品价值而是品牌与用户的关系，品牌经营的终极意义即是用户关系。

品牌从注重产品价值向注重社群关系转变，其一，要建立在有诚意的情感的基础上。**品牌价值观是一个筛选器**，将同样的人聚合到这个圈子，大家讨论着同样的话题、表达着同样的态度，并且互为强化。直白点说，就是让大家感觉到“找到了组织”。其二，要与用户共建品牌。从产品研发、产品生产到品牌传播，在各环节引入用户的想法和体验，以新颖的方式让用户真正参与进来，成为品牌故事里的一部分，甚至是讲品牌故事的人。只有用户有“参与感”，才能捕获用户芳心。

### （四）从性价比到心动感

有“砖家”说，卷烟消费必将回到“性价比”时代，此言恐怕有待推敲。在我国消费圈层中，卷烟消费的道具性远强于功能性，因此不能单纯用“性价比”来衡量，特别是新一代目标用户更关注的是“心动感”，而不是“性价比”。所谓“心动感”，就是把“用户体验至上”贯穿于品牌与用户沟通的全过程。说白了，就是“让用户一直爽”。

与“性价比”对应的是功能和功能体验；与“心动感”对应的是情感和情感体验。**情感体验超越功能体验，**这是用户体验发展的基本趋势。“爽”胜过功能，心动才有主动，心动才有行动，心动才有互动。因此，品牌建设的过程，就是创造用户情感体验、制造“心动感”与共同回忆的过程。

### （五）从满意度到尖叫度

每个品牌历来都高度重视满意度，但商业发展到今天，满意度是必须的，仅仅满意就是0分，“满意”的传播力往往是强弩之末，行而不远。新一代消费者对品牌的态度可以用“榴莲”精神来描述：喜欢的会爱到骨髓，不喜欢的会完全无感。他们追求的是“尖叫度”，即**一种情不自禁的自我表达，**这意味着二度、多度传播或推荐的可能。营销老司机们也要记住如下三组既简单又不简单的公式：

99分＝−1分

100分＝0分

101分＝1分

如何激发用户尖叫度？没有恋爱就没有伤害，没有惊喜就不会尖叫。为用户创造了正常的价值，只能赢得满意，只有坚持全程用户体验至上甚至超出用户预期，创造极致体验才能超越满意、激发尖叫，才能够让用户对品牌产生高度的感情认同。

概言之，卷烟品牌社会化转型，就是以充满诚意的情感，用心经营与用户的关系，让他对你心动，让他为你尖叫为你疯狂。这其实就是品牌与用户谈恋爱的过程。用户对品牌发出心灵蜜语：你代表了我的某个信念与价值，融入我的某种生活方式，你就是我的菜；品牌对用户发生心灵蜜语：你代表了我的所有前途与未来，融入我的一切存在方式，你就是我的爱。正如沈从文对张兆和的钟情："我行过许多地方的桥，看过许多次数的云，喝过许多种类的酒，却只爱过一个正当最好年龄的人。"又如徐志摩对陆小曼的告白："我爱你朴素，不爱你奢华。你穿上一件蓝布袍，你的眉目间就有一种特异的光彩，我看了心里就觉着不可名状的欢喜。"但品牌管理者必须清楚：相爱没有那么容易，每个人有他的手机。

察趋势智，驭趋势赢。认清了卷烟品牌社会化转型的大趋势，就**不要用战术的勤奋来掩盖战略的懒惰**。不可否认，各个卷烟品牌在"国家利益至上"的强烈使命感、责任感驱动下，都蛮拼的，但更多的是产品升级、渠道拓展、宣传促销等战术上的勤奋。卷烟品牌社会化转型决定了仅仅在产品层面升级已经远远不够，需要从以产品为中心转为以用户为中心，重新定义品牌运作模式，"从产品的品牌到用户的品牌"。

## 六、让你秒懂：干货盘点与小炒

1. 从历史轴看，卷烟品牌成功可分为地利型、天时型及人和型3种。地利型难以复制，天时型不可坐等，人和型事在人为。

2. 卷烟品牌发展已由"争位赛"转为"竞合赛"。在竞合时代，各个品牌既要各显其能"抢风口"，也要各尽其责"划大船"。

3. 新环境下，品牌发展需要的不是复杂化的"品类"，而是简单化的"品系"——让目标用户找到归属。

4. 品牌就是识别，就是区别，就是目标用户购买时可以用来作出选择参考的一个因素。这应是任何企业构建品牌的初心。

5．衡量好品牌的3个标准：不是广度是高度；不是角度是态度；不是风度是温度。

6．品牌不是企业独有的，而是企业和用户共有。企业一说“打造”，上帝就会发笑。

7．社会化时代需要社会化品牌，即品牌不再是狭义的象征企业或产品的品牌，而是成为一个具有共同特质的群落的品牌。

8．卷烟品牌社会化转型，是“从产品的品牌到用户的品牌”，以充满诚意的情感经营与用户的关系，让他对你心动，让他为你尖叫为你疯狂。

## 小贴士：以倡导生活方式推动品牌社会化

社会化品牌提供的不是产品，而是倡导符合群落特质的一种生活方式，生活方式是群落的一种共同语言，人们需要借助它来定义自己的世界。“看电影、喝可乐、吃爆米花”就是一种典型的由品牌倡导而形成的生活方式，大众品牌提供的是一种流行的生活方式，小众品牌提供的是个性化的生活方式。因此，一个重要的挑战与改变是产品线将不再按高中低端划分，将在保留产品核心要素的前提下，按照生活方式创新产品，用产品倡导生活方式。

**“生命就应该浪费在那些美好的事物身上，比如抽烟、喝酒、恋爱……”**吸烟本来就是人们有权自主选择的一种生活方式，“早茶晚酒饭后烟”是一种常态的生活方式。在大的生活方式之下，还可以有精致化的细分生活方式，美食家、美丽专家、文艺人士、健康专家、旅游爱好者、运动达人等精致化的细分生活族群正在崛起，表明对生活方式进行精雕细琢的需求在不断涌现。甚至电梯八卦、楼道抽烟、地铁约会正在成为新一代人的社交方式，“因为吸烟产生的革命感情坚韧不拔”“只有抽烟的人才懂得一起抽烟的快活”。

那么，与吸烟有关的生活方式会有哪些呢？请营销老司机们来一次头脑风暴吧，表10仅是示例。

**表10 吸烟提供的生活方式**

| 生活方式 | 典型消费场景 |
| --- | --- |
| 一种“闲适的”生活方式 | 抽烟＋喝茶／聊天 |
| 一种“优雅的”生活方式 | 抽烟＋咖啡／聊天 |
| 一种“豪爽的”生活方式 | 抽烟＋喝酒／吹牛 |
| 一种“思考的”生活方式 | 抽烟＋写作／读书 |
| 一种“碰撞的”生活方式 | 抽烟＋开会 |
| 一种“自我的”生活方式 | 抽烟＋散步／踱步 |
| 一种“行走的”生活方式 | 抽烟＋个人交通工具 |
| 一种“娱乐的”生活方式 | 抽烟＋游戏／娱乐 |
| 一种“解困的”生活方式 | 抽烟＋电脑 |
| 一种“奋斗的”生活方式 | 抽烟＋熬夜加班 |
| 一种“喜悦的”生活方式 | 喜宴＋喜烟 |
| 一种“交际的”生活方式 | 拜访＋礼烟 |
| 一种“满足的”生活方式 | 饭后一支烟／爱后一支烟 |
| 一种“生存的”生活方式 | 只要点火能冒烟 |
| 一种“孤寂的”生活方式 | 点上一支烟，就像有个伴 |
| …… | …… |

总之，创造或附庸一种生活方式，用产品向目标用户传递品牌所倡导的生活方式，是品牌社会化转型的重要方法。**烟草企业提供的其实不仅是香烟，**而是人们选择生活方式的自主权利与审美品位。

# 第八章 重新定义品牌创新

有冷有热就有风。据说，站在风口下，猪也能飞起来。对于卷烟品牌发展来说，究竟哪个风口能“让猪飞起来”？在供给侧结构性改革的驱动下，在**“坚持向创新产品要销量”**的指引下，志在“星辰大海”的各中烟公司大招频出、新品不断，争相抢占“风口”，真是“长细短爆齐上阵，乱花渐欲迷人眼”。据统计，2015年上市新品135个，2016年上市新品197个，令人脑洞大开的新品创意层出不穷，但称得上逆袭、算得上引爆的新品规格，似乎还没有浮出水面。工业企业出新品的“热情”，商业企业推新品的“两难”，零售客户订新品的“痛苦”，形成了鲜明的3个世界。工业总是“对你爱爱爱不完”；商业只能“爱也匆匆，恨也匆匆”；零售客户感叹“想说爱你不容易”；消费者忍不住独白**“其实你不懂我的心。”**

创新是每个企业的原始冲动，这种冲动与人的七情六欲一样，是本能，可以升华为建设性力量，也可能转化为破坏性力量。究竟是建设还是破坏，这取决于创新是否遵循了规律，而规律可以被创新者发现，但不能被创新者创造。

## 一、风口：东南风还是西北风

近年来卷烟品牌创新实践呈现出五大热点，从遵循规律的角度看，这五大热点会成为“风口”吗？卷烟品牌创新的新风口会在哪里？这些值得营销老司机进一步观察与深思。

### （一）风口1：烟体创新

所谓烟体创新，是指围绕产品表现形式展开的单项创新或创新组合，包括包装、烟支、嘴棒、烟纸、功能搭载等方面创新。如烟支创新包括细支、中支、粗支、短支、长支等具体方向，嘴棒创新带来更多形态的爆珠烟，包装材料和印刷工艺创新催生了透明、绒面包装以及全开、侧开、粘扣、宽版、提拉等盒型创新，烟体创新的边界不断拓展。

近来，卷烟产品创新终于跳过了“品类创新”的大坑，回归产品主义，聚焦烟体本身，将先进技术、优秀创意转化为消费者可感知的产品体验。从细支、短支到爆珠，风起云涌；从功能包装、功能嘴棒到功能搭载，浪潮阵阵，涌现出娇子（宽窄）、黄山（天都）、玉溪（透明）、延安（1935）、云烟（百味人生）、黄鹤楼（硬8）、利群（休闲云端）等一系列令人有“尖叫感”的新品。

在产品信息严重过剩、消费者愈加重视体验以及全面禁止烟草广告等多重背景的叠加下，对于卷烟品牌来说，产品是最重要的内容，是最直观的体验，也是最主要的购买理由。做好一包烟，几乎是创造用户价值的华山一条道。因此，将创新聚焦到烟体本身，把烟体作为媒介与用户实现低成本的有效沟通，是消费环境“倒逼”品牌创新的一个显著体现，也是未来产品演进的方向。

小小一包烟，方寸之间隐藏着大科技、大创意、大舞台。烟体创新是技术与文化的融合，既是技术与用户的对话（不要用外星人语言），也是文化与用户的对话（不要用古代人语言）。细支、爆珠、短支、异型等在产业层面已经得到了确认，烟体创新能否成为一个风口，关键在于“对话”能否成功，**“谁解烟中语，烟草亦诗情”**。本质上，房子是用来住的，女人是用来爱的，酒是用来喝的，烟是用来吸的。任何单纯追求好看、好玩的烟体创新，都可能会导致“猪飞起来了也会摔下来”。从“向同一个城墙口冲锋”的角度看，做10包好看好玩的烟，不如做1包好吸的烟，好吸是好烟的第一标准。

### （二）风口2：老牌翻新

所谓老牌翻新，就是挖掘沉淀已久的老品牌资源，重新推出老品牌、老产品。肇始于云烟推出大重九，天津卷烟厂推出恒大（烟魁），均取得了不俗的业绩，刺激了更多卷烟工业企业把眼光重新投向那些尘封已久的老品牌，“做新不如做旧”，以致老牌翻新渐成风。北京、游泳、凤凰、小熊猫、恭贺新禧、大鸡、古瓷、醉翁亭……这些“见证你老了”的老牌字号正一波一波涌向市场，刘三姐、阿诗玛等“古典美女”一个个满血复活。

老牌翻新，旧曲新唱，其目的主要有两个：一是借助历史上的经典产品唤起消费者的回忆，激发消费者的情感认同（怀旧营销）；二是与全新创建一个新品类相比，重启老品有利于节省研发与推广费用，提高复出新品的培育成功率。

老牌翻新翻的是“历史”，炒的是“情怀”。**“情怀牌”**究竟是企业的一厢情愿还是消费者的一往情深，取决于老牌背后的怀旧元素能否充分挖掘并勾起当今消费者记忆深处的共同记忆符号。在老牌翻新的相对成功案例中，前有大重九，后有荷花。分析其背后的驱动因素，不难发现，大重九的成功在于大重九本身拥有丰富的历史资源（家国情怀），且这种资源与云烟品牌高度匹配；荷花的成功在于**“一张照片及其背后的故事”**，且这个故事在移动互联时代得到快速演绎与传播。两者的成功因素，就是老品牌背后的情怀得到了符合当下消费语境的释放。由此，大致可以判断，老牌本身的情怀资源是否丰富、与当下的消费心理是否共鸣，是老牌翻新能否成为风口的关键。任何背离消费需求趋势的老牌翻新，基本上都会把品牌吹得偏离原方向。

翻新也是一种创新，是对品牌经典资源的改造利用，玩的不是“换个马甲”“时空穿越”，而是“枯木逢春”“浴火重生”，因此难度与风险并不小。在品牌策略上，目前老牌翻新的工业企业基本上都采用母子品牌策略，子品牌与母品牌保持相对独立性，而鲜有采用保持一定从属性的母分品牌策略，这也反映出对老牌翻新的一种谨慎态度，可进可退。

### （三）风口3：品牌定制

“定制”一词起源于伦敦的萨维尔街，原意是量体裁衣。定制化营销是指在大规模生产的基础上，将市场细分到极限程度，把每一位顾客视为一个潜在的细分市场，并根据每一位顾客的特定要求，单独设计、生产产品并迅捷交货的营销方式。随着互联网时代来临和消费者高度分化，品牌定制化日益成为具有影响力的商业模式，服装、家具、旅游、酒水等定制浪潮方兴未艾，VIP服务、产品DIY等都是定制的具体表现形式。

目前出现的卷烟品牌定制主要有3种情况：

1. **区域定制，**即工商协同根据某个区域市场需求与文化特点开发的区域专销卷烟产品。在这方面的先行者是黄鹤楼，如黄鹤楼（鄂尔多斯）、黄鹤楼（红景天）等。近年来区域定制风生水起，创新型特色产品层出不穷，如四川中烟与青海合作开发的青海湖、与宁夏合作开发的塞上江南，云南中烟与浙江合作开发的云烟（乌镇之恋）、玉溪（创客），河北中烟在省内合作开发的钻石（大好河山）、钻石（北戴河）等，安徽中烟在省内合作开发的黄山（醉翁亭）、黄山（六尺巷）等，河南中烟在省内合作开发的黄金叶（汴京）、黄金叶（洛阳牡丹）、黄金叶（金丝路），山东中烟在省内合作开发的泰山

（1913）、齐烟、琥珀等。据统计，2016年区域定制卷烟已超过70个规格，颇有“忽如一夜春风来”之势。

2. **渠道定制，**即工业企业根据某类终端销售渠道的个性化需求开发渠道专销产品，如过去有些专供机场的品牌规格。近年来渠道定制范围不断，河南中烟与河南中石化易捷便利店合作，推出渠道定制产品黄金叶（易捷之风）；山东中烟与山东中石化易捷便利店合作推出“易捷之礼”系列定制产品；安徽中烟与京东商城合作推出“专属定制”产品，等等，在定制形式上实现了新的突破。

3. **私人定制，**也叫个性化定制，即根据用户的特定需求，从品质和形象设计方面着手为用户量身打造出具有浓郁个人专属风格的品牌（规格），提供“一对一”的高品质服务。真龙（香草美人）、云烟（大重九）、玉溪（庄园）等都较早试水过私人定制，2016年以来黄山品牌在省内市场率先推广高端规格的私人定制，推出的主要有婚宴、升学、满月、商务、馈赠、乔迁、开业等场景定制。“特别的爱献给特别的你”，黄金叶随后也推出了本品牌的私人定制。从“两黄”的私人定制实践来看，其本质是一种装饰性定制或者说服务性定制，考验的是服务诚意与服务能力。2017年湖南中烟推出了行业内首个私人定制平台，从工具上解决了定制渠道问题。

广义上看，品牌定制能够满足消费者日益个性化的消费需求及顺应品质品位升级的必然趋势，正成为品牌发展的一个风口。具体到卷烟品牌来说，区域定制是**“特色菜”，**渠道定制与私人定制是**“私房菜”**。我国市场的区域性、文化的丰富性与多样性，为卷烟品牌的区域定制提供了丰富素材，吃货到一个地方吃“特色菜”是口福，天天吃“特色菜”就要回归**“家常菜”**。“特色菜”可以成就区域性品牌，但只有“家常菜”才可以成就大品牌。我国消费者的个性化和消费升级为“私房菜”提供了广阔空间，土豪爱吃“私房菜”，小资也爱吃“私房菜”，吃的是“菜”，享的是“私”，为用户创造独享、尊享的品牌价值，“私房菜”才能变成坊间口碑。无论是“特色菜”还是“私房菜”，菜品始终是第一位的。

### （四）风口4：场景创新

随着消费细分化、个性化、多元化趋势加强，“场景”正在成为营销热词。人生如戏，绝大部分时间人们都活在“场景”中。什么叫“场景”？从营销的角度理解，场景就是消费者生活方式的具象化，就是消费者消费行为正在发生时的景象。所谓场景（情境）创新，是指拓展或细分用户的消费场景来研发针对性产品，以更好地满足特定人群的特定需求，这是品牌价值创新的一个有效途径，汽车创新基本上都是围绕着场景细分进行的，比如越野、SUV、MPV等。

高端卷烟品牌对消费场景历来是关注的，出现过类似于“会议专用烟”这样的概念，但随着消费环境的变化，用户的消费场景发生了很大的变化，抽着烟开“神仙会”的日子一去不复返了。近来比较接地气的消费场景创新例子就是**“高铁烟”、“电竞烟”和“红包烟”**的先后出现。“高铁烟”，是针对高铁禁烟环境而推出的满足烟民在高铁经停一个站点的很短时间内过足烟瘾需求的短支烟。黄鹤楼第一个“吃螃蟹”，推出“三口品”，黄山紧跟其后推出“最美高铁”，高铁烟可以释放烟民坐高铁时的“憋功”。2016年以来，“电竞烟”初露峥嵘，山东中烟泰山（战神）应是最早面世的电竞烟，云南中烟一口气酝酿了玉溪（艾欧尼亚）、红塔山（诺克萨斯）、云烟（德玛西亚）等多款电竞烟，安徽中烟的都宝（荣耀黄金）还内含薄荷味的爆珠。这些电竞烟，准确地说，应该是“游戏烟”，是为游戏玩家在玩游戏时做的专用烟。行业内的创新领跑品牌黄鹤楼则先后推出了黄鹤楼（点赞）、黄鹤楼（抢红包）等新品，在紧贴微信时代生活场景创新方面继续领跑在先。此外，真龙（香草美人）、真龙（燃情时光）作为首例“情侣装”卷烟，也是场景创新的一个鲜活尝试。

如果说“高铁烟”主要是面向“哪怕三分钟，也要做神仙”的铁杆烟民，那么“电竞烟”主要就是面向“娱乐是刚需，游戏是必须”的新生代烟民，“红包烟”则是铁杆烟民和新生代烟民都有兴奋点的日常场景。他们在相应的消费场景吸烟时的痛点是不一样的，因此，场景创新能否成功的第一个关键点就在于能否抓住特定消费场景下的用户痛点，创造良好用户体验，个性化体验决定产品竞争力。消费场景的背后是生活方式，能否有效开展对场景高度还原的场景营销，让品牌（产品）融入用户的生活方式，成为场景创新能否成功的第二个关键点。

（五）风口5：互联网＋卷烟

“互联网＋”是个重新发明轮子的时代。“互联网＋卷烟”是指烟草企业发挥互联网在生产要素配置中的优化和集成作用，将互联网的创新成果融合于卷烟产品研发与品牌营销之中，主要有“互联网＋产品”和“互联网＋营销”两个方向。

**第一，“互联网＋产品”**

目前卷烟工业企业主要有三大玩法：

**一是二维码的使用**。二维码作为一种全新的自动识别和信息载体技术，因其使用的便捷性、经济性和功能的多样性逐步被各个品牌重视，成为链接卷烟品牌与互联网的纽带，真龙、双喜、娇子、黄山等品牌较早地在烟盒上应用了二维码，很快发展为卷烟产品的标配，不仅解决了卷烟真伪鉴别难题，而且可以采集用户信息，实现与用户的互动，从而与用户建立起有效链接。可以说，二维码的应用、云概念的植入等，使卷烟从传统产品转变为初具“互联网＋”特征的时尚产品，也是经典产品年轻化的重要途径，二维码营销有着广阔的应用前景。

**二是网络众包的尝试**。在互联网的帮助下，卷烟工业企业通过自建或借助现有的“众包”平台，发布产品研发的创意需求，广泛收集客户和外部人员的想法与智慧，扩展创意来源。这方面较早付诸行动的是湖南中烟，在构建“品消一体”模式的探索中，利用互联网开展了“产品工程师招募”活动，广发“英雄帖”，让用户轻松愉快地参与到产品研发中，其本质就是网络众包。

**三是产品数据化的探索**。所谓产品数据化，是指以产品为立足点，寻找产品元素或者生产流程中产生数据、运用数据的机会，让数据在产品中“说话”。大数据时代，数据已成为研发产品的核心原材料，需要研发人员彻底改变思维模式，从依靠灵感做产品转变为懂得运用数据改善产品、创新产品。例如，美国Netflix公司从3000万付费用户的播放、评论数据中精准分析出用户的喜好和收视习惯，从剧本、导演、演员和产品投放方式上精心决策，创造了巫术一般的精准产品——《纸牌屋》。又如，True&Co公司用大数据的方式挖掘用户痛点，颠覆了“尺码是女性选胸罩最大痛点”的经验认知，发现女性胸部的弧度或重量分布才是不同女性之间差异最大的地方，从而成功推出了系列爆品，极大改善了用户体验。这些实例生动揭示了大数据环境下产品研发的管理逻辑，这方面卷烟产品研发总体上还处在摸索起步阶段。

**第二，“互联网+传播”**

对于卷烟工业企业来说，主要是利用互联网媒体（网站、微博、微信、移动APP等）进行卷烟品牌社会化传播（绝对不是网络广告），其核心内容是与用户全方位高效互动，打造“网红”现象。以前，“在网上没有人知道你是一条狗”；现在，“你是一条狗也可以变成网红”。近年来，钻石（荷花）、牡丹（蓝）等品牌规格都产生了不同程度的“网红”效应，甚至新《广告法》施行后，仍然出现了中南海、白沙（和天下）、娇子（宽窄）等“网红”现象。娇子（宽窄）玩转近景魔术、直升机直播、马背上直播等，融品牌推广于多种多样的花式直播之中；“双喜”微信平台通过一系列活动设计，引导消费者到终端店面参与蓝牙近场同心技术支撑的摇一摇促销活动，实现终端导流，这些都是“互联网＋”营销的有益尝试。至于更高层次的“互联网＋”融合，如云南中烟＋阿里、江西中烟＋京东、广西中烟＋腾讯等，不再局限于卷烟营销领域，这里就不多说了。

毋庸讳言，“互联网＋”是一个很大的风口，一个通往新世界的入口刚刚打开，目前真正的、自带流量的互联网化卷烟产品还没有诞生，卷烟作为辅助烟民进行健康管理的智能终端的巨大空间尚未打开，所有具备创新基因的品牌都可以下一盘很大很大的棋。可口可乐、娃哈哈等从瓶身打开了跨界的无限空间，“心无界，行无疆”，回到营销老司机熟悉的一句话上来，“思想有多远，我们就能走多远”。

卷烟品牌创新的五大热点如图28所示：

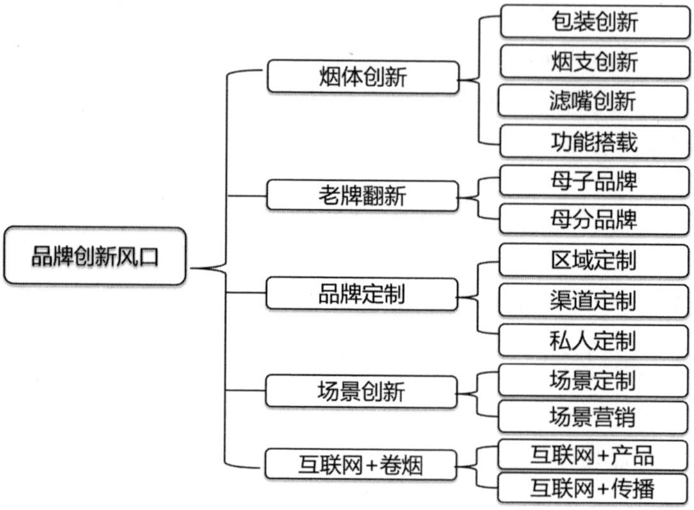


图28 卷烟品牌创新五大热点

当然，5个热点的划分是相对的，有的新品甚至同时兼容了这5个创新元素。究竟哪个热点是正经的风？哪些热点组合是真正的风口？还有没有其他更大的风口？对此，既不能陷入“进步还是退步”“馅饼还是陷阱”的思想纠结状态，也不能陷入“是风就要追，是猪就要飞”的盲目追捧状态。实践是检验真理的唯一标准，权以几句打油诗来总结：

烟体创新拼气质，
老牌翻新看历史，
品牌定制讲诚意，
场景创新开脑洞，
移动互联当网红。

## 二、风向、风速及创新的本质

根据行业对近年来新品培育数据分析，2012—2014年重点品牌累计有246

个新品上市，通过成长性、价区位势、产品线位势等方面的综合判断，培育成功或基本成功的新品仅48个。也就是说，新品成功率不足两成。有的工业企业“只会生，不会养”，有的商业企业“花心大萝卜，见一个爱一个”，导致绝大部分新品成了**“转瞬即逝的烟火”**，新品开发成为失败概率较大、试错成本很高的一次次实验。

当然，创新本来就是试错的过程，犯错并不可怕，可怕的是错得离谱。降低试错成本，打开品牌创新的正确姿势，主要涉及3个问题：风向、风速，以及创新的本质。

### 第一，风向要正

所谓风向，是指与消费需求发展方向是否一致。**御风而行，春暖花开；逆风而行，脑袋开花**。盲目的创新是危险的，品牌创新最大的悲催莫过于你刚刚以为抢到了风口，然后全世界人都告诉你它不对了。

先以价格为例。2016年行业单箱销售均价为2.92万元，换算成平均零售价接近130元／条，行业规划到2020年单箱销售均价要达到3.8万元，换算成零售价为160元／条以上，结合消费升级趋势的客观存在，现阶段任何研发推广零售价低于160元／条新品的行为，都是不合风向的短视行为或者只能视为求生的战术性动作，就算辛辛苦苦将新品做成了，但那时已低于全国平均消费价位，从而陷入“规模做上去了、结构跟不上了”的“紫云陷阱”。有远见的企业在新品开发储备上，要巧妙利用消费时差打定价（定位）提前量，即吃着碗里的、看着锅里的，还得想着田里的。对于战略单品来说，这个消费时差至少要保证10年以上，立足于10年之后的消费均价来考虑定价。

再以爆珠为例。2009年“黄鹤楼”在国内第一次将爆珠技术应用到产品中，“爆珠”成为高端品牌的一件装饰品，并未引起烟民的广泛关注；2012年，贵烟（国酒香）面市，“一颗加了茅台酒的珠子”进一步将爆珠烟带到烟民面前并在市场上传播开来；2015年山东中烟首推细支爆珠（儒风细支），传播爆珠文化，志在打造“爆珠王”。2016年，市场上的国产爆珠烟已多达71款，粗爆细爆、长爆短爆、单爆双爆、高爆低爆，不一而足,形成了酒香、果香、药香、花香等多种类型。特别是继贵烟（国酒香）烟酒跨界之后，“援酒入烟”概念被广泛运用，涌现出娇子（软祥云）、泰山（皇家礼炮）、黄山（古井）、天子（五粮香）、娇子（五粮浓香）、真龙（佳韵）等一系列酒香爆珠产品。爆珠为什么受到爆炒？主因大体有二：一是可以明显提升卷烟风格特色的可感知度，赋予消费者更丰富的体验，“捏一捏、不一样”，“捏一捏、更好玩”；二是爆珠可以为产品“跨界”提供载体，如今“创新流行跨界”，无论与什么跨界，总得有座桥吧，过滤嘴里的一颗小珠子成为相对容易实现的“跨界之桥”。这么多爆珠产品都可能火爆吗？答案显然是否定的。究竟有多少烟民在吸烟时会捏破爆珠，有的都还没有搞清楚，就急着追求标签化与山寨版。

保持对风向的正确研判，不是见风使舵，不是投机主义。其一，要有战略定力，看得清，坐得下，忍得住，舍得做减法。乔老爷重返苹果后，果断把100多款产品砍到4款，市面上的其他手机品牌一年做几十款产品，苹果一年推一款手机，这就是惊人的战略定力。其二，要有战略远见，保持对消费需求发展趋势的观察（不要轻易说“洞察”），以消费需求为原点，开发“IP”、开发剧本，让产品会说话、让产品有故事。

### 第二，风速要劲

所谓风速，是指企业运营消费需求的能力与水平。“我是一只小小鸟”，风力若不够强劲，“想要飞呀却飞也飞不高”。

先以细支烟为例。细支烟在近年来获得井喷式增长，成为市场低迷背景下的一抹亮色，这很大程度上反映了消费观念与消费行为演变，细支烟占卷烟市场总量8%以上的目标可期可待，且带动了短支烟、中支烟的发展，因而这是具有一定强劲风力的势头，只能拥抱不能拒绝。但“细”只是一种烟支形态，不一定就是用户价值。正因为对“细支”背后的用户价值挖掘不足、运营不够，导致部分地方细支烟发展成为分化高档消费群体、降低消费结构的传送门，如东北4省市在细支烟发展率先超过10%份额的同时，2016年中华销量下降接近一半，20元主流消费群体的消费结构也呈现“矮化”趋势，得失谁心知？好在行业及时规范了产业政策，以“零售指导价要定位在250元/条以上”为细支烟下一步发展设置了底线，既避免了对普一类主销规格的无效切割，又恰当抬高了细支烟产品结构的起点要求。

再以品牌定制为例。一般而言，品牌定制有4种基本类型（见图29）：一是协作型定制，即与用户建立学习关系，让用户参与设计甚至生产制作，现代配镜店和时尚个性裁缝店即具有这种性质；二是适应性定制，即提供可供用户自己调整的产品、服务和体验，类似于可亮可暗、可高可低的灯光音响系统，可以让用户根据不同的时空和心理条件自由定制属于“自我”的体验；三是装饰性定制，即提供给用户“唯一”的包装。在产品功能不变的情况下，通过定制化的包装设计，增强用户的自豪感和满足感，给用户带来超级满意和高峰体验；四是透明性定制，即提供适用于用户偏好与习惯的满足体验。在比较准确地预测和掌握用户偏好习惯的基础上使用户在不知不觉中接受为其定制的产品和服务，感受到“如我所愿、如我所想”的满足体验。对照卷烟品牌定制的现实，基本上属于“装饰性定制”，定制的简单化、标签化在一定程度上瓦解、削弱了品牌定制应有的风力。适应性定制初步有所尝试，如云烟（百味人生）含有5种爆珠口味，围绕着一包烟的N种味道、N种表情、N种态度、N个故事等，应该有更大的想象空间。**品牌定制的本质是用户价值定制，**对那些缺乏创造用户价值诚意的品牌来说，定制显然“不是你的菜”。

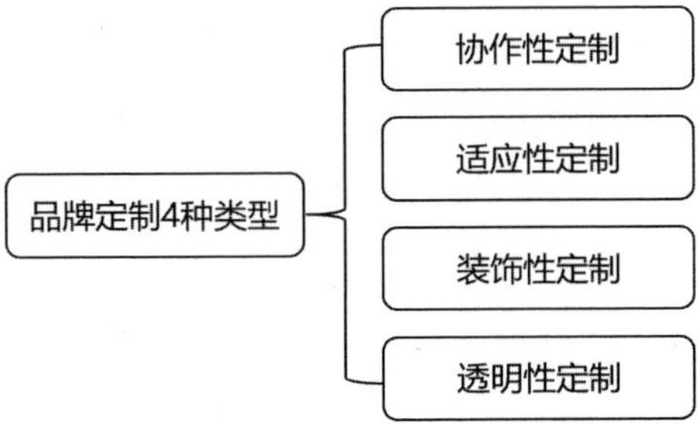


图29　品牌定制的基本类型

综合起来，保持对风口的正确研判，主要看两点：第一，风向要正；第二，风速要劲。

### 第三，回归创新的本质

所谓创新，通俗地说，就是换个玩法。往大说，是“创造性破坏”（熊彼特）；往小说，“改进也是创新”。管理大神彼得•德鲁克对创新的定义似乎更得营销学的精髓：“创新，可以从需求的角度而不是从供给的角度给它下定义，即改变消费者从资源中获得的价值和满足。”

这里提供3个重要的创新法则供营销老司机参考：

**法则1：创新的本质是以用户为中心重新定义产品价值**。通过为用户创造差异化、个性化的意义或意思（包括强化消费动机、降低消费成本、简化购买决策、塑造社会形象、强化自我认知、激活正面情感等），提供新的购买理由，激发新的消费需求。创业名著《从0到1》的作者彼得•泰尔甚至不无夸张地说：如果新产品不能带来10倍性能的改变，基本上很难有机会。“云霄中烟”始终敏锐地以市场为风向标，几乎可以成为体制内中烟公司的“学习对象”。针对需要更高价位来彰显身份的消费者，他们开发了“大中华”、铁盒“大重九”和各种“特供烟”；针对更注重卷烟口味的消费者，他们开发了单支独立封膜的“珍品中华”；针对有各种尝新需求的消费者，他们开发了一系列令人脑洞大开的新产品。他们还对商品进行人性化处置，如“珍品中华”，一款彻头彻尾的假烟，居然考虑到一包烟拆封后从第一支抽到最后一支有间隔差，不同的干湿环境对品吸有干扰等因素，细心地为每支烟覆上了保护膜。

**法则2：创新的有效形式不是“颠覆”而是“持续迭代”**。在精益研发时代，产品创新已难以“一招鲜”，它是持续、小步快跑的创新，可称之为“微创新”，以微小硬需、微小聚焦、微小迭代的方式，专注、持续地做好重点单品的迭代升级。微创新的背后，是对用户需求的深度了解。在这方面，湖北中烟堪称行业内的创新标杆，他们聚焦烟民“在消费香烟的过程中有时会引起感觉的不适”这一硬需痛点，从原料配方、辅料设计、功能材料、加工工艺等方面持续迭代创新，将传统中医理论与现代科技相结合，使烟气对咽喉的刺激性被降到最低程度，为烟民创造了“黄鹤楼，不伤喉”的良好感官体验；在民间一直有“南方的烟只要过了黄河味道就会变”之说，他们聚焦“烟盒打开后如何保鲜”这一硬需痛点，开发出增香保润、可反复开启的“润香宝”，使产品在富有科技感的同时，更具趣味性，为烟民创造了极大的新奇新鲜感受，黄鹤楼（硬8度）瞄准凉烟消费者需求，通过缓释技术，使吸食全过程始终保持清凉的体验，成为火锅、小龙虾等美味佳肴的最佳拍档。

**法则3：创新的主要路径是民主化创新**。在用户主权时代，用户已经不单单只是购买者、消费者，也是品牌的传播者、营销者甚至创新者，产品设计由生产商主导转向用户主导，用户成为产品创新的主体。企业必须改变精英式创新的模式，构建可以持续产生接地气的新创意、激发全员参与重新、用户参与创新的新模式与环境——平台组织。前文所述的湖南中烟利用互联网开展“产品工程师招募”活动，本质上就是通过网络众包实现创新的民主化尝试。

## 三、让你秒懂：干货盘点与小炒

1. 创新，往大说，是“创造性破坏”；往小说，“改进也是创新”。创新的本质是以用户为中心重新定义产品价值。

2. 卷烟品牌创新目前出现的5个主要形式：老牌翻新、烟体创新、品牌定制、场景创新和“互联网＋卷烟”。

3. 烟体创新是技术与文化的融合，既是技术与用户的对话，也是文化与用户的对话。

4. 老牌翻新，也是一种创新，翻的是“历史”，炒的是“情怀”。

5. 无论什么形式的定制，品牌定制的本质是用户价值定制，而不是形式上的标签化与山寨版。

6. 场景创新能否成功取决于两点：一是能否抓住特定消费场景下的用户痛点；二是能否让品牌（产品）融入用户的生活方式。

7. “互联网＋卷烟”主要有“互联网＋产品”和“互联网＋营销”两个方向，所有具备创新基因的品牌都可以下一盘很大的棋。

8. 保持对创新风口的正确研判与品牌定力：第一，风向要正；第二，风速要劲。

9. 与其盲目进行“颠覆式创新”，不如“持续迭代”，专注、持续做好单品迭代升级。

10. 在用户主权时代，创新的主要路径是民主化创新。

## 小贴士：烟民究竟喜欢不喜欢新品？

且看两组调查数据（见图30、图31）：

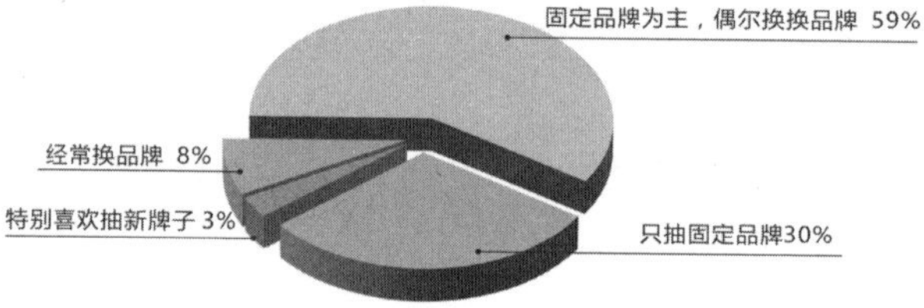


图30 甲市场烟民抽烟习惯分布图

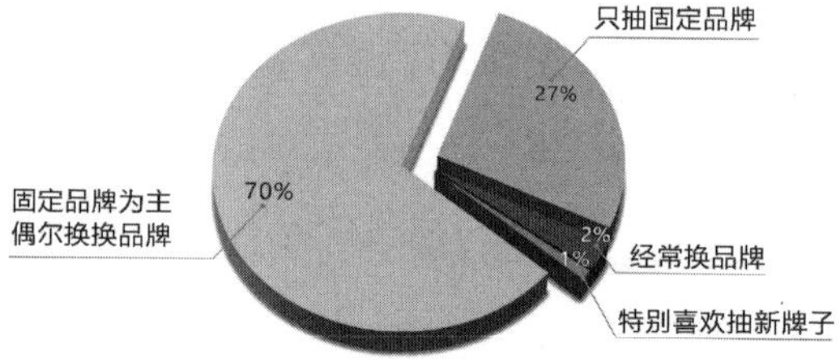


图31 乙市场烟民抽烟习惯分布图

可以看出，烟民消费习惯比较顽固，品牌忠诚度很高，“经常换品牌”和“喜欢抽新牌子”的烟民在甲市场占11%，在以农村为主的乙市场仅占3%，而且年龄越大、烟龄越长的烟民，其更换品牌与接受新品的概率越低。也就是说，一款新品无论如何定位，真正能打动、影响和改变的烟民数量是十分有限的，不足以产生引爆效应。

难道出新品就注定要失败么？新品应该如何研发呢？

答案同样隐藏在上面两组数据中。数据表明，绝大多数烟民的消费常态是“以固定品牌为主，偶尔换牌”，在甲市场占59%，在乙市场高达70%。对眼花缭乱的新品，大多数烟民“累觉不爱”，这就是烟民的消费常态。事实上，没有哪个品牌牛气到能改变烟民的消费常态，能把非常态变成常态。因此，严肃的新品开发，须以绝大多数烟民的消费常态为导向，围绕本品牌的主销规格、潜力规格做持续的优化升级，包括品质上的持续改进、形象上的持续完善、结构上的持续升级等，这样既可巩固本品牌既有的消费群体，也可争取“偶尔换牌”的其他消费群体，还可保持品牌形象的鲜活，不断收获结构升级的红利。苹果手机从4S、5S、6S、7S到8S，一年只推一款产品，不断升级，持续让用户大方地掏口袋，道理就这么简单。

烟民的消费常态在暗示所有的品牌决策者，专注、持续地做好单品的迭代升级，笃定地实施**品牌资产的正向积累**，比“乱枪打鸟”式地不断推出有“创意”的新品更靠谱。

# 第九章　重新定义品牌传播

“世间所有的相遇，都是久别重逢”。凡是想追求女孩的男人，都要学会讲故事；凡是有理想的品牌，都要学会玩传播。品牌的艺术就是传播的艺术，传播的艺术就是沟通的艺术。因产品属性特殊，卷烟品牌传播一直以来**“带着镣铐跳舞”**，随着新《广告法》与《互联网广告管理暂行办法》的全面施行，烟草企业需要彻底告别广而告之的粗放式传播思维，重新审视传播环境，重新定义卷烟品牌传播。

## 一、传统的品牌传播还管用吗

品牌传播（Brand Communication）的书面定义，就是企业以品牌的核心价值原则，在品牌识别的整体框架下，选择广告、公关、销售、人际等传播方式，将特定品牌推广出去，以建立品牌形象，促进市场销售。

经典的传播理论主要有大卫•奥格威的品牌形象论、艾•里斯与杰克•特劳特的品牌定位理论、唐•E. 舒尔茨的整合营销传播理论和扎斯菲尔德的两级传播理论等。品牌形象论认为，品牌形象不是产品固有的，而是消费者联系产品的质量、价格、历史等，每一品牌、每一产品对应发展和投射一个形象。定位理论的核心是“一个中心，两个基本点”，即以“打造品牌”为中心，以“竞争导向”和“消费者心智”为基本点。整合营销传播（IMC）是指将与企业进行市场营销有关的一切传播活动一元化的过程，让目标用户在所有的品牌接触点上听到“一个声音”、见到“一个形象”。两级传播理论将大众信息的传播分为两个阶段：一是信息从信息源通过大众媒介到达意见领袖（信息传达过程）；二是意见领袖再把信息传达给其他民众（人际传播过程），从而指出了意见领袖在传播中的重要中介作用。可以说，这四大理论牢牢占领了很多营销老司机的大脑很多年。

在移动互联的自媒体、全媒体时代，品牌信息传播方式发生了根本变化，中心化传播已成为历史，品牌与用户信息不对称的状态已被打破。变化的具体内容如表11所示：

**表11　互联网时代信息传播方式巨变**

| 类　别 | 前互联网时代 | 互联网时代 |
|---|---|---|
| 信息发布主体 | 企业／组织 | 人人 |
| 信息发布渠道 | 传统媒体 | 社会化媒体 |
| 信息传递方式 | 报刊／电视 | 电脑／手机 |
| 信息发布内容 | 僵硬内容传达 | 自由意志表达 |
| 信息传播速度 | 天 | 秒 |
| 信息传递逻辑 | 垂直关系 | 水平关系 |

按照伊塔马尔•西蒙森提出的消费者“P-O-M影响力框架”，“M”（营销者）的主导作用不再，信息量更大更可靠的“O”（其他人和信息服务）渠道崛起。所有品牌面对的是一群在信息轰炸下显露出疲惫感、在各种品牌的花式取悦后愈发麻木的受众。受众不再是对信息来者不拒、没有甄别能力的“小白”，他们开始抗拒海量资讯和传统广告的侵入式营销，他们不再轻易地被创意、文案打动，或是被一场病毒营销煽动。企业通过传统的传播手段诸如投放硬广告、普发新闻稿件、制作成本高昂的TVC等，都是“表而不达”“沟而不通”。无论是品牌定位还是品牌形象，在浩瀚的互联网上既太容易被碎片化，也很容易引爆而一夜成名；两级传播理论中的大众传播被颠覆，人际传播规律变得不易把握。

## 二、品牌传播玩的是“传”还是“播”

品牌为什么要做传播？要么让人“买”，要么让人“爱”。没有爱的“买”，不会持久，没有“买”的“爱”，不是真爱。正如恋爱的关键在于“恋”，**传播的关键在于“传”，而不在于“播”**。所谓“传”，即口口相传，传情达意；所谓“播”，即广而播之，张口就喊。“传”是一种有内容、有温度的能量传递，“播”是一种中立状态的信息扩散。“传”能打动受众，“播”只能让受众知晓。

传统品牌传播方式侧重于“播”，拿个大喇叭到女神家门口大喊“爱你一万年”，吸引了一大批“吃瓜群众”围观；现代品牌传播方式侧重于“传”，直接占领女神的手机屏幕，一打开手机就看得见，仍然阻止不了思念。

侧重于“传”的品牌传播呈现出“新四化”特征（见图32）：

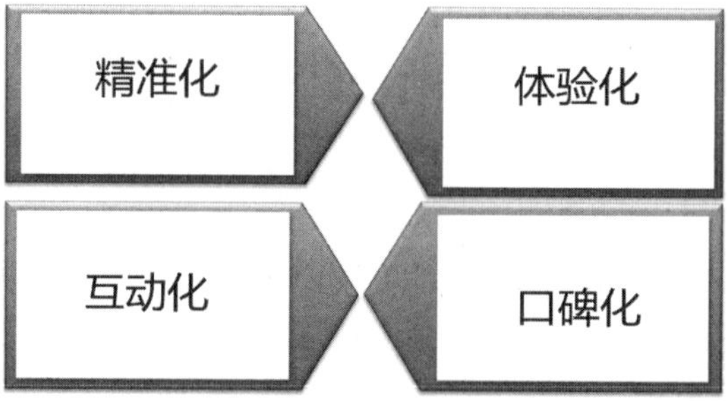


图32 品牌传播“新四化”

1. **精准化**。广而告之被证明是一种广种薄收的低效率传播方式，“小蜜蜂”式的社会化传播、人际传播越来越成为趋势。品牌只有精准占领目标用户的“视屏”，才可能实现点对点的精准信息传播和储存情感。

2. **体验化**。新一代受众“热情崇拜偶像，极其反感权威”。“你若端着，我就无感”。任何品牌都不要试图向他们灌输道理或者教他们干什么。在展现内容上，品牌必须牢记一个重要原则：感知而非告知，营造体验环境，让他们自己去体验。

3. **互动化**。传统传播是单向的，内容只有输出，没有受众反馈，企业是品牌信息和内容的唯一输出者，品牌一直在自言自语。现代传播是互动的，受众不仅参与品牌内容生产，也参与到品牌传播过程中。简单地说，就是从独白到对白，从被动接受到两情相悦。

4. **口碑化**。在互动中，由用户制造并传播口碑，是未来最有效的传播方式，是在互联网社会形成“品牌言值”与“品牌声浪”的主要途径。“品牌言值”即品牌有话题、值得说；“品牌声浪”即用户心声，就是用户与品牌的心理共鸣，就是恋爱中全家人都反对，但她仍然坚持说你是世上最好的。

现代传播方式与传统传播方式的不同如表12所示：

**表12 现代传播方式与传统传播方式之比较**

| 传统传播方式 | 现代传播方式 |
| --- | --- |
| 侧重于“播” | 侧重于“传” |
| 依赖广告、公关、销售等手段 | 注重人际传播手段 |
| 单向传播 | 互动传播 |
| 追求知晓率 | 追求转化率 |
| 一传十，十传百 | 一传百，百传万 |

## 三、后广告时代的卷烟品牌还能玩传播么

2015年9月1日新《广告法》正式施行，2016年9月1日《互联网广告管理暂行办法》正式施行，这意味着卷烟品牌进入了不能做广告、用户也不待见广告的后广告时代。

面对后广告时代的来临，烟草人主要有3种态度：

**一是悲观派**。不少人在哀叹：“咋整咋整”“走到了尽头”“陷入了黑暗”，如此等等。悲观派一般自己吓倒自己，自己禁锢自己，甚至微信群、朋友圈的涉烟内容都删得干干净净。

**二是抗拒派**。有人把《广告法》视为行业面临的“挑战”之一，试图钻法律的空子，打擦边球，这当然大错特错！那是你在挑战法律而不是法律给你带来了挑战。对法律，只能永远保持敬畏之心。

**三是谨慎乐观派**。有些人则认为，既然消费者其实也不需要广告，现在又不让做广告，岂不正好省下那些浪费掉一半以上的广告费？现在所要做的就是在法律框架下做好该做的事情。

营销老司机们毫无疑问倾向于第三种态度。道理很简单，法律禁止嫖娼，但保护爱情；道德谴责偷情，但歌颂爱情。卷烟品牌与目标用户之间要玩的，不是嫖娼，不是偷情，而是一场轰轰烈烈或静水深流的恋爱（当然不排除过去有些卷烟品牌一直以不良的心态做“营销”）。既然不能做一切形式的广告，那就与用户**来一场弘扬社会正能量的恋爱吧**。

从依法经营的角度看，新《广告法》对卷烟品牌带来的影响不是限制、不是禁止，而是促进、是标志，促进卷烟品牌更新营销理念（从耍流氓到谈恋爱），标志卷烟品牌营销进入新的层次。“黑夜给了我黑色的眼睛，我却用它寻找光明。”这是营销老司机应有的智慧。

先要理清一个基本认识。新《广告法》及《互联网广告管理暂行办法》全面禁止卷烟品牌传播吗？当然不是，合法企业的合法产品，具有合法营销、合法传播的权利。

从品牌传播的4种基本形式来看，新《广告法》禁止的是广告传播，限制的是公关传播、销售传播，没有也无法禁止与限制的是人际传播（今天恰恰是个自媒体盛行的人际传播时代）。如图33所示。

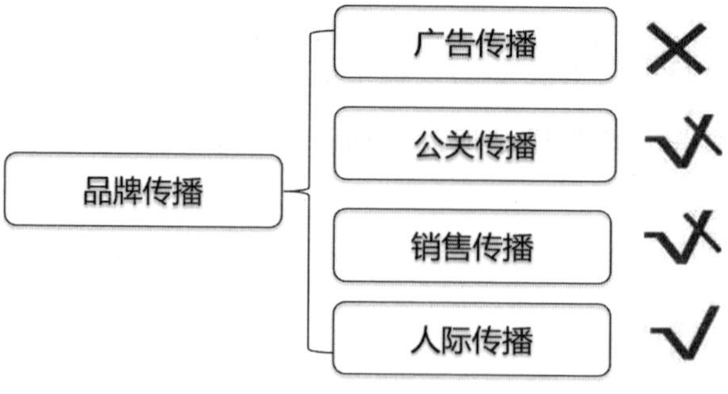


图33 品牌传播4种形式及卷烟品牌传播受限

新《广告法》对烟草广告监管的总体特点是“禁止范围更广、管控更强”。其中，“范围更广”是指从原《广告法》的部分大众传媒、部分公共场所到所有公共媒介、公共空间；“管控更强”是指对变相广告（含公益广告）明文禁止，实现一切公共媒介、公共空间零途径、零操作。

新《广告法》第二十二条如此规定：禁止在大众传播媒介或者公共场所、公共交通工具、户外发布烟草广告。禁止向未成年人发布任何形式的广告。禁止利用其他商品或者服务的广告、公益广告，宣传烟草制品名称、商标、包装、装潢以及类似内容。烟草制品生产者或者销售者发布的迁址、更名、招聘等启事中，不得含有烟草制品名称、商标、包装、装潢以及类似内容。

从这段表述中，不难看出有3层意思：第一层是禁止直接广告，第二层是禁止向未成年人发送广告，第三层是禁止间接广告、植入式广告。第二层意思很值得玩味，如果彻底禁止了烟草广告，就没有必要专门加上这一句，可以理解为是对公共媒介、公共空间之外的烟草广告没有明文彻底禁止，比如印刷品广告、零售终端广告等，这也为各地广告执法部门留下了自由裁量权。

《互联网广告管理暂行办法》（以下简称《暂行办法》）第三条规定：本办法所称互联网广告，是指通过网站、网页、互联网应用程序等互联网媒介，以文字、图片、音频、视频或者其他形式,直接或者间接地推销商品或者服务的商业广告。由此可知，禁止利用互联网发布烟草广告，从目的看，“直接或间接推销商品或服务”都被禁止；从途径看，“网站、网页、互联网应用程序”都被禁止（微信、APP在列）；从形式来看，一切可能的形式（文字、图片、音频、视频或者其他形式）都被禁止。

《暂行办法》还明确指出了互联网广告包括以下5种：

（1）推销商品或者服务的含有链接的文字、图片或者视频等形式的广告。

（2）推销商品或者服务的电子邮件广告。

（3）推销商品或者服务的付费搜索广告。

（4）推销商品或者服务的商业性展示中的广告，法律、法规和规章规定经营者应当向消费者提供的信息的展示依照其规定。

（5）其他通过互联网媒介推销商品或者服务的商业广告。

可以说，《暂行办法》全渠道、全形式地禁止互联网烟草广告，但不是禁止烟草企业的所有网络营销行为。在“互联网＋”成为国家战略的大背景下，有些行为比如通过网络为消费者提供优质服务不仅不被禁止，还要大力提倡。

事实上，2016年9月1日以后，仍然产生了一些“网红”卷烟品牌，如中南海、白沙（和天下）、娇子（宽窄），“躺着中枪”也甜蜜。其背后有3个共同特点：一是都属于人际传播这种合法传播形式；二是都由社会化媒体驱动传播；三是都遇到了话题性极强的内容引爆点。这些可遇不可求的“网红”现象启示营销老司机：告别了广告，不代表也要告别网络、告别传播。

## 四、正确打开品牌传播的N种姿势

叶良辰表示：不管赵日天服不服，我可以有100种姿势让你传播品牌。100种姿势，意味着巨大的想象空间、无限的创新可能。这里列举部分，抛砖引玉。

### 姿势1：产品介绍

《暂行办法》虽然明确禁止利用互联网发布烟草广告，但其第三条第四款在阐述互联网广告的外延时指出“法律、法规和规章规定经营者应当向消费者提供的信息的展示依照其规定”。这主要是指《消费者权益保护法》（第八条）明确规定生产经营者有向消费者提供产品或服务真实信息的义务。烟草企业要在遵守《广告法》的同时，贯彻落实好《消费者权益保护法》，清晰把握信息服务与广告的界限，按照有关法律法规的规定或产品的质量标准，来客观说明产品，以充分保障消费者的知情权。

姿势2：包装传播

好的产品会说话，好的设计也会说话，产品会说话，美女不愁嫁。对于任何品牌来说，产品是最大的自媒体，包装是最大的自媒体。一包好产品就是最好的购买理由，一款好包装就是最精准的传播载体。俗话说，“人靠衣装、佛靠金装”“穿衣显瘦、脱衣有肉”。虽然2015年12月发布的《中华人民共和国境内卷烟包装标识的规定》强化了卷烟包装标识的健康危害警示，但烟包仍然有更加富有美学和暴露价值的设计空间。特别是引入“互联网＋产品”的创新思维，烟包本身可能成为直接与用户对话的智能硬件、移动终端。另外，为用户提供个性化的品牌定制也是有效的包装传播方式之一。专注青春小酒的江小白将产品变成一个超级自媒体，如用户自己可以在瓶身上创作文案的“表达瓶”，给了用户输出自己观点的机会，使产品具备更好地与消费者沟通的力量，值得烟草企业跨界学习借鉴。

姿势3：印刷品传播

新《广告法》禁止烟草广告，但没有也不能禁止企业正常的信息发布与对外沟通。烟草企业仍然可利用书籍、报刊、宣传单页等印刷品来传播企业形象、企业信息、品牌文化、案例研究等内容（虽未明文禁止广告，也要规避直接的广告形式为宜），实施有深度、有温度的内容营销。这些内容只要不符合网络广告要素（以推销商品或服务为目的），即使在网络上传播也合法合规。

姿势4：终端传播

新《广告法》给卷烟品牌传播留下的最后阵地是卷烟零售终端，虽然各个地方执法尺度不一，但从商品陈列、文化传播、体验营销等角度仍有较大的操作空间。退一万步，就算你禁止我谈恋爱，难道还能禁止我抛个媚眼吗？当然，抛媚眼也要看场合，要坚决规避中小学、医院附近的零售终端及大型商超类终端等风险区，要立足做活店内空间、规避店外等容易被视为公众场所的地方。具体参见本书《重新定义终端营销》一章相关内容。

姿势5：人际传播

人际传播是一个用户自发的口碑传播过程，是基于消费体验和产品认知的再传播过程，从法理上来讲是不受禁止的。在传统传播时代，很多品牌浪费了50%的广告费，在全媒体传播时代，浪费的可能还有99%的口碑。卷烟品牌需要传播的从来就不应是广告，而是用户口碑。口碑有线上与线下两个传播路径，《暂行办法》首次把自然人纳入监管范围，其本意是实现对自媒体广告的有效监管（个人在朋友圈、微博等空间转发广告也要担责），而不是禁止口碑传播。在网络上，不变的法则是把话语权还给用户，以消费者的名义、用户的名义制造口碑并传播口碑，激活“用户自传播指数”，把品牌传播转变为群众喜闻乐见的**“群乐汇”**、**“交响乐”**（具体参见本书《重新定义口碑营销》一章内容）。

姿势6：用户服务

服务也是传播，用户既能生产传播内容，本身也是传播渠道。烟草企业以建立用户数据库为基础，应用线下线上各种载体与手段开展用户服务。比如，微信平台仍然而且必须应用，但要以服务用户为功能定位，从回复用户咨询、在线沟通、查询价格、辨别真伪、兑换积分、地理导航等方面为用户提供点对点、心对心的个性化服务。在这个过程中，实现对用户的一对一精准传播，其前提当然是用户愿意，只要用户愿意，一切都OK。

具体的传播事项及风险等级详见表13：

**表13 具体传播事项及风险等级**

| 序 号 | 事 项 | 风险指数 |
| --- | --- | --- |
| 1 | 借助企业网站、微信等平台客观介绍产品信息 | 无 |
| 2 | 工业企业向商业企业提供产品资料 | 无 |
| 3 | 利用二维码开展卷烟防伪验真服务与价格查询 | 无 |
| 4 | 在零售终端实施主题化、特色化陈列 | 无 |
| 5 | 组织开展卷烟零售客户培训 | 无 |
| 6 | 向卷烟零售客户发放宣传单页等印刷品 | 无 |
| 7 | 建立终端消费体验区，营造良好消费文化 | 无 |
| 8 | 会员专场自发式品吸品鉴会，消费者互动 | 无 |
| 9 | 建立零售客户社群，进行信息服务和社群讨论 | ▲ |
| 11 | 建立品牌粉丝社群，进行信息服务和社群讨论 | ▲ |
| 12 | 组建消费者俱乐部，实施会员积分服务 | ▲ |
| 13 | 在用户愿意的前提下，与用户点对点信息沟通 | ▲ |
| 14 | 借助网络媒体讲述烟草发展历史、烟草消费文化 | ▲ |
| 15 | 烟民自发利用自媒体进行产品点评与口碑传播 | ▲ |
| 16 | 在媒体上进行企业动态、企业形象等宣传报道 | ▲ |
| 17 | 发布倡导绿色消费、文明吸烟的泛文化信息 | ▲ |
| 18 | 委托研究型机构实施研究，投放与呈现研究成果 | ▲ |
| 19 | 以服务用户为功能定位的微信／网站运营 | ▲ |
| 20 | 把烟包变成好玩的自媒体甚至是智能终端 | ▲ |
|  | …… |  |

注：“▲”表示风险程度很低，风险不在于事项本身，而在于实施过程中的边界把握与可能发生的变化。

总之，后广告时代，对于那些有情怀、有文化的卷烟品牌来说，是人格化、社会化的新时代，是有着100种正确打开姿势的新时代。

## 五、让你秒懂：干货盘点与小炒

1．在信息大爆炸的互联网时代，经典的传播理论面临挑战，有些变得毫无意义，没有一点作用。

2．传播，关键在于“传”，不在于“播”。侧重于“传”的品牌传播呈现出精准化、体验化、互动化和口碑化“新四化”特征。

3．卷烟品牌已进入不能做广告、也无须做广告的后广告时代。

4．法律禁止嫖娼，但保护爱情；道德谴责偷情，但歌颂爱情。卷烟品牌与目标用户之间要玩的，是一场弘扬正能量的恋爱。

5．新《广告法》对卷烟品牌带来的影响不是限制、不是禁止，而是促进、是标志。

6．新《广告法》禁止的是广告传播，限制的是公关传播、销售传播，没有也无法禁止与限制的是人际传播。

7．后广告时代，不管赵日天服不服，叶良辰可以有100种方法让你传播品牌。

8．人际传播是最重要的传播方式，也是最有难度、最有创造性的传播方式。

# 第十章 重新定义口碑传播

正如前文所述，建设品牌的过程是发生在品牌与用户之间一场伟大的爱情，“口碑”就是品牌与用户之间擦出的爱情火花，谁也阻挡不住、禁止不了。

迸发爱情的火花，既易于反掌，有时幸福突然来敲门，也难于登天，有时只有身体的感受而没有幸福的感觉。作为营销老司机，在重新认识卷烟品牌传播之后，就需要进一步重新定义口碑传播，洞悉迸发出爱情火花的秘密。

## 一、口碑传播：路上行人口似碑

“口碑”一词，据说出自宋代《五灯会元·宝峰文禅师法嗣·永州太平安禅师》：“劝君不用镌顽石，路上行人口似碑。”

“口碑”可以说是人类史上最原始、最悠久的一种传播手段，在没有电视、广播、报纸、杂志、互联网等媒介的漫长时期，信息传播主要是通过人际传播网络完成，“酒香不怕巷子深”便是口碑传播的形象写照。

营销学上的口碑，且以菲利普·科特勒的定义为参考：口碑是由生产者以外的个人通过明示或暗示的方法，不经过第三方处理、加工，传递关于某一特定或某一种类的产品、品牌、厂商、销售者，以及能够使人联想到上述对象的任何组织或个人信息，从而导致受众获得信息、改变态度，甚至影响购买行为的一种双向互动的传播行为。

科特勒说得比较严谨也比较冗长。说简单点，口碑就是指个体关于产品和品牌看法的人际传播，有正面也有负面。说得接地气点，口碑，就是**隔壁的隔壁的隔壁的老王都能听到你的声音**。

创造历史的不是帝王将相，而是隔壁老王。口碑传播，对于卷烟品牌来说，其重要性主要有3个方面：

**第一，口碑是公认的成本最低但可信度较高的信息传播媒介**。口碑传播也被称为“零号媒介”，是当今世界最普及的信息传播工具，具有宣传费用低、可信度高、针对性强、更具亲和力、传播速度更快、发掘潜在消费者成功率高等优势。长期的良好口碑更能使得品牌正面形象在消费者口中不断传播，扩大品牌影响力。金杯银杯不如口碑，有口碑的品牌不一定牛气，但牛气的品牌一定有口碑。

**第二，口碑是用户购买决策中的重要驱动因素**。研究表明，口碑是目标用户购买行为的触发器，有20%～50%的购买决策的首要影响因素是口碑。崇尚“中庸之道”的中国消费者受社会群体效应的影响较大，因此消费行为更加重视他人的看法和意见。“香烟一递，说话和气”。烟民调查也表明，烟民在购买新品时朋友推荐与零售店主推荐是最主要的影响因素。

**第三，口碑是卷烟品牌在后广告时代的合法传播方式**。真正意义上的完整卷烟营销，一是把卷烟变成烟灰，二是把品牌变成口碑。在后广告时代，用户驱动、用户制造内容、用户传播内容的口碑营销，是卷烟品牌行走江湖的“霸王剑”，烟民的心声、呼声、好评声不应也不会受到禁止。

在卷烟市场上，带有红色爆珠的黄鹤楼（1916）比普通版的黄鹤楼（1916）至少要贵一倍，“3”字头的软中华比“1”“2”字头的软中华要贵不少，求购者依然趋之若鹜，这些都见证了口碑（产品背后的美丽传说）的力量。

## 二、口碑从哪里来：一种化学反应

以男女恋爱为例，先有情后有爱，先物理反应、后化学反应，这个顺序不能错。如表14所示。

**表14　口碑是一种化学反应**

| 先有物理反应 | 后有化学反应 |
| --- | --- |
| 口袋 | 口碑 |
| 空间距离缩短 | 心理距离接近 |
| 手拉手 | 口对口 |
| 好朋友 | 真恋人 |

也就是说，在男女恋爱中，口碑的形成以接吻为标志，口碑的产生是一种化学反应。

在品牌营销中，要从读懂目标用户的唇开始，他们为什么愿意开启金口？研究表明，仅仅满意的用户可能不足以形成口碑。要形成具有实际影响力的正面口碑，用户体验不仅要高于期望，而且还要在用户所重视的以及可能谈论的方面高于期望。

老牌的麦肯锡公司根据产生根源和动机，提出3种类型的口碑（见图34）：

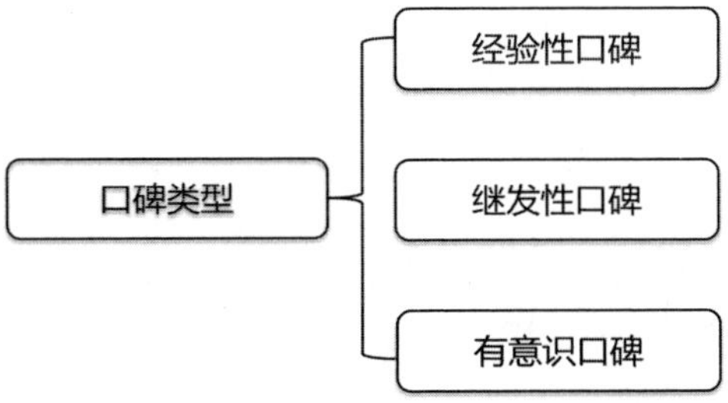


图34　从来源看口碑的3种类型

1．**经验性口碑**。这是最常见、最有力的形式。它来源于用户对某种产品或服务的直接经验，很大程度上是在经验偏离用户预期时所产生的。如“这包烟口味很醇啊”，铁杆烟民老王吸了一口，满足地对隔壁老宋说。

2. **继发性口碑**。当用户直接感受传统营销活动传递给他们的信息或所宣传的品牌时形成的口碑，这些消息对用户的影响通常比广告的直接影响更强。如“这烟上次邀请我去参加品鉴会了，会开得相当高大上”，铁杆烟民老王不无得意地对隔壁老宋说。

3. **有意识口碑**。不像前两种口碑形式那么常见——例如，企业利用名人代言来为产品上市营造正面的气氛。这种口碑形式在卷烟品牌中不常见，但可以适度地曲线式应用。如“听说某某都抽这烟呢”，铁杆烟民老王边递烟边对隔壁老宋说。

其中，经验性口碑是最重要的，企业利用经验性口碑就是要为用户提供机会以分享正面的经验，并让其经历在受众中引起共鸣，这要从支持用户参与产品研发、不断刷新产品体验等方面做起。营销活动的“互动性”和“创造性”有助于推动创造正面的继发性口碑。有意识口碑的核心在于确定具有品牌和产品倡导者影响力的意见领袖。

## 三、口碑到哪里去：一种链式反应

用古龙大侠的话来说，这世上只有一种人不会传播口碑，那就是“死人”！每个用户及潜在用户都是可能的传播者，形成裂变式的链式反应。这种链式反应，在传播学上就叫裂变式传播，典型载体就是微博和微信。如图35所示。

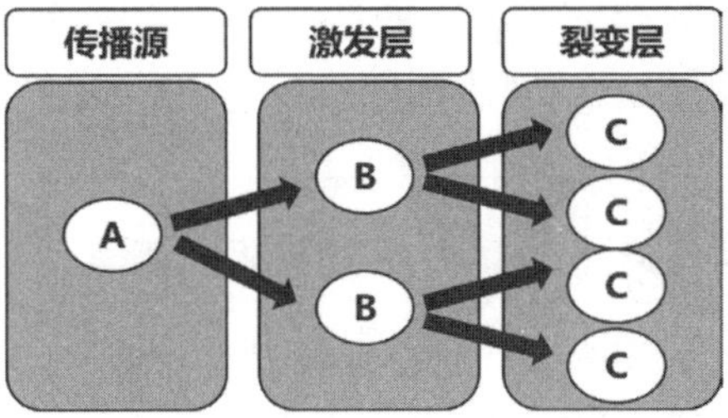


图35 裂变式传播逻辑

传播路径为：A到B，B到C，C到D……整个传播链可能很长，但真正对后续传播有实际影响的是前3层。一个传播能顺利走到C到D，则很有可能取得预期效果。绝大部分社会化传播消亡于裂变层，当员工、朋友、铁粉转发后，并没有在他们各自的朋友圈形成再次分享，传播链中断，沦为小圈子自嗨。

为什么有些品牌口碑像长了翅膀一样不胫而走？主要取决于3个方面：

1. **内容是口碑产生传播力的首要驱动因素（附着力因素法则）**。“好事不出门，坏事传千里”，说明了传播内容的重要。内容也是“话题”，给谈论者一个谈论的理由。一般认为，在社会化媒体上，内容才是王道，内容有料才有传播，缺干货、不好玩的内容都传播不起来。因此，口碑营销所要做的第一件事情，就是依托产品核心价值来策划和创意口碑信息（即制造出话题与被谈论的理由），这要与目标用户建立共同的话语体系进行沟通互动，目标用户听不懂、不愿听的内容都不是好内容。研究表明，目标用户实际上更倾向于对功能信息进行讨论并形成口碑。如烟民之间的口碑大多数围绕着香烟吸味、包装及爆珠等功能展开。那些定位到功能使用情景的传播话语能爆发出更强的传播力，诸如：“经常用脑，常喝某某”“怕上火，喝某某”“困了累了，喝某某”“小饿小困，喝点某某”“今年过节不收礼，收礼就收某某”等，营造出一个个鲜活的生活情景。有款酸奶的传播语：“每一口都像在舔盖儿”，就算你是喝酸奶不舔盖的土豪，也容易产生情景代入感。

2. **传递者身份是口碑产生传播力的第二驱动因素（个别人物法则）**。口碑接收者必须信任信息传递者并相信他真的了解所说的产品或服务。有影响力者形成的口碑信息，通常是无影响力者的3倍，其每条信息对接收者购买决策的影响力通常是无影响力者的4倍。因此，寻找有影响力的意见领袖是口碑营销的关键之一。意见领袖是口碑传播的示范者和发起者，他们的应用示范进一步降低了目标用户的理解门槛和接受门槛。

3. **传播工具是品牌产生传播力的重要驱动因素（环境威力法则）**。传播工具是帮助谈论者更快、更广地传播信息的媒介。在社会化媒体繁荣之前，产品的口碑传播都发生在街头巷尾的小群体里。在移动互联网充分发展的今天，社会化媒体提供了空前强大的能力，比以前口口相传的小众口碑传播的势能强大了不止千万倍。在口碑营销中，品牌要运营起所有可被运用的渠道，且在不同的渠道使用同样的“基调”做传播，形成真正的环境威力。

根据这3个方面，可以总结出口碑营销3个关键点：

第一，策划和创意口碑信息，驱动口碑的形成。

第二，透过细分市场，挖掘目标人际圈的意见领袖。

第三，使用传播工具，创建长尾集合器，使病毒式传播推广成为可能。

近年口碑营销大玩家小米提出的“口碑铁三角”从另一个角度提炼了口碑传播的原理。他们总结了建立小米产品和品牌口碑的3个关键词：加速器、关系链和发动机。如图36所示。

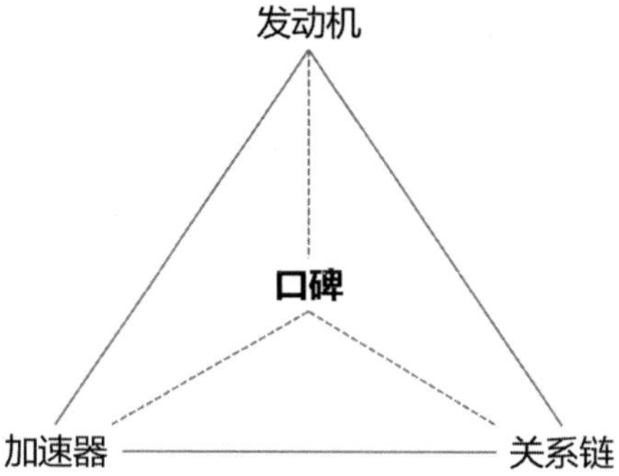


图36 小米口碑营销铁三角

1. **社交媒体是口碑传播加速器**。小米社会化营销有4个通道：论坛、微博、微信和QQ空间。他们最早做的是论坛，更多是用来沉淀老用户，微博和QQ空间用于传播口碑，微信则定位于客服平台。

2. **“一起玩”才有扎实关系链**。小米高度重视用户的参与感，坚持和用户一起玩是他们做关系链的核心。他们最大的创新是，有效拉动了所有的用户参与到产品研发中。

3. **好产品是驱动口碑传播的发动机**。小米认为，产品体验才是真正的口碑。如果产品足够好（极致），拥有极高的性价比，体验远超预期，能让用户尖叫，那么用户就愿意主动把这样的好体验传递出去。

小米口碑营销“铁三角”与前文“三大法则”有异曲同工之妙，不同的是，小米更强调通过“参与感”吸引更多的人参与到传播中，而不局限于寻找意见领袖。

## 四、口碑传播怎么玩：三大关键问题

口碑传播是侧重于“传”的现代传播方式，玩转口碑传播要解决好“传什么”“怎么传”“怎么管”三大关键问题。

### （一）传什么

“传什么”也就是解决传播内容问题。内容营销强调，唯有让人秒懂的好内容才能转化为驱动用户自发传播的“社交货币”，才有引爆力。

从传播内容的角度，可把卷烟品牌口碑分为三类：

**一是事实**。大卫•奥格威强调传播就是**“展示惊人的事实”**，卷烟品牌无法通过广告展示，就要通过口碑来展示。“惊人的事实”一般来自于产品质量与产品功能。卷烟产品的功能相对简单，但这些年围绕着包装、爆珠、烟支、成分等进行了诸多的功能附加创新，可以把这些“事实”提炼出来，传播出去。要注意的有两点：一定是事实，不可杜撰；事实越“惊人”，口碑效应越强。如历史上的“371道工序成就一支黄鹤楼”，让烟民第一次知道制造一支烟如此不简单；扫码长白山（心归）中了块三千多的手表，让更多烟民知道买烟可扫码可中奖。再比如，有某些抽烟的高龄老人反馈：“我抽这烟十几年了，越抽越顺，身体啥毛病也没有”，这样的事实“惊人”而具有传播力。

**二是故事**。比起赤裸裸的“事实”，穿上“故事”外衣的内容更容易被人们接受。品牌为什么要学会讲故事？很简单，人们喜欢听故事呗，无论男女老幼都爱听故事。有谁不是在听故事中长大的？人类从孩提时代起就对故事如饥似渴。《人类简史》作者尤瓦尔•赫拉利教授说：“人类社会是构建于虚构的故事之上，整个人类社会的前提是发达的讲故事能力。”从品牌传播的角度看，一则涵盖重点事实的故事，其影响力胜过100页统计数据，故事开辟了品牌与目标用户新的沟通方式，双方不再是买卖关系，更像讲述者与倾听者。撩妹高手搭讪妹子的第一句话通常是“你长得与我的初恋情人很像”，这就是在讲述一个故事，搭讪成功率比直接打招呼高许多。老鼠绝对不是品牌，“米老鼠”就是一个厉害的品牌，因为这是在讲述一个故事。品牌营销在一定程度上就是**“大声讲故事”！**这有两层含义：“讲故事”指的是内容，用故事将某一个品牌的标准内容传递出去，实现渗透式而非灌输式、启发式而非说教式传播，以达到让受众“感知”的效果；“大声”指的是必须重复讲、持续讲，达到一定的声浪才能传播出去。品牌要有故事，有故事的品牌运气都不会差；做品牌要会讲故事，不会讲故事的品牌都不是好品牌。

品牌故事一般有3种类型：一是以“功能”（真）为诉求的故事；二是以“情感”（善）为诉求的故事；三是以“文化”（美）为诉求的故事。

无论什么类型的故事，要增强说服力就需要**“有主角、有情节、有主题”**，缺一不可。有主角，不管是喜羊羊、机器猫还是熊大，都需要有这样一个个性化人物或拟人化存在；有情节，可以曲折、可以惊险，也可以搞笑，让谈论者不感觉乏味；有主题，主题要简练明确，与产品（服务）有效结合，好故事是一个“迷你”的价值观。如图37所示。

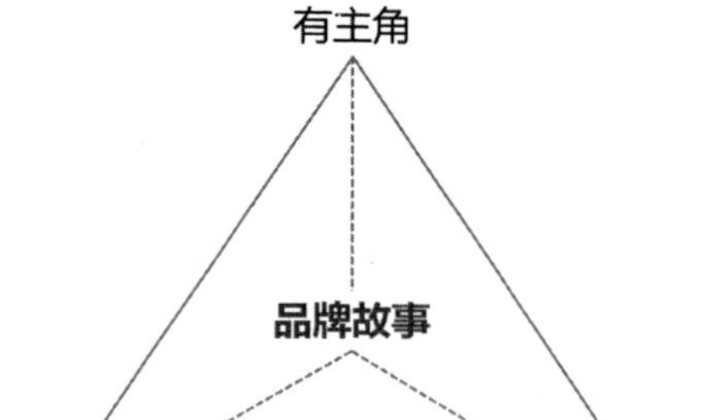


图37 品牌故事三要素

没有人听到的好故事，其价值等于零。故事要有强大的传播力，还要具备3点：一是故事必须和目标用户有情感联系，好故事总能戳中人们的情绪按钮，他们需要的其实不是故事，而是需要通过故事来代入情感体验（共鸣）；二是故事必须场景化，具有想象空间，能够唤起消费者脑海里某个相对应记忆的场景，驱动受众重构故事；三是故事必须能够传递正面信息、传递正能量，如梦想系、励志系、爱情系、亲情系、温情系等都是人类永恒的能量需求与精神食粮，甚至有人如此定义故事：故事是关于主人公战胜困难，去实现伟大目标的描述。

在卷烟品牌中，万宝路背后有爱情故事，骆驼背后有创业故事，黄鹤楼1916背后有南洋烟魁故事，黄山红方印背后有徽州贡烟故事，如此等等。如果把品牌看做故事，企业不只是在寻找目标用户，而是在寻找相信那些故事的人。

**三是人话**。所谓“人话”，就是那些接地气、勾人心的大白话，就是那些简短直接、一听就懂、朗朗上口的大众话语体系。勾心的奥秘在于触动目标用户内心的某个点（参见本书《重新定义终端营销》一章有关内容）。如“世界那么大，我想去看看”“你陪我慢慢长大，我陪你慢慢变老”等在网络上风行一时，就在于“说人话、勾人心”。社会化时代，品牌要放下身段，不端不装，说人话，说用户熟悉的话，说群众听得懂的话。如“一个人抽烟不是寂寞，抽烟时想一个人才是寂寞。”“生活就像一包烟，只有点燃才不会平淡。”等等。只有“人话”，用户才会入耳入心，从而自愿做再次传播。

品牌口碑的主要内容包括3方面，如图38所示：

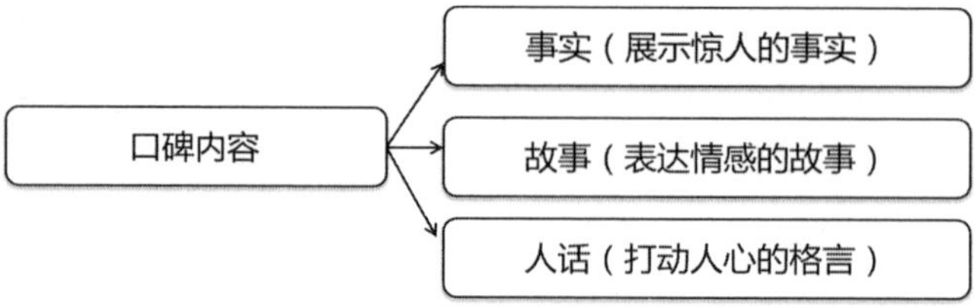


图38 品牌口碑的主要内容

“事实”“故事”“人话”既来自于企业提炼与设计，也来自于用户反馈，用户关于某个品牌的使用反馈其实就是最好的口碑素材，比如华为手机（见图39）和三星手机，一个能挡子弹，一个会爆炸，你会选择哪个？（也有网友表示：两个都选，一个用来自卫，一个用来攻击！）又比如：有消费者将贵烟（行者）的品吸方式生动地表达为：前五后三，感受翻番，意思是前五口充分体验其自然纯香，后三口再捏破爆珠，香气更加丰满；有消费者选择玉溪作为婚庆用烟时说：“玉”代表完美无瑕，“溪”预示将来的日子像溪流一样长流不息！”这种来自用户的口碑比企业提炼的口碑更真实自然、更有传播力。

图39 华为真的很“有为”

社群经济之下的品牌，是用户主导的口碑品牌，而不是厂商主导的广告品牌，口碑传播要从品牌生产内容（PGC）向用户生产内容（UGC）转变，让用户比厂商更加活跃，让用户来摆事实、讲故事、说人话，产生优质的口碑传播，老用户创造新的用户。UGC作者一般是品牌社群的KOL（关键意见领袖），他们热爱并理解品牌，能以热情和专业精神来主导内容营销的创造和分发。

## （二）怎么传

“怎么传”也就是解决传播渠道（工具）问题。在社会化时代，品牌口碑传播不变的法则是把话语权还给用户，也就是坚持走群众路线，“深入群众，相信群众；从群众中来，到群众中去”，让更多的目标用户成为口碑传播的渠道。

**一是综合应用两大渠道**。卷烟品牌口碑传播渠道可分为两大类（见图40）：

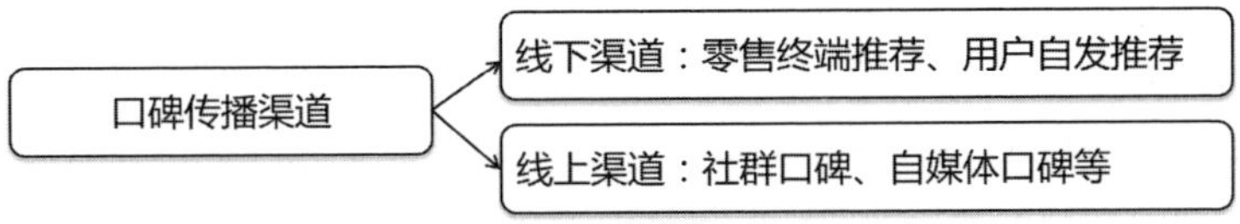


图40　口碑传播主要渠道

（1）线下渠道，包括零售终端推荐和消费用户之间的互相推荐。卷烟属于快消品，基本上每天都要消费，消费体验对口碑的正面佐证立竿见影，因此零售终端推荐往往要与终端体验营销有机结合起来，“体验＋推荐”更可能形成口碑。消费用户之间的互相推荐相对难以掌控，精细开拓人际交往量大的消费场所与消费场景（如餐饮、茶楼、棋牌室、喜宴等），有助于推动烟民之间产生且传播口碑。

（2）线上渠道，包括网络社群口碑和自媒体口碑。卷烟品牌通过QQ、微信、论坛等建立属于自己的品牌社群（不是简单的“群”，而是“社群”），发展与目标用户相关的社群关系。在社群内做必要的信息传播与互动的社群讨论，不构成广告（参见本书《重新定义社群营销》一章相关内容）。自媒体口碑是指烟民自发地在自己的微信、微博、QQ空间等自媒体上传播品牌口碑，只要不符合互联网广告要素，事实上也是无法限制的。

**二是培育拓展意见领袖**。无论线下线上，口碑营销的关键都在于**“找对人”**——找到用户群体（同一个市场）中有较强影响力的意见领袖，以他们带动“沉默的大多数”。尽管在消费者去中心化的趋势中，意见领袖的作用有所瓦解和分化，但找到他们仍然是口碑传播的捷径。

意见领袖是一个社会学概念，是指活跃在人际传播网络中，经常为他人提供信息、观点或建议，并对他人施加个人影响的人物。菲利普•科特勒将营销学中的“意见领袖”定义为：“在一个参考群体里，因特殊技能、知识、人格和其他特质等因素而能对群体里的其他成员产生影响力的人。”

意见领袖具有人际关系密切、信息渠道多样、乐于接受新鲜事物、公众号召力强大等共性特征，他们在大众传播效果的形成过程中起着重要的中介或过滤作用，又如同传播节点上的一个个扩音器，将信息扩散给更多受众，精准地影响到自己的粉丝。简言之，意见领袖是人际传播的“领头羊”，可以形成传播的“羊群效应”。

意见领袖与隔壁老王一样，不一定是大人物，而是在每个圈层（同一个市场）中都有分布，如铁杆烟民老王说“十多年来，我只抽这款烟”，话短情长，信息量很丰富。从实践来看，卷烟消费的意见领袖除了渠道型之外，一般都是“女友可以换，香烟不能断”的忠实烟民，大致可划分为5种类型：

（1）渠道型意见领袖：销售渠道中的“专业腔”。

（2）潮流型意见领袖：新生代烟民、品牌首用者。

（3）圈层型意见领袖：垂直社群／圈层中的铁杆烟民。

（4）专家型意见领袖：专业人士中的老烟枪。

（5）社会型意见领袖：社交媒体上的大V烟民。

各品牌可结合实际情况确定各个市场各个圈层的意见领袖数量，太少达不到应有传播效果，太多则给企业增加管理成本。需要注意的是，成为真正的意

见领袖首先要是产品用户，其次是品牌粉丝甚至是品牌脑残粉（天使用户），他们之间的递进关系如图41所示：

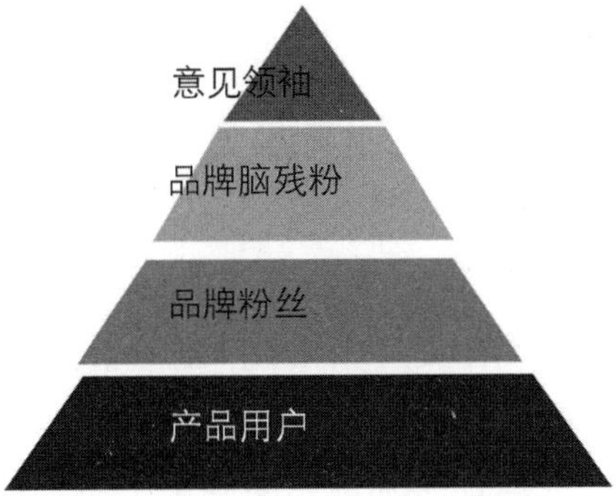


图41 品牌用户金字塔

如何激励意见领袖自发传播口碑？首先，赋予意见领袖以互动内容（优质、可信的内容），为他们设计“社交货币”。其次，保持体验互动，通过举办品鉴体验等互动活动，收集他们对品牌的看法或建议，并及时做出相应的改善措施。最后，加强与意见领袖的关系维护，提供个性化服务，适时表达“我叶良辰必有重谢”！如宝洁公司成立了专门的口碑营销公司Tremor公司，筛选25万个青少年志愿从事口碑营销，他们的主要任务就是参与新产品新理念的开发并且能够和周围的朋友传播分享他们的新理念。

实际上，任何一个企业主要的营销活动永远是用户完成的，而不是企业的营销部门与营销人员，营销部门只不过起到触发作用——刺激市场内的消费者、讨论者、意见领袖等人群的连锁反应，让他们“现身说法”“二次创作”，帮你营销，形成“撒豆成兵”的力量，千万用户千万兵。在一定程度上可以说，营销的最高境界是不仅让用户向你买，而且让用户替你卖，**营销的本质就是发动“吃瓜群众”**。

**三是适度借鉴“两众”理念**。线上口碑目前出现了“众包式”传播、“众筹式”传播等新型方式，或许值得卷烟品牌思考和借鉴（绝不能照搬）。

所谓“众包”（Crowd-sourcing），即“一个公司或机构把过去由员工执行的工作任务，以自由自愿的形式外包给非特定的（而且通常是大型的）大众网络的做法”。众包式传播，顾名思义，就是把传播信息通过网络分发给众多的用户自媒体来完成快速传播（链式反应）。

比较接近的还有众筹（crowd funding）式传播，字面上意思就是集中大家的智慧（资金）来做品牌传播，每个传播者都从中受益。如有些卷烟品牌曾经开展过邀请朋友帮助点火、帮助砍价等活动，就类似于众筹式传播。

无论是“众包式”还是“众筹式”传播，其关键都在于使参与者获得“社交货币”，让其尝到社交甜头，满足其社交需求。品牌营销要做的主要事情就是创造**“社交货币”**。“社交货币”包括但不限于口碑三大内容，一般有四种：第一种是痛点型，即抓住目标用户的需求痛点，知道他们真正需要的和迫切需要满足的需求；第二种是谈资型，即利用不对称的信息和违背预期与直觉的事件，来制造话题；第三种是名片型，即巧妙地为目标用户塑造名片，能让他直接利用这个名片来表达自己的个性；第四种是故事型，即用人格化、真实化、系列化的故事来感染、触动目标用户。如图42所示。

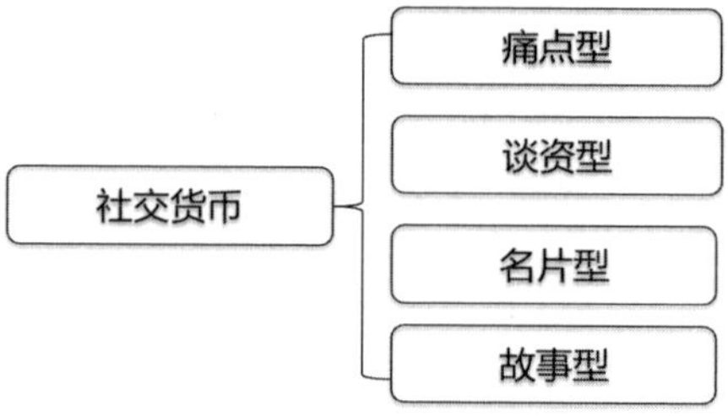


图42 社交货币的4种类型

## （三）怎么管

钱钟书先生曾幽默地说：“一个人不说你坏话时间的长短，取决于你最近一次请他吃饭所点菜的好坏。”正面口碑和负面口碑的辩证存在使得口碑成为一把双刃剑，负面口碑对品牌的消极影响要远远高于正面口碑对品牌的积极影响。因此，口碑营销是个系统的营销模式，口碑传播过程需要一个常设的组织去全程管理，引导用户声音，保证口碑的正向传播。

管理口碑是一件有待探索的事情，这里提出两点供营销老司机们参考：

**一是监测用户反馈**。无论营销活动搞得多么精彩，仍要将消费需求放在第一位，注重收集、监测用户对活动、产品以及品牌的反馈，据此改进产品或服务，这将使品牌展现给目标用户的是一个贴心形象，从而为品牌口碑加分。

**二是衡量口碑价值**。口碑价值能够让企业了解口碑对于品牌和产品的市场表现所产生的相对影响力，因而可用来分辨是何种因素推动或损害了口碑影响力。麦肯锡公司曾经开发了一种方法来计算口碑价值，用一条品牌信息的平均销售影响力来乘以品牌信息的数量，其衡量的是市场表现，而不仅仅是信息数量。但这并不适用于卷烟品牌，在用户社交行为数据库未建立之前，操作上有难度。

口碑传播的要诀，还可以提炼成两句话：

第一，**“心随精英，口随大众”**。立意要精，表达形式要大众化，用户愿意怎么说就怎么说（正面的）。

第二，**“念念不忘，必有回响”**。熟能生巧，重复就是天机，坚持正确的声音重复表达，直至形成一定的声浪。

隔壁的隔壁的隔壁的老王为什么能听到你的声音？道理很简单：一是声音动听；二是声浪不停。

当然，营销老司机也必须认识到，口碑不是“做”出来的，而是发自内心为用户创造价值后的必然结果。好的产品、好的服务自然催生口碑，这属于另外一个重大话题了，可参见本书《重新定义卷烟品牌》一章有关内容。

## 五、让你秒懂：干货盘点与小炒

1．口碑是品牌与用户之间擦出的“爱情火花”，谁也阻挡不住，禁止不了；口碑传播是后广告时代合法的传播方式。

2．接地气地说，口碑就是隔壁的隔壁的隔壁的老王都能听到你的声音。

3．品牌口碑的产生是一种化学反应。从产生根源和动机划分，口碑包括经验性口碑、继发性口碑和有意识口碑。

4．品牌口碑的传播是一种链式反应。内容、传递者身份和传播工具是口碑产生传播力的三大驱动因素。

5. 玩转口碑传播，要解决好“传什么”“怎么传”“怎么管”三大关键问题。

6. 传播内容围绕“事实”“故事”“人话”3个方面去设计，转化为驱动用户自发传播的“社交货币”。

7. 传播渠道要坚持走群众路线，通过线上线下让更多的目标用户成为口碑传播渠道。无论线下线上，关键都在于“找对人”。

8. 口碑传播必须管理，以保证口碑正向传播。

9. 口碑传播两大要诀：“心随精英，口随大众”；“念念不忘，必有回响”。

10. 口碑不是“做”出来的，而是发自内心为用户创造价值后的必然结果。

## 小贴士：品牌讲好故事的四大原则

**其一，KISS原则：务求简洁**

别想多了，这里的“KISS”原意是“Keep it Simple and Stupid”，源于大卫•马梅的电影理论。心理学研究表明，人类的心智对信息的处理是选择性的，并且心智对复杂的信息会产生天然厌倦并习惯性屏蔽。心智喜欢记住简洁的信息。因此，不要用繁复的信息和情节填满你的故事，最重要的是让受众体验它，去自行补充、创作情境。

**其二，蒸馏原则：寻找重心**

文学或剧本提供的范例如故事线八点法（背景、触发、探索、意外、选择、高潮、逆转、解决），是让人从外而内地构建出一个“好故事”，这显然是一个误会。好故事的诞生需要经历一个“蒸馏”的过程，需要将复杂的信息提炼成一个精彩的故事，并赋予它吸引力。

**其三，原型心理学：激活共鸣**

瑞士心理学家荣格认为，“原型”（archetype）是一种母题，是集体无意识下人类文化的共同象征。总有一些故事人物或类型在不同故事中反复出现，心理学家从原型心理学中发展总结出6种原型概念：孤儿，流浪者，战士，利他主义者，天真者，魔法师。人类的情绪种类繁多且变幻莫测，但相对容易被这些原型击中，许多著名的故事都脱胎于这6种原型。品牌的重点是用故事来传递情绪，情绪能使思想和表达思想的信息鲜活起来。

**其四，感官原则：放飞想象**

心理学研究表明，故事由人类负责社交和情感的大脑区域编码而成——大脑边缘系统、杏仁体，以及大脑中更加相信感官知觉的重要部分，而不是依靠大脑中善于记住符号、数字、字母的那部分。品牌故事需要懂得调动人们感知世界的视、听、嗅、味、触五种感官，以此模拟出颇具影响力的体验。充满感官细节的故事能够让人们的前额叶来不及考虑这个故事的可信度时，想象力就先行一步让人产生这种体验。

# 第十一章 重新定义事件传播

事件传播不是一个新话题。

问题是，禁止广告的卷烟品牌可以玩转事件传播么？

答案是——可能而且必须的。丑八怪也要谈恋爱，直到世界充满爱。玩事件、讲故事、传情感是每个品牌的底层需要，是发展的本能。

卷烟品牌在新《广告法》框架下玩玩事件传播，**有需要，也有空间**。道理很简单，《广告法》不能也无法禁止事件的发生，无法禁止用户之间自发产生的口碑传播。

## 一、什么是事件传播

事件传播集新闻效应、广告效应、公共关系、形象传播、客户关系于一体，既具有“四两拨千斤”的效果，也有可能“一战成名”，因而一直倍受企业青睐。

事件传播，在英文里叫做event marketing，国内有人把它直译为“事件营销”或者“活动营销”，是指企业在真实和不损害公众利益的前提下，有计划地策划、组织、举行和利用具有热点传播效应的事件吸引媒体和社会公众的兴趣和注意，以求提高企业或产品的知名度、美誉度，树立良好品牌形象，并最终促成产品或服务销售的营销手段与方式。

这样的描述略显冗长且偏理论化。一言以蔽之：**事件传播，就是借助或制造事件讲好品牌故事**。

其关键词是**“事件”**。先有“事件”，后有传播，“事件”是载体。

那么，问题来了——何谓“事件”？在物理学中，“事件”是由它的时间和空间所指定的时空中的一点；在百科里，“事件”定义为：**发生过的历史和现代事件**。事实上，每一天都在发生无数的“事件”，生活由一连串“事件”组成，历史由一连串“事件”组成，品牌也由一连串“事件”组成。长期“无事件”的品牌，就是没有市场活跃度的品牌，就是容易被消费者忽略或遗忘的品牌。

“事件”的类型多种多样，在事件传播中大体可以这样划分（见表15）：

**表15 事件传播的事件类型划分**

| 划分标准 | 事件类型 |
|---|---|
| 按推广目标划分 | 营销级事件、品牌级事件 |
| 按参与人群划分 | 指定人群事件、限定人群事件、开放人群事件 |
| 按传播范围划分 | 社区级事件、区域级事件、全国级事件 |
| 按事件发生的空间划分 | 现实事件、网络事件 |
| 按策划方式划分 | 主导事件、借力事件、联合事件 |
| …… | …… |

举个例子，烟草企业经常搞的新产品发布会算不算事件传播？这里要强调的是，一般公关活动与事件传播的重要区别在于：**传递信息的有无争议性和传播的互动性**。产品发布会就是某企业推出某新产品，功能如何，拔高一点就是对于业界的意义如何，传递的是一种没有多义性的信息，消费者看了，态度一般是知道了。事件传播呢？消费者的第一反应是，还有这事？从而可能进一步搜索相关信息，进行判断，形成自己的态度。这是营销老司机需要掌握的判断标准。

## 二、事件传播与故事营销

国内有两个广为人知的故事：一是1915年茅台酒在世界博览会上故意摔碎瓶子，一摔成名，茅台酒被评为世界名酒之一，并得了奖。二是1985年，76台海尔生产的“瑞雪”牌冰箱经检验不合格，张瑞敏果断命令责任者当众砸毁了这些不合格产品，这一砸，砸醒了职工的质量意识，砸出了海尔的信誉。

这两件事在当时都是“事件”，演变到今天成了经典的品牌“故事”。由此可知，故事源于事件。

你有事件，我有事件，两人才能相见又相恋，成为“有故事的人”；**你有故事，我有烟酒，**两人才能“友谊天长地久”。

今天再大的“事件”，明天都是“故事”；今天无“事件”，明天就无“故事”。任何一个品牌，既要有“王婆摔瓜”的事件意识，也要有“隔壁老王”的故事情怀。

事实上，中式卷烟品牌的发展与“事件”也密不可分。这里说几个不得不说的“事件”：

○ 1993年7月，蚌埠卷烟厂的黄山品牌问世，在合肥搞了一次全国性不记名品吸活动，将新品黄山、红塔山、中华等全国性著名品牌放在一起进行品吸，结果是：黄山烟排名第一、红塔山第二、中华第三。媒体纷纷报道，黄山一举成名，此事可谓开中国卷烟品牌事件传播之先河。

○ 1999年12月，湖南张家界，匈牙利特技飞行员皮特•贝森叶驾驶“白沙号”飞机第一个成功地穿越天门洞，CCTV、凤凰卫视、湖南卫视全球直播，亿万观众看到了白沙的飞翔梦想。这一事件成为白沙品牌后来持续玩转以“飞翔”为核心的事件传播的新起点。

○ 2004年，黄鹤楼1916上市，3三次发布公告推迟上市，将消费者的胃口一再吊起，直到2004年11月18日，1916才正式在武汉4个特许零售店面市，马上被抢购一空，“让上市成为盛事”。

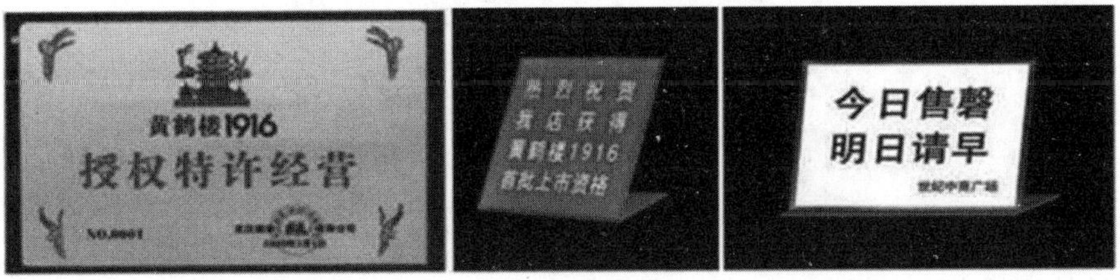


○ 2006年，广东中烟抓住青藏铁路（“天路”）全线开通和双春闰月婚嫁大年的机遇，策动了“缘定天路、喜传天下”世纪婚礼活动，特邀了凤凰卫视、网易及《南方都市报》等多家重量级媒体进行全程追踪报道，使双喜品牌“中国喜，传天下”的诉求广为传播，此事件跻身“2006年度中国十大营销事件”。

〇 2008年12月，南京市江宁区房管局原局长周某因对媒体发表“将查处低于成本价卖房的开发商”的言论，以及被网友人肉搜索，曝出其抽1500元一条的天价香烟，戴名表、开名车等问题，引起社会舆论极大关注，网友送其“最牛房管局长”“天价烟局长”等多个称谓。这一舆论事件意外导致南京（九五至尊）这包烟走红，堪称事件传播的“无心插柳”之作。

〇 2012年，作家莫言获得诺贝尔文学奖后不久，网上流传出代言泰山佛光的图文，文案《莫言三支烟》相当精彩：“我其实只有三支烟，一支遥寄北国瑞典，一支珍藏故乡高密，最后一支，夹于指间，为自己点燃创作的佛光。”虽然当事双方都否认了代言之说，但这一事件对传播泰山（佛光）这包烟还是起到了可遇不可求的作用。

这些事件经历岁月这把“杀猪刀”的宰割后，能否演化为久为传颂的品牌故事、成为事件传播真正成功的标志，值得研究。

## 三、社会化时代是事件传播的时代

随着社会化时代到来，社交成本急剧下降，人类社会走向关系社会，每一个有传播价值的“事件”都会变成品牌的一场传播盛宴。比如，2015年4月被称为“史上最有情怀的辞职信”引发了成百上千的品牌“情怀大爆发”；2016年4月科比退役引发数百个品牌借势狂欢；2017年3月中韩足球队长沙大战引发无数大小品牌血拼“中国红”，如此等等，这类现象不胜枚举。总之，社会化时代，品牌玩事件传播已成为每一天都可能的常态。

但，社会化时代的事件传播与以前有着明显不同：

**第一，事件时刻都在发生**。什么样的事件才是对品牌有价值的，这需要营销决策者善于洞察事件的背后玄机，企业要保持一颗随时随地蹭热度的心，有更加灵敏的反应能力和更专业的分工操作，做出快速反应。

**第二，红利期已经过去**。在全民拥抱热点的今天，一战成名的“网红效应”虽不能完全排除，但事件传播的红利期已经过去，它变成了品牌的常规化手段。

**第三，主要借助社会化媒体**。在人人都是自媒体、人人都是意见领袖的社会化传播中，既有泥牛入海式的传播困局，也有病毒式传播的可能。

**第四，更加注重用户体验**。用户体验是与用户之间建立起链接的起点与过程，事件传播不应成为品牌的“自嗨”，而是人民群众喜闻乐见的“狂欢”。

**第五，事件成为实施品牌整合传播的核心**。人们对“道理”不再感兴趣，更需要从“事件”中刷存在感，因此品牌商需要学会用事件来驱动传播，进而形成事件传播的习惯。

概而言之，在社会化时代，事件传播成为每个品牌的必修课，**以事件驱动传播**成为新趋势。新《广告法》施行以来，已无意中涌现出中南海、白沙（和天下）、娇子（宽窄）等卷烟品牌“网红”现象，就充分印证了社会化时代事件传播的魅力。

## 四、事件传播的两大基本玩法

归纳起来，事件传播有且只有两大玩法：

第一，借势；

第二，造势。

“势”是系统运行过程中的一种能量。《孙子兵法》曰，“激水之疾，至于漂石者，势也”“善战者，求之于势”。对于事件传播来说，“势”就是事件本身的“吸睛”效应与“话题”效应（传播价值）。

### （一）借势传播

所谓“借势”传播，说白了就是借东风，实施“快准狠”的即时整合营销。近年来，这方面代表性案例很多，每一个重大热点社会事件出现，都会有众多品牌蜂拥而上。比如2014年12月以来庆丰包子借势21元的“主席套餐”爆红网络，推出“庆丰包子铺主席套餐”。

玩转借势传播，关键在于正确评估：

**首先，评估事件的“势”**。借风，“风”是东风还是西风？“风级”究竟有多大？这首先需要正确评估，方向搞错了结果就会适得其反。比如，2015年有些品牌借势“刘翔离婚”事件、2016年有些品牌借势“王宝强离婚”事件、2017年有些品牌借势“白百合出轨”事件，虽然强行赋予一些正能量内容，但仍难以取得好的传播效果。

**其次，评估事件与品牌的关联**。事件营销的成败不仅取决于事件本身的

“势”能大小，而且取决于其与品牌的关联程度（也就是品牌在事件中充当什么角色）。如“天子”品牌敏锐抓住了“神州Ⅱ”的契机，精准找到“宇航员＝天子”这个关联点，推送了《不管广告法了，今天就要夸“天子”》《神Ⅱ成功着陆，欢迎“天子”回家》等文案，堪称经典案例。有些企业则盲目跟风，只要能与事件牵强附会搭上关系，就要硬往上贴，而不管与品牌诉求有没有关联，这样做显然毫无格调。

**最后，评估事件与企业形象的一致性**。“自黑”可以，但千万不能自毁企业及品牌形象。比如，2015年北京三里屯优衣库不雅视频流出后，部分品牌“搭车营销”，“把快乐建立在别人的痛苦之上”，其中不乏知名汽车品牌、服装品牌、手机品牌等，这不仅不能提升企业品牌形象，甚至引起公众反感，损害形象。

## （二）造势传播

所谓“造势”传播，就是没有东风，要像诸葛大神那样主动“兴风作浪，呼风唤雨”，即根据品牌个性、市场任务的趋向和重点去发现事件、创造事件。近年来这方面代表性案例也很多，可口可乐从2013年玩转“昵称瓶”到2014年“歌词瓶”再到2015年“台词瓶”，一脉相承，线上线下完全整合，从线上导流到线下，线下拿到瓶子后再回到线上晒照片，形成一个O2O闭环，与粉丝进行充分互动，不断刷新消费者体验。

可口可乐：从“昵称瓶”到“歌词瓶”再到“台词瓶”

玩转造势传播，关键在于煽风点火。在漂亮的造势传播中，品牌营销者的主要任务是点燃用户，让用户自己去绽放。

一般按照“四步法”去煽风点火（见图43）：

**步骤1：寻找引爆点**。洞察时代趋势与用户心理，找准引爆点是关键中的关键，重点中的难点。如褚橙在互联网上的热销，在于找到了“励志橙”这个引爆点。

**步骤2：多平台亮相**。在社会化时代，有的企业微信微博粉丝总共只有几万人，要想迅速引爆是很困难的，必须多平台推送、多平台亮相。如在褚橙的引爆中，王石、徐小平、韩寒等名人微博转发起到了重要的“点火”效应。

**步骤3：戏剧化冲突**。冲突是故事的核心，话题是事件的核心。褚时健的创业本身就是充满了坎坷、传奇、冲突的一部精彩人生大戏。

**步骤4：持续传播力**。品牌充当意见领袖或邀请其他意见领袖，发挥“环境威力”，不断发酵，强化互动。“事件”结束了，“营销”没有结束，要继续打出招招跟进的“组合拳”，提升从“营”到“销”的转化率。

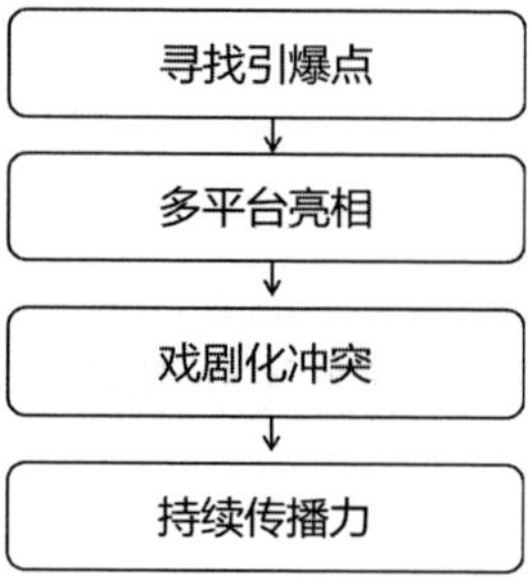


图43 造势“四步法”

## 五、事件传播的“五顶思维帽”

事件传播从单个事件来看虽然属于短期战术行为，但从长期来看则属于企业品牌塑造链上的一环，是一种战略行为，对慎用事件传播的卷烟品牌来说更是如此。营销老司机如何策划出牛气的事件传播？又如何衡量事件传播是牛气还是傻憨？学会这“五顶思维帽”，既是思考方法，也是评判标准。

### 思维帽1：事件

即具象行为的发生。每一次事件实际上都依托于品牌背书，用户会通过事件认识品牌，因此，要站在整个品牌战略和品牌管理的角度一致性地考虑“事件”，而不只是追求短期的“3分钟爽的轰动效应”。评估、选择“事件”应遵循3个基本标准：差异化（眼球效应），时代特质（话题效应），非负面意义（正能量效应）。也就是说，越是足够差异化的、具有鲜明时代特质的、具有强大正能量效应的事件，越是能点燃“吃瓜群众”情感的“好事件”。如图44所示。

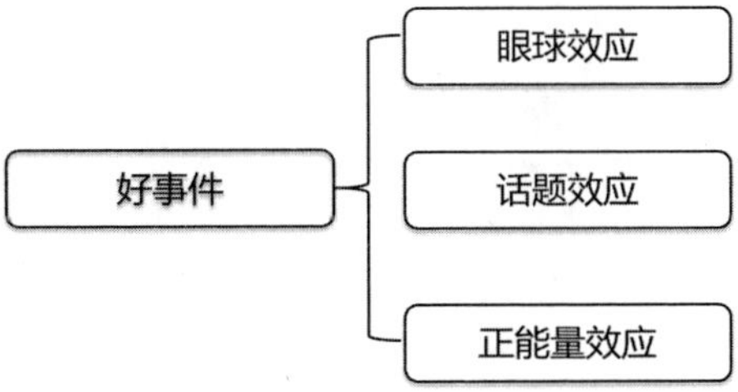


图44 好事件评判标准

### 思维帽2：角色

即品牌或产品在事件中充当什么样的角色（道具）。比如说矿泉水品牌赞助李娜网球赛，娜姐在喝的时候必须是拿起这瓶水，产品在这个事件传播当中是有重要角色的，角色反映了品牌与事件的关联度。一般规律是，品牌/产品在事件中的角色越重要，就越是“好事件”“好营销”。

思维帽3：诉求

即所传达的信息是否明确并且易于被受众感知。比如在白沙的事件传播中，无论是借势还是造势，都紧紧扣住了“飞翔”的核心诉求，几乎每一个震动心灵的时刻必有白沙，传达给受众的信息十分清晰，形成了品牌自身的事件传播特色，让消费者对品牌的记忆历久常新。

思维帽4：用户体验

即是否能给参与事件的人带来冲击，留下深刻而美好的印象。品牌要站在用户体验的角度考虑问题，引导用户参与互动，既不要高估用户的品牌忠诚度，也不要低估用户的品味。在今天，用户需求的是有营养、有温度、有趣味的感受。如善于玩事件的加多宝在2016年调侃革命烈士邱少云事件不仅低级无趣，而且踩踏了政治底线，“事件”变成了“事变”，给品牌带来了极大的负面影响。这当然也涉及事件传播的风险防范与控制问题，任何时候都不得违反有关法律、法规及管理条例。

思维帽5：传播效应

即各种传播形式对受众产生影响的范围和程度，其中最重要的是能否引发设定受众（目标用户）的关注。只有让受众感到有趣，才能获得传播，这是社会化传播永远颠扑不破的道理。当然，利用“众包”“众筹”等新型方式可以显著放大传播效应，但卷烟品牌原则上应慎用（参见本书《重新定义口碑传播》一章有关内容）。

最后，对事件传播的“五顶思维帽”加以综述，如表16所示：

表16 事件传播“五顶思维帽”

| 要素 | 描述 | 评判标准 |
|---|---|---|
| 事件 | 具象行为的发生 | 差异化，时代特质，非负面意义 |
| 角色 | 品牌在事件中的道具性 | 品牌在事件中充当角色的重要程度 |
| 诉求 | 传递信息的明确性 | 信息是否明确并且易于被受众感知 |
| 用户体验 | 直接或间接的感受与印象 | 体验的正面性、丰富性与强度 |
| 传播效应 | 对受众影响的范围与程度 | 参与事件人数，营销传播覆盖面 |

## 六、让你秒懂：干货盘点与小炒

1．事件传播，就是借助或制造事件来讲好品牌故事。区分一般公关活动与事件传播的标准是：传递信息的有无争议性和传播的互动性。

2．故事源于事件。品牌既要有事件意识，也要有故事情怀。

3．社会化时代，事件传播成为每个品牌的必修课。品牌需要学会用事件来驱动传播。

4．事件传播主要有两大玩法：“借势”和“造势”。

5．玩转借势传播，关键在于正确评估：评估事件的“势”，评估事件与品牌的关联，评估事件与形象的一致性。

6．玩转造势传播，关键在于煽风点火：点燃用户，让用户自己去绽放。一般可按照“四步法”去煽风点火。

7．事件、角色、诉求、用户体验和传播效应这“五顶思维帽”，既是策划事件传播的思考方法，也是衡量事件传播的评判标准。

8．事件传播是一把双刃剑，需高度注意防范与控制风险。

9．卷烟品牌发展历来与“事件”密不可分。在禁止一切广告的大环境下，“事件”是一个可能的风口。

## 小贴士：卷烟品牌借势“南海风云”彰显责任

有营销老司机可能会认为，在后广告时代卷烟品牌没有借势的机会。这里以2016年7月发生的所谓的“南海仲裁事件”为例，中南海、贵烟、中华、泰山等卷烟品牌借势南海风云，展示了实力、传递了责任、树立了形象。海口卷烟厂甚至借势推出了新品“三沙”，鲜亮地打出了“爱党爱国爱三沙”的传播口号。这些应该说不仅不违背《广告法》，反而赢得了广大消费者的高度认同。

1. 占有得天独厚条件的品牌当然是中南海，采取用户制造内容的方式：

2. 中华通过非正式渠道关联品牌，名正言顺地借题发挥，诉求“火力全开”：

3．贵烟精心制作了一个“贵”字，诉求“贵是一种责任”：

4．泰山俱乐部富有创意地打出“心系南海，国泰民安”的诉求：

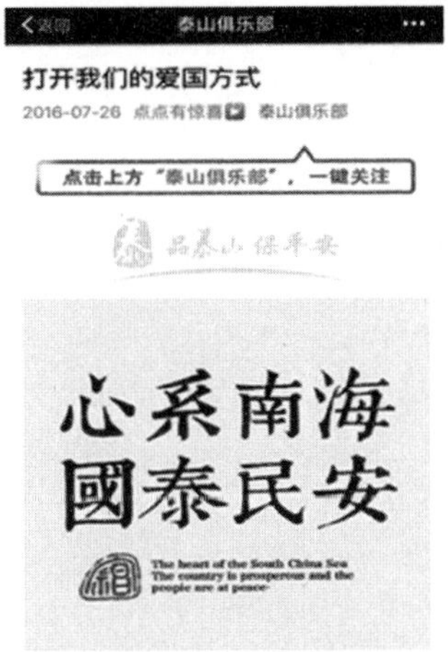


面朝大海，春暖花开。所有营销老司机都应向这些有格调的卷烟品牌传播实践致敬！

# 第三篇　回归简单

本篇以重新定义**“卷烟营销”**这个核心概念为引子，尝试对实践中的**终端营销**、**体验营销**、**社群营销**、**跨界营销**、**数据营销**等营销理念或概念予以重新界定，同时对**市场调查**、**货源投放**及**营销组织**等有关概念进行重新审视，旨在回归简单。遇见本篇文字，你可能收获“简单”，也可能收获“不简单”……

# 第十二章 重新定义卷烟营销

营销是个劳苦的职业，既要“劳心”，也要“劳力”。

做人难，做营销人难，做卷烟营销人更难。卷烟营销就是“戴着镣铐跳舞”，在营销与反营销中挣扎，每位卷烟营销老司机身上都压着“销量、结构、品牌培育”三座大山，以及随时会来的临时任务。

菲利普•科特勒曾预言：“每隔10年，营销的面貌会焕然一新。”移动化的生活、数字化的崛起正在改变营销的一切，原先的营销黄金定律正在失去效用。越是营销老司机越是不免有些恍惚：卷烟营销究竟要做什么？需要哪些高阶技能？这就涉及对卷烟营销的正本清源、重新定义与观念矫正。

## 一、耍流氓久了，有可能不会恋爱

曾经的“黄金十年”里，在烟草专卖体制的庇护下，在稍紧平衡的市场状态下，在吸食需求的刚性拉动下，卷烟销售（卖烟）总体是粗放简单的，销量不是问题，结构不是问题，增长更不是问题，问题是如何调控增长。尽管如此，国家烟草专卖局仍然从行业长远发展的高度，坚持不懈地推进卷烟销售网络建设，推进电子商务建设，由传统的批发模式向现代卷烟流通转变。在转变过程中，卖烟这个简单的行为变得越来越专业、越来越复杂，行业各级人士也越来越认识到，走市场化取向之路、实施真正的市场营销是卷烟销售发展的必然趋势。

基于此，国家烟草专卖局先后试点探索了“按客户订单组织货源”、卷烟营销市场化取向改革，提出了建立工商零一体化面向消费者营销体系的重大命题，也提出了由卷烟销售向卷烟营销转型的重要任务。其中，节点性事件与观点主要有：

○ 2009年徐州卷烟销售网络建设现场会上，第一次明确提出：“坚持三位一体，全面建设面向消费者的现代营销体系。”

○ 2013年西安卷烟销售网络建设现场会上，国家烟草专卖局领导进一步阐述道：“在面向消费者的现代卷烟营销体系中，零售终端是前台，商业是中台，工业是后台，共同构成前中后台一体化的运作体系。”

○ 在2014年以来的卷烟营销市场化取向改革试点的指导文件中，反复强调部署“按照商业搭台、工业唱戏的思路，建立工业营销品牌、商业拓展渠道、工商零共同营销消费者的一体化营销模式”。推动营销模式从“推销”向“拉销”转变。

事情的变化也正是发生在2014年前后，随着需求拐点“逼近”，市场状态由稍紧平衡走向供大于求，在许多地方，卷烟销量成了严峻的问题，且税利增长成了难题，无法回避的难题。压力之下，有的烟草企业挥动“压、放、快”三大板斧，采用“一级压一级”、层层分解任务的**推动式、压迫式销售，**简单粗暴地把商业库存转移为零售库存。客户经理们“5+2”“白加黑”，辛辛苦苦地拜访零售客户，动之以情，晓之以理，使上十八般兵器，目的只有一个——压货，让零售客户订更多的货。但市场行情越是不景气，零售客户订货意愿越低，客户经理越是上门推销，零售客户越是不敢订货，就这样陷入一个恶性循环。习惯做“库存搬运工”的烟草企业，已无法把自己的库存顺畅地搬运到零售客户那里了！

为什么搬不动了？一个重要原因是“压货式”销售已经走到尽头。压货式销售只关注销量结果，不重销售过程，简单粗暴地通过转移库存达成考核指标，不管终端动不动销，不管消费者购不购买，持续下去的结果必然是库存高企、价格低迷、市场状态疲软，甚至压跑客户（渠道丧失信心）、压碎品牌（品牌失去活力）、压垮市场（市场扭曲状态）。

一切库存转移式销售、压货式销售，本质上都是**耍流氓**，把客户的“肚子”（库存）搞大，然后拍拍屁股走人。耍流氓久了，会有一个后遗症，那就是一旦要认真恋爱时，反而有些不适应了（营销老司机有没有这个体会？）。

## 二、从销售到营销，是转型更是爱的转身

国家烟草专卖局反复强调推动职能转型——从销售向营销转变。要实现这个转变，看似容易实则不易。现实中，绝大多数传统企业将营销视为销售，很多营销老司机也将营销和销售混为一谈，做的明明是“销售”但总认为自己在做“营销”，或者，即使思想上分清了“营”与“销”的区别，行动上仍然重视“销”，忽视“营”。

### （一）营销和销售，是不同时期的理念

概括起来，企业满足客户需求大致经历了3个时期：

第一个时期：**“数量的满足”**。物资匮乏，商品不足，企业只要加大产量、满足市场要求就可以获得发展。此时的企业不用考虑客户有哪些需求，无需思考如何创造客户，也无需进行主动销售。亨利•福特有一句牛气的话可以透露出那个时期的市场供需概况——无论你需要什么颜色的汽车，福特只有黑色的。

第二个时期：**“品质的满足”**。随着市场的日趋繁荣，商品量的不断增加，市场逐渐向买方倾斜，人们开始注重商品的品质。这个时期的企业主要依靠提升产品的品质来获得销量，随着市场竞争的加剧，企业要获得更多的销量，开始进行主动“销售”来实现，强调的是价格、渠道、促销、队伍组建及培训，侧重于短、中期目标的实现。

第三个时期：**“人性的满足”**。随着市场由以前的卖方市场转变为纯粹的买方市场，用户获取信息的渠道更加多样和便捷，他们之间的互动也变得更多元、更容易，用户同时关注的是品牌形象、商品品质、交易方式、售前及售后服务等。因此，这个时期真正意义上的“营销”开始出现，着力于满足人们的情感和内在需求，并鼓励他们去就自己关于品牌的愉悦和满足进行分享。

## （二）不一样的爱：营销与销售的区别

关于“营”和“销”之区别，叶良辰表示：我至少有100种方法让你将其区分清楚。详见表17所示。

**表17 营销与销售的巨大区别**

| 序号 | 销（sales） | 营（marketing） |
|---|---|---|
| 1 | 注重卖方需要 | 注重买方需求 |
| 2 | 一种战术思考 | 一种战略思考 |
| 3 | 一种由内向外的思维方式 | 一种由外而内的思维方式 |
| 4 | 一种被动的售卖行为 | 一种主动的市场开发行为 |
| 5 | 注重短期目标 | 注重长远目标 |
| 6 | 解决产品—货币转换层面的事 | 解决企业—用户关系层面的事 |
| 7 | 起点是企业，关注现有产品 | 起点是市场，关注用户需求 |
| 8 | 满足需求，创造回款 | 发现需求，创造用户 |
| 9 | 把产品变成现金 | 把需求变成市场 |
| 10 | 把已有的产品卖出去 | 做目标用户愿意买的产品 |
| 11 | 根据产品价值来找客户 | 根据用户需求来做产品 |
| 12 | “卖”：企业用价格把产品卖出去 | “买”：用户以产品把价格买回去 |
| 13 | 把产品卖到客户手里 | 把产品卖到用户心里 |
| 14 | 以渠道建设为主要管理方向 | 以用户服务为管理核心 |
| 15 | 把产品“推”到客户面前 | 把用户“拉”到产品面前 |
| 16 | 强迫零售商痛苦销售 | 鼓舞经销商快乐销售 |
| 17 | 是交易过程，快捷、便利、安全是重要因素 | 是情感过程，体验、参与、服务是重要因素 |
| 18 | 注重技巧与方法 | 建立持续运营系统 |

（续表）

| | | |
|---|---|---|
| 19 | 注重技术概念的推广 | 注重情感氛围的营造 |
| 20 | 要费更多的体力 | 更强调脑力劳动 |
| 21 | 见到客户就捕鱼，不论鱼大小 | 根据鱼的特点先织网、再捕鱼 |
| 22 | 合作者之间彼此忍受 | 合作者之间相互享受 |
| 23 | …… | …… |

比较了这么多还没有整明白？一言以蔽之，销售就是**以“卖”为出发点**，营销就是**以“买”为出发点**，没有“买”哪有“卖”，没有“恋”哪有“爱”？许多烟草商业企业动辄喜欢说解决“卖什么、卖多少、卖给谁、怎么卖”4个问题，本质上都是销售思维根深蒂固。如果还不明白，那么这样一句话可以让所有营销老司机内心骚动、永志不忘：**销售是做爱，营销是恋爱**。做爱，简单地讲就是成交，一手交钱、一手交货，好的过程还会让用户很爽，幸福满满；恋爱，简单地讲就是把目标用户的情绪、情感及欲望调动起来，建立并维持如胶似漆的恋爱关系，甚至为你痴为你狂。

恋爱的本质是建立关系、强化关系。营销“菜鸟”会说：让我们发生关系吧，一起滚床单吧；营销老司机则会暗示：我们在一起很快乐！苹果就是个中高手，每一次产品未上市，先把市场前戏做足，把目标用户调动得很饥渴，销售自然就容易了：排队吧。

### （三）又是一样的爱：营销和销售的紧密联系

营销＝“营”＋“销”，完整的营销是两者的统一。就重要性而言，不好比较，缺一不可。没有“营”的“销”，就是耍流氓，霸王硬上弓；没有“销”的“营”，就是意淫，没有任何结果。“营”与“销”又是互动的，“营”的效果决定“销”的结果，越爱越做；“销”的结果反过来又会影响“营”的效果，越做越爱。

从资源配置的角度看，“七分营，三分销”，“营”的资源配置要占70%，“销”的资源配置占30%，正如恋爱所消耗的精力会远远大于做爱所消耗的体力。“营”的目的是让“销”变得更简单甚至不必要，管理学大咖德鲁克就说过：营销就是让销售成为多余。就卷烟市场现阶段的状态而言，当“销”成为问题时，烟草企业需要弱化、淡化“销”的思维与行为，因为“销”的问题很多时候不是“销”可以解决的，功夫在诗外，要靠“营”来让“销”变得水到渠成。

烟草企业推动营销模式转型，就是从只注重“销”向注重“营”转变，从聚焦零售客户向聚焦消费者转变，从关注“零售客户怎么卖烟”向研究“消费者怎么买烟”转变，从做“零售客户的供应商”向做“消费者的供应商”转变。这不仅是思维方式的转变、行为方式的转变，更是组织职能的转变、资源配置方式的转变。

## 三、卷烟营销的两大反应过程

先来重温下大咖们对“营销”的定义。

美国市场营销协会（AMA）给出的定义是：市场营销是在创造、沟通、传播和交换产品中，为顾客、客户、合作伙伴以及整个社会带来价值的一系列活动、过程和体系（该定义于2013年7月通过美国市场营销协会董事会一致审核）。

迈克尔•波特给出的定义是：“你为得到或者保持一个客户所做的一切都是营销。”这一定义非常简单，但含义完整，包括与新的潜在客户建立联系，以及从现有客户那里得到更多业务。

菲利普•科特勒给出的定义是：市场营销是个人和集体通过创造产品和价值，并同别人自由交换产品和价值，来获得其所需所欲之物的一种社会和管理过程。这一定义提出了“交换”是市场营销的核心（温馨提示：是“交换”不是“交易”），通过“交换”这一活动使交换双方的需求得到满足，营销的最终目标是“使个人或群体满足欲望和需求”。

国内也有学者提出过多种定义，一个通俗易懂的例子，如：市场营销是在适当的时间、适当的地方，以适当的价格、适当的信息沟通和促销手段，向适当的消费者提供适当的产品和服务。

上述这些“营销”定义固然有其经典的一面，但进入移动互联网时代以来的营销环境已经发生了天翻地覆的变化，营销理念与手段也在快速迭代升级，社群营销、跨界营销、体验营销、数据营销等新型营销理念与方式呼之欲出。

真正意义上的卷烟营销，既不需要拘泥于经典定义，也不应迷惑于多变环境，因为卷烟产品特性决定了只能**在反营销中有限地实施营销**，烟草专卖体制决定了只能在计划中有限地面向市场。

卷烟营销的初心是恋爱，恋爱是个复杂的生理心理反应过程。从消费场景／操作实务的角度看，卷烟营销包括两个完整的过程：

第一，把香烟变成烟灰（生理反应）。

第二，把品牌变成口碑（心理反应）。

把香烟变成烟灰，是卷烟营销的第一个完整过程。这个过程包括产品研发、产品生产、工商调拨、商业批发、终端零售、消费反馈6个环节。对照实际来看，这6个环节被分解给工、商、零3个主体承担，工业企业内部涉及研发、生产、营销等部门，商业企业内部涉及省级、地市级、区县级等层级，要有序高效地以用户为中心实施这个过程并不容易，比如消费反馈这个环节就长期没有得到有效实施。因此，烟草企业需要的不仅是协同营销（工商协同、商零协同），更是整体营销，从研发、生产开始导入“营”的思维的整体营销，围绕消费者吸烟行为、购烟行为进行价值设计的整体营销。

把品牌变成口碑，是卷烟营销的第二个完整过程。这事实上与第一个过程同步，包括口碑设计、口碑传播、口碑管理3个主要环节。对照实际来看，口碑设计主要由工业企业承担，口碑传播工商零都在承担，口碑管理则分解为工商企业各自承担一部分。长期以来烟草企业用抽象模糊的“品牌培育”概念统领了这个过程，在实际操作中，品牌培育被简化为“知名度、上柜率、再购率”等指标，导致“口碑”沦落成一个虚无缥缈、查无实证的“传说”。

把香烟变成烟灰，是卷烟营销的明线（容易）；把品牌变成口碑，是卷烟营销的暗线（困难）。两条线同步运作、完整运作，才是卷烟营销的全部。如图45所示。

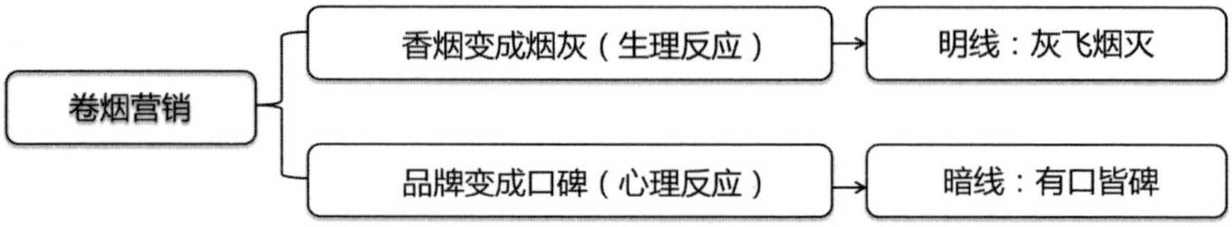


图45 卷烟营销的两大反应过程

明线是恋爱中的身体互动，为精神互动铺垫基础；

暗线是恋爱中的精神互动，为身体互动升华意义。

明线要抓目标用户的“痛点”，瞄准改变其吸烟行为；

暗线要抓目标用户的“爽点”，瞄准改变其购烟行为。

明线要以工商零为主体，实现整体营销下的高效协同；

暗线要以消费者为主体，让用户真正成为品牌的主角。

明线最主要的业绩是“灰飞烟灭”；

暗线最重要的业绩是“有口皆碑”。

以这一营销原理指导新品培育，就要求新品都必须选点投放，而且选点客户应能落实拆零销售、实价销售。只有拆零销售，才能普遍发生真实的消费行为，“让香烟变成烟灰”；只有实价销售，才能普遍建立正面的品牌认知，“把品牌变成口碑”。如果零售客户不愿意拆零销售、难以做到实价销售，则说明稳定而有规模的消费群体还没有形成，消费拉动力还不够。

## 四、卷烟营销人的三大高阶技能

读懂了卷烟营销，理解并掌握了营销的明线与暗线，那么，怎样玩出有明线又有暗线、有料又有范儿的营销？具体到每位营销老司机又要具备哪些技能？

## （一）经典理论中的三大高阶技能

根据营销理论发展，为了高端大气上档次，可将营销老司机的三大高阶技能列成一个公式，用类同恋爱的过程作出通俗形象的解读：

营销能力＝STP＋4P＋CRM

1. STP。通过对客户的洞察与市场调查，了解客户有哪几类（S，市场细分），自己最有优势吸引的是哪类客户（T，目标市场选择），自己要在这类客户大脑中占据“最”什么或“第一”什么的位置（P，定位）。这是一个战略性问题，直接关系到撩到什么样的客户。

2. 4P。完成STP之后，就是进行最本质的工作，提供价值给客户，满足客户的需求并从他身上获得回报。以独占目标客户大脑中的目标位置为出发点为客户制造产品价值与塑造品牌价值（4P之“产品与价格”）、提供产品与品牌价值（4P之“渠道”）、传播产品价值与品牌价值（4P之“宣传促销”）。此外，还有其他一些套路，如4C、4R等 。

3. CRM。做好上述价值创造工作，就可以通过客户关系管理（CRM）与客户建立并维持关系，且持续获得想要的“顾客终生价值”（customer lifetime value），让她（他）一辈子成为你的粉丝。

稍微不同的是，恋爱原则上你只能面对一个客户，营销你则要面对很多客户，因此，需要建立客户档案并为他们贴上“A”“B”“C”之类的标签。正所谓“给1个女（男）神当备胎，你永远是备胎；给10个女（男）神当备胎，女（男）神就是你备胎”。

## （二）卷烟营销实践中的三大高阶技能

如果仅仅掌握经典套路，那你就out了。营销老司机还要掌握实践中的三大高阶技能：读懂他（她），打动他（她），链接他（她）。需要再次强调的是，他（她）是指消费用户（恋爱对象），而不是零售客户（合作伙伴）。

1. **读懂他（她）**。读懂爱人是做人一辈子的修行，读懂消费用户是营销人一辈子的修行。读懂他（她）的前提当然是找到他（她）（消费者调查、消费者跟踪等），读懂他（她）有3层含义：

第一，读懂需求好追求，要进行消费需求分析与预测。

第二，读懂行为才默契，要进行消费行为特点及趋势分析。

第三，层层剥衣看真相，要进行细分市场分析与用户画像（参见本书《重新定义卷烟市场》一章相关内容）。

读懂他（她）不仅要靠经验，更要靠数据。数据就像美女身上的比基尼，营销老司机不仅会看到引人遐思的露出部分，更会洞悉那最重要的隐含部分。

2. **打动他（她）**。所谓“打”，是传达给他（她）；所谓“动”是促使他（她）付诸行动。他（她）要付诸怎样的行动？改变自己的吸烟行为、购烟行为（把香烟变成烟灰），或者改变自己的品牌行为、社交行为（把品牌变成口碑）。直接的打动是改变吸烟行为、购烟行为（吸食量的改变、消费档次的改变、购买习惯的改变等），深层的打动是改变品牌行为、社交行为（品牌偏好的改变、分享习惯的养成等）。按照人类行为的一般模式即S–O–R模式（刺激–个体生理、心理–反应），他（她）的购买行为是由刺激所引起的。从消费行为的形成机理看，主要有两大刺激环节：一是把他（她）的需要刺激成为消费动机（唤醒或强化动机）；二是把他（她）的需求刺激为消费行为（行为转化）。如图46所示：

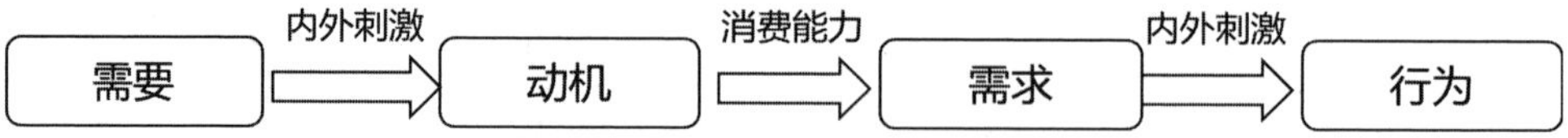


图46 消费行为形成的基本机理

购买卷烟算不上什么复杂的购买行为，绝大多数用户会基于习惯性购买。动机唤醒／强化环节的主要刺激策略来自产品、价格这两个“P”，比如差异化的产品、良好的品牌形象会提供或强化某些用户对某个品牌的消费动机（“提供购买动机”是品牌为用户提供的重要价值之一）；行为转化环节的主要刺激策略来自渠道、促销这两个“P”，比如提供合适的信息、营造生动的情景会转化某些用户的消费行为。当然，情感互动要贯穿始终，实施有诚意、有温度的刺激，实施能赢得心动感、尖叫度的刺激，则可固化用户消费行为。因此，在一定程度上可说，**营销就是刺激**，用梦想或闹钟唤醒那些睡着了的消费者。工业企业负责通过产品/品牌唤醒或强化消费动机，商业企业在工业的协同下负责在终端进行行为转化，从而形成整体营销，用公式即表达为：

整体营销＝唤醒/强化消费动机＋转化消费行为

3. **链接他（她）**。恋爱是一场马拉松，不是一夜情；是长久的温情陪伴，不是激情约炮。因此，读懂他（她）、打动他（她）之后最重要的事情是长久的链接他（她）。如何长久链接他（她）？传统的客户关系管理已经不够了，而是要实施用户终身价值管理。在社群化时代要做到：

第一，以品牌（产品）社群链接。

第二，以俱乐部（会员制、积分制）链接。

两种链接途径都要用：社群是维系关系，情感保鲜；俱乐部是给予实惠，兑现干货。

具备这3个方面高阶技能的营销老司机，将永不落伍，愈战愈勇，**“营销做得好，天天韦小宝”**。

## 五、让你秒懂：干货盘点与小炒

1. 一切库存转移式销售、压货式销售，本质上都是耍流氓。“压货式”销售已经走到尽头。

2. 营销与销售，都是“爱”但是不一样的爱：销售是做爱，营销是恋爱。

3. 营销＝“营”＋“销”，完整的营销是两者的统一。没有“营”的“销”是耍流氓；没有“销”的“营”是意淫。

4. 从资源配置的角度看，“七分营，三分销”，“营”的资源配置要占70%，“销”的资源配置占30%。

5. 烟草企业的营销职能转型，不仅是思维方式的转变、行为方式的转变，更是资源配置方式的转变。

6. 从操作实务的角度重新定义卷烟营销：第一，把香烟变成烟灰；第二，把品牌变成口碑。两个过程同步运作，整体运作。

7. 营销老司机要掌握三大高阶技能：读懂他（她），打动他（她），链接他（她）。

8. 读懂他（她），读懂需求好追求，读懂行为才默契，层层剥衣看真相。

9. 打动 他（她），就是改变用户的吸烟行为、购烟行为、品牌行为、社交行为。

10. 链接他（她），以品牌社群和俱乐部等形式链接用户，实施用户终身价值管理。

## 小贴士：驱动卷烟单品业绩增长实战16式

在卷烟销售总量下降、卷烟品牌销量普遍下降的大背景下，卷烟品牌发展进一步地步入“存量分割”时代，“蛋糕只有那么大，你多我就少”，所有品牌都增长是不可能的，但某个品牌、某个规格实现业绩增长是完全可能的。因此，重要的问题是，如何找到行之有效的品牌业绩增长模式？

低水平的企业会首先制定目标，强调“目标引领”，但目标就一定能实现吗？水平高一点的企业在给出目标的同时也给出策略，强调“策略先行”，但策略就能一定得到有效执行吗？这些都是**“旱烟袋打鸟——不是真腔（枪）”**。真正建立起业绩增长模式的企业，把关键指标转化为关键策略，把关键策略转化为关键动作。

品牌营销业绩究竟怎么来的？从原点出发，业绩来自于量与价，量是基础，价是关键，量价统一的方法就是打造规模与结构兼具的爆款单品。这是一个战略取舍问题，需要提前解决。

打造一款牛气的爆品，原理没有那么复杂，但操作没有那么简单。按照**“穷尽可能、无限细分”**的多维思考法则，聚焦关键要素、设计关键动作，把可能变成可行、把可行变成必行、把必行变成结果。

“穷尽可能”，其实只有两种可能：第一，拓展消费群体。第二，增加消费频次。

## （一）怎样拓展消费群体

拓展消费群体，就是在巩固原有消费群体的基础上，扩展消费群体人数，让更多的烟民来抽这包烟。按照“穷尽可能”法则思考，只有两种可能：第一，“吸引”（其他品牌消费者）。第二，“引诱”（新加入的消费者）。

### 1. “吸引”六式

把其他品牌消费者“吸引”过来，这叫“市场切割”。按照“穷尽可能”法则，也只有两种可能：

第一，以品牌“吸引”，这是高规格的“吸引”。

第二，在终端“吸引”，这是接地气的“吸引”。

“品牌吸引”成功的诀窍在于你的品牌价值观、品牌文化、品牌形象要能打动消费者，赢得他们的认同。这事比较复杂甚至有些玄乎，要将之简单化，分解为前线人员可以操作的关键动作。

（1）坚持讲好一个传递品牌价值观的故事（利用一切途径讲，反复讲），讲到大多数消费者都能耳熟能详、脱口而出（第1式）。

（2）坚持展示一个清晰的、符号化的品牌形象（利用一切途径展示，始终保持一个形象），使大多数消费者都能“见色起意”（第2式）。

“终端勾引”成功的诀窍在于进行有效的终端拦截，在柜台前拦截、改变消费者的购买行为。这事相对简单，但也要分解成一线人员能够熟练操作的关键动作。

（1）陈列拦截。即陈列色彩更亮，陈列位置更优，陈列面积更大（第3式）。

（2）宣传拦截。即在终端宣传人无我有，人有我优，人优我特（第4式）。

（3）口碑拦截。即零售客户愿意主动推介，恰当推介（第5式）。

（4）促销拦截。即围绕改变购买行为设计利益点，开展促销活动（第6式）。

**2．“引诱”五式**

把新加入的消费者（新烟民）“引诱”过来，这叫“市场抢占”。按照“穷尽可能”法则，有3种可能：

第一，产品引诱。

第二，渠道贴近。

第三，活动魅惑。

产品引诱，就是产品格调符合新生代烟民需求，这需要从产品研发开始，营销环节略过不表。

渠道贴近，就是将这包烟投放到离新生代烟民最近的地方，一线人员可以操作的关键动作有：

（1）市场细分，找到新生代烟民聚焦的“同一个市场”（第7式）。

（2）市场渗透，在“同一个市场”内的零售终端密集投放，第一阶段定点限量，第二阶段扩点限量（第8式）。

活动魅惑的诀窍在于实施培养新生代烟民品牌兴趣的宣传促销活动，对老烟民可以“利诱”，对新烟民只能“魅惑”。一线人员可以操作的关键动作有：

（1）策划以吸粉为目的、以互动为形式的活动（第9式）。

（2）线上找到社群内的意见领袖，并发起非广告传播活动（第10式）。

（3）线下到密集投放的零售终端有节奏地实施活动（第11式）。

### （二）怎样增加消费频次

增加消费频次其实就是提高人均吸食量，就是在稳定消费者原有吸食量的基础上，利用“需求张力”原理，让每个烟民多消费一点点。按照“穷尽可能”法则思考，只有3种可能：

第一，物理性增加。

第二，化学性增加。

第三，策略性增加。

**1．物理性增加**

物理性增加，即以产品的“低”、“细”、“短”等属性使消费者在无形中多消费一点点，这是产品研发层面埋下的“心机”，按下不表。

**2．化学性增加**

化学性增加，即以消费者的化学反应（心理反应）为基础，让消费者在无形中多消费一点点。有两种可能：

第一，口感，发生在唇间。

第二，口碑，发生在心底。

口感取决于产品，也取决于消费习惯。烟民是一群特殊的吃货，好吃的东西忍不住要多吃点。一线人员可以操作的关键动作有：

（1）情景化、生动化的口感传播（第12式）。

（2）全程体验化的品吸活动（第13式）。

口碑取决于产品，也取决于品牌故事。烟民总体是具有分享心的群体，乐于分享好烟。一线人员可以操作的关键动作有：

（1）把口感传播变成终端口碑（同第12式）。

（2）把传递品牌价值观的故事变成用户口碑（同第1式）。

**3．策略性增加**

策略性增加，即以促销策略提高烟民单次购买量，让消费者因多买而在无形中多消费一点点。有两种可能：

第一，在消费场所多抽。

第二，在购买场所多买。

针对在消费场所多抽，一线人员可以操作的关键动作有：

（1）找出那些重要的消费场所（第14式）。

（2）在这些场所开展可能影响购买行为的宣传活动（第15式）。

针对在购买场所多买，一线人员可以操作的关键动作有：

（1）找出促销效果好的零售终端（第16式）。

（2）在这些终端开展可能改变购买行为的促销活动（同第6式）。

### （三）怎样预防竞品的反拦截

1. **只抓关键**。永远只抓住关键市场、关键终端、关键人群、关键动作。不必大张旗鼓，而是“鬼子进村悄悄的不要”。

2. **系统发力**。对所有的关键动作要“无限细分”，细分到一线人员“一看就会、一做就对”的程度，确保所有的关键动作做彻底、做到位，从而迸发出系统的力量。

3. **速度制胜**。天下武功，唯快不破。抢地盘这事就像抢红包，“手快有，手慢无”，速度可以帮助我们建立起攻防壁垒。

综述卷烟单品业绩增长模式关键动作如表18所示：

**表18 卷烟单品业绩增长模式关键动作**

<table>
<tr><th>关键要素</th><th>关键策略</th><th>关键节点</th><th>关键动作</th></tr>
<tr><td rowspan="12">扩展消费群体</td><td rowspan="6">“吸引”</td><td rowspan="2">品牌“吸引”</td><td>讲好故事</td></tr>
<tr><td>统一形象</td></tr>
<tr><td rowspan="4">终端“吸引”</td><td>陈列拦截</td></tr>
<tr><td>宣传拦截</td></tr>
<tr><td>口碑拦截</td></tr>
<tr><td>促销拦截</td></tr>
<tr><td rowspan="6">“引诱”</td><td>产品“引诱”</td><td>（略）</td></tr>
<tr><td rowspan="2">渠道贴近</td><td>市场细分</td></tr>
<tr><td>市场渗透</td></tr>
<tr><td rowspan="3">活动魅惑</td><td>活动策划</td></tr>
<tr><td>线上活动</td></tr>
<tr><td>线下活动</td></tr>
</table>

（续表）

| | | | |
|---|---|---|---|
| 增加消费频次 | 物理性增加 | 低焦 | （略） |
| | | 细（中）支 | （略） |
| | | 短支 | （略） |
| | 化学性增加 | 口感 | 口感传播 |
| | | | 口感体验 |
| | | 口碑 | 口感口碑 |
| | | | 故事口碑 |
| | 策略性增加 | 消费场所多吸 | 市场细分 |
| | | | 传播活动 |
| | | 购买场所多买 | 终端细分 |
| | | | 促销活动 |

当然，营销业绩增长的本质是要改变消费者的观念与行为，营销老司机必须充分认识到，改变人是世界上最难的事情之一（你可以唤醒睡着了的消费者，但永远唤不醒那些装睡的消费者），好在你只追求改变一点点而已。

烟民改变一小步，营销业绩一大步。

# 第十三章 重新定义市场调查

市场调查总是营销活动的第一步，菲利普•科特勒给出如此定义：“市场调查是系统地设计、收集、分析和提供数据资料，以及提出跟公司所面临的特定的营销状况有关的调查结果。”所有营销老司机都熟知一句名言“没有调查，就没有发言权”，但别忘了后面还有一句，“不做正确的调查同样没有发言权。”

本书始终强调，卷烟营销中的“市场”指由消费者组成的卷烟消费市场，因此这里说的“市场调查”专指**消费者调查**。近年来烟草工商企业越来越重视开展卷烟消费者调查研究，甚至委托第三方公司开展了大规模的消费者调查，但往往会发现：“大锅煮”“海底捞”式调查的愿望很良好，但调查结果要么不靠谱，要么派不上什么用途，徒耗大量人力财力。以至于有营销老司机感叹：“消费者调查没有用，因为消费者根本不会告诉你他想要什么。”究其原因，为什么要做消费者调查、要调查哪些内容等基本问题还没有整明白。实际上，尽管传统调查确有局限（通过问答的方式，消费者在被询问的情况下做出基于回忆的回答），但不代表调查本身没有用，而是大部分人误解了消费者调查。

目的决定目标，目标决定内容，内容决定方式。重新定义消费者调查，也就是从理清目的（调查需求）开始，直至形成烟草企业自有的调查体系。

## 一、理清目的

为什么要开展消费者调查？有的营销老司机可能回答：消费者在哪里，我们就到哪里；有的营销老司机可能回答：为了洞察消费者（“consumer insight”消费者洞察这只鬼，可能有人见过它，却没人能抓得到它）；有的营销老司机可能回答：为了采集与获取消费者数据。虽然**“数据论”**现在比较时髦，但这显然不构成调查的真正目的，数据只能呈现问题，不能解决问题。烟草企业需要的，不是数据导向的消费者调查，而是目的（需求）导向的消费者调查。

理清目的就是明确需求，带着目的去调查，带着问题去调查。烟草企业为什么要开展消费者调查？从根本上来说，是为了提升卷烟经营业绩（销量与结构目标）。具体说来，主要可以划分为以下五类目的：

1. **把握需求**。通过消费者调查，可以获得市场规模和消费需求分析，从而指导制定安排经营计划。

2. **发现机会**。通过消费者调查，可以了解卷烟市场顾客群及其消费特点，找到尚未满足的市场空白，确定具体的业绩提升手段。

3. **优化供给**。通过消费者调查，可以掌握品类结构和单品替代关系，按照消费者导向优化品类结构，从供给侧释放市场潜力。

4. **培育品牌**。通过消费者调查，可以进行重点品牌市场表现专项研究，探寻针对性的重点品牌培育营销策略。

5. **改进服务**。通过消费者调查，可以促进客户服务提升，提高零售客户库存管理能力和消费者服务水平。

一般说来，很难在一次调查中囊括这5个目的。硬要在一次调查中塞进所有的目的，导致调查指标过多且可靠性偏低，只能称之为“盲查”。

## 二、明确内容

明确了调查的主要目的，就需要进一步解答调查谁、调查什么等基本问题，使消费者调查研究在清晰的方法论指导下进行，从源头来保障调查的有效性和精准性。

### （一）调查谁

林语堂先生在《生活的艺术》中一分为二地指出：“现在的世人，分为吸烟者和不吸烟者两类。”调查研究的对象当然是吸烟者。人上一百，形形色色，吸烟者也是多样的。进行一定程度的细分与具象，比泛化的普遍调查更有目的性（正如美眉无处不在，但你最想抓住的是哪几类，大脑里先要有个“理想模型”）。按照顾客价值理论，根据卷烟消费特性以及卷烟营销特点，可将广泛的卷烟消费者研究对象界定为三大主要群体：高端烟民、铁杆烟民和新生代烟民（见图47）。

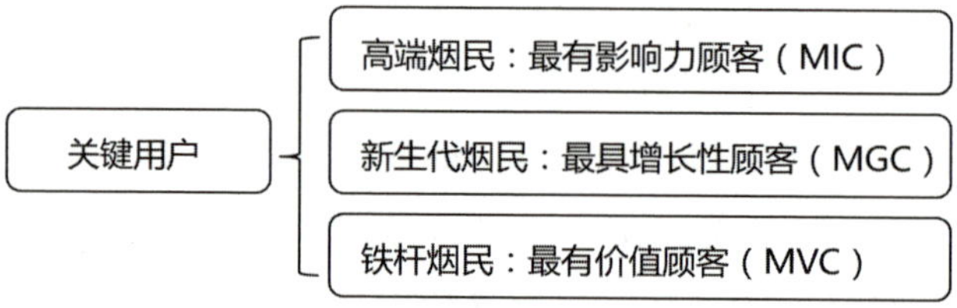


图47 烟民三大主要群体

1. **高端烟民：**指日常消费结构较高的卷烟消费者（如单条价稳定在N元以上），他们拥有较强的经济能力和一定社会地位，在所处圈层拥有不同程度的影响力和话语权，具备成为意见领袖的基本条件。从恋爱对象的角度看，他们是令人瞩目的“高富帅”；从顾客价值的角度看，他们属于最有影响力顾客（MIC）。

2. **铁杆烟民：**指烟龄较长（如X年以上）、日均吸食量较大（如Y支以上）的卷烟消费者，他们吸食卷烟依赖性高，对卷烟和品牌的了解程度较高，对卷烟营销表现出较强的理解和接受。从恋爱对象的角度看，他们是老实可靠的“老腊肉”；从顾客价值的角度看，他们属于最有价值顾客（MVC）。

3. **新生代烟民：**一般指90后卷烟消费者，他们由于成长环境和生活背景的深刻变化，卷烟消费行为产生了很大变化，吸食量可多可少，但结构起点较高。他们作为未来消费主力，已成为卷烟市场最大的增值群体。从恋爱对象的角度看，他们是富有活力的“小鲜肉”；从顾客价值的角度看，他们属于最具增值性顾客（MGC）。

消费者调查从样本上清晰有序地抓住这三类消费群体，可为后面分析研究的有效性奠定基础。

### （二）调查什么

女人总喜欢问男人：为什么爱我？这是一道拷问男人情商的永恒之问。消费者在面对调查时，一是他其实也不知道自己究竟需要什么，二是会无意识地“说谎”（基于回忆的答案与消费者实际购买决策、消费体验存在偏差），所以很难通过询问来知道消费者真正想要什么、在意什么，直接询问调查的结果往往都不靠谱。比如，直接询问烟民为什么会喜欢这包烟？可能90%的烟民都会选择吸味（口感）之类的答案，但同样吸味、同样口感的卷烟出现时，他们并不乐于选择。

还是古话说得机智：**“行胜于言。”**观察一个人不仅要“听其言”更要“察其行”，只有行为的轨迹最为真实。重复出现的行为会反映一个人的真正偏好，普遍出现的行为会反映一个群体的真正偏好。消费者调查，就是**获取并解释消费者的消费行为**。不可忽略这个事实：任何调查都不能直接告诉你答案，你只能通过用户行为数据或用户在调查中的反应来推测出答案。

消费者消费行为，从广义上讲，是指消费者为索取、使用、处置消费物品所采取的各种行动以及先于且决定这些行动的决策过程，甚至是包括消费收入的取得等一系列复杂的过程。从狭义上讲，仅仅指消费者的购买行为以及对消费资料的实际消费。就烟民而言，消费行为主要表现为吸烟行为、购烟行为、品牌行为、社交行为四大类。吸烟行为决定了购烟行为，吸烟行为与购烟行为共同催生了品牌行为。如图48所示。

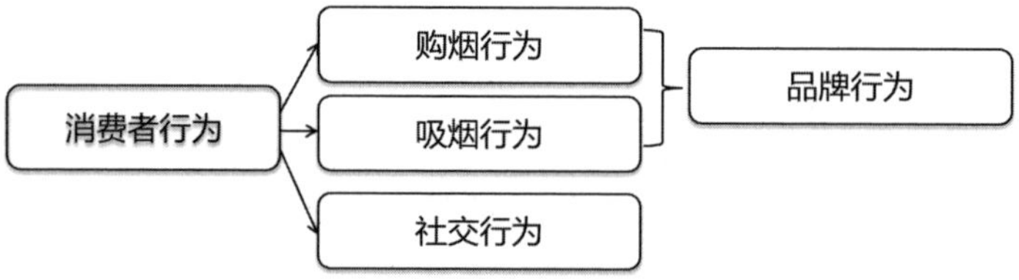


图48 烟民消费行为的主要类型

**“早上一支烟，精神一整天”**。许多烟民可能都有自己独特的吸烟行为，如民国名媛陆小曼喜欢吸中华牌香烟，每支只吸一半，直立按灭，排列在烟缸里，一式长短，纤毫无差，反映出她追求整洁完美的气质；又如烟瘾一向很大的鲁迅喜欢吸10支装的哈德门牌香烟，“他总探手进他那件灰布棉衫里去摸出一支来吸，他似乎不喜欢将烟包先拿出来”，反映出他孤傲狷直的个性。吸烟行为能还原烟民的消费生态，调查吸烟行为虽然做不到掌握具体的吸烟动作，但要总体研究吸烟的人怎样吸烟。

**“工资拿到手，买包黄鹤楼”**。对于那些自吸自买、自我满足的烟民来说，每个人在买烟时的行为表现不尽一致，有人直接点名购买，有人观察商品陈列，有人接受店主推荐，有人喜欢促销活动。购烟行为能还原烟民的购买场景，调查购烟行为，就是要研究吸烟的人怎样买烟。

“世界上最遥远的距离，不是吸烟与不吸烟的距离，而是我递给你一支黄鹤楼，你却从口袋掏出利群；也不是烟与烟的距离，而是你我都在吸着一包黄鹤楼，却品出了不一样的人生”。品牌行为反映烟民的消费观念与人群区分，调查品牌行为，就是要研究什么人在吸什么烟（即品牌偏好）。

**“见面一支烟，胜过千句言”**。社交行为有助于全景反映烟民在不同的环境和话题下的生活态度，如一个常常出没于运动组织的烟民可能是一个关注健康、渴望自我突破的人，一个常常出没于美食烘焙论坛的烟民可能是一个关注生活品质、讲究生活情调的人。对烟草商业企业来说，如受调查手段制约，社交行为暂可不考虑纳入调查。

需要注意的是，随着社会发展，消费者的消费行为不断演进，比如现在很多“消费行为”在几年前并不存在：早上打开微信看看朋友圈，走到地铁站看看智能手环记了多少步，买烟前看看焦油含量，买到一包新烟时第一个动作是扫码，点燃一支烟前捏捏有没有爆珠……（这些新的消费行为出现概率是多少？在不同消费群体中又是怎么分布的？面对这些问题绝大多数营销老司机都只能回答：“这就尴尬了。”）

总之，消费者调查研究，应以获取分析高端烟民、铁杆烟民、新生代烟民三类烟民群体的吸烟行为、购烟行为及品牌行为数据为主。建立这样的消费者认知模型（三类人的三类行为），可使整个消费者调查研究在清晰的方法论指导下展开。营销老司机要记住以下口诀：

不获取消费者行为数据的调查，都是低效的。

不分析消费者行为数据的研究，都是低质的。

不改变消费者消费行为的营销，都是低能的。

## 三、确定指标

明确了调查对象、调查内容之后，就要确定具体的调查指标。一般来说，消费者调查指标由基础数据指标和行为数据指标两类构成（见图49）。基础数据指标是一次性采集、定期维护的静态数据，行为数据指标是多次重复采集、及时监测的动态数据。数据分析时，基础数据作为分组变量，行为数据作为目标变量，能够满足实施列联表分析与卡方验证的需要，可以更深更细地解读消费者行为，科学揭示变量间的相关关系。

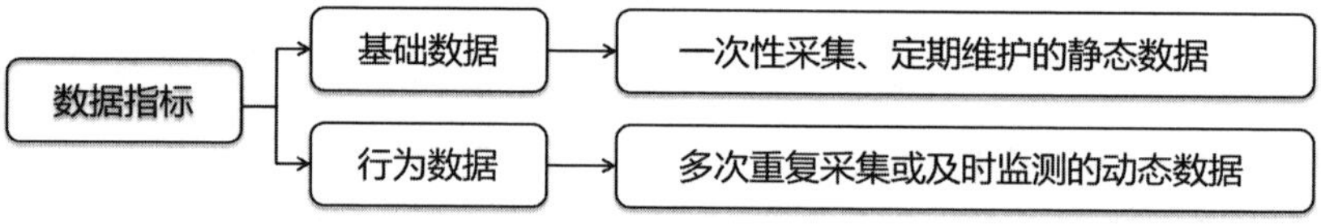


图49 消费者调查指标类型

基础数据指标主要是人口统计数据，一般包括性别、年龄、职业、收入、教育程度、常住区域等6项就足矣（有的甚至把“婚姻状况”、“家庭规模”等指标纳入，不仅意义不大而且容易引起调查对象的反感），通常每个指标就是一个分析因子和市场细分因素。

行为数据指标主要包括吸烟行为、购烟行为和品牌行为三类指标，基于消费行为的市场细分更能反映市场的真实面貌。

1. 调查研究消费者的吸烟行为，至少要搞清楚他为啥吸烟、吸了多少年烟、正常情况下每天吸多少、吸什么价位以及有什么吸食习惯与偏好等基本问题。

2. 调查研究消费者的购烟行为，可分实时监测和定期调查两种情况。实时监测一般在零售终端按照5W2H模型（购买主体、购买目的、购买时间、购买地点、购买牌号、购买数量、购买方式）实施；定期调查至少要搞清楚购烟方式、购烟渠道、购买行为表现、购烟影响因素等基本问题。如图50所示。

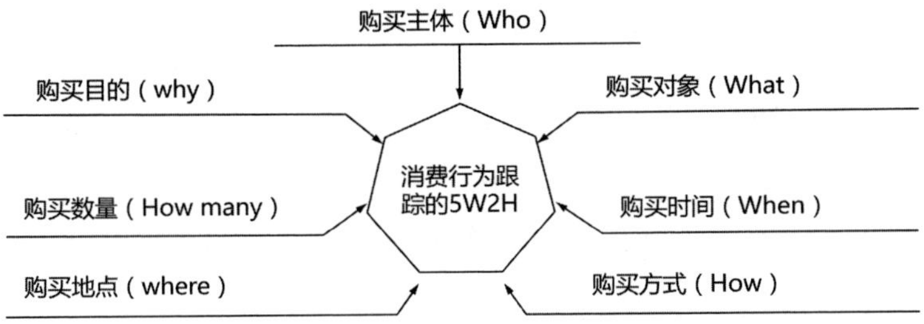


图50　消费行为跟踪5W2H模型

3．调查研究消费者的品牌行为，也可分广义上的品牌行为和聚焦到某个品牌的行为两种情况，广义上的品牌行为一般包括品牌关注因子、品牌偏好状态、品牌评价与推荐等，聚焦某个品牌的行为可按照消费者接受品牌漏斗模型的5项对应指标（知名度、联想度、接受度、美誉度与忠诚度）来调查研究。

下面，从基于消费行为的卷烟消费者调查指标库中摘取部分示例，如表19所示。

表19　基于消费行为的卷烟消费者调查指标库（示例）

| 指标类别 | 具体指标 | 指标说明 |
|---|---|---|
| 基础指标 | 性别 | 以性别细分市场，有助深化认识女性市场 |
| | 年龄 | 不同年龄的卷烟消费行为具有明显差异 |
| | 职业 | 不同职业的卷烟消费行为具有明显差异 |
| | 收入 | 收入对消费者的消费能力产生显著影响 |
| | 学历 | 学历对消费者的消费观念产生显著影响 |
| | 常住区域 | 以地理区域细分市场，仍然是基础方法 |
| 吸烟行为指标 | 吸烟目的 | 反映卷烟消费者的消费动机 |
| | 烟龄 | 不同烟龄的卷烟消费行为具有明显差异 |
| | 日均吸食量 | 反映卷烟消费者的正常消费量需求 |
| | 特殊时点吸食量 | 反映卷烟消费者的消费数量需求张力 |
| | 日常消费价格 | 反映卷烟消费者的正常消费结构需求 |
| | 节日消费价格 | 反映卷烟消费者的消费结构需求张力 |

（续表）

| | | |
|---|---|---|
| 吸烟行为指标 | 吸烟习惯与偏好 | 反映卷烟消费者的吸食习惯与偏好（如类型、品牌、吸味、包装、烟支等方面的偏好） |
| | 戒烟态度 | 反映卷烟消费者对未来消费趋向的自我认知 |
| 购烟行为指标（实时监测） | 5W2H范式 | 购买主体、购买目的、购买时间、购买地点、购买牌号、购买数量、购买方式 |
| 购烟行为指标（定期调查） | 购烟方式 | 反映卷烟消费者的购买方式（习惯） |
| | 购烟渠道 | 反映卷烟消费者的购买渠道偏好 |
| | 购买行为表现 | 了解卷烟消费者的购买持续时间、是否咨询、是否接受推荐、购买障碍反应等 |
| | 购买影响因素 | 了解卷烟消费者关注零售终端哪些因素，以及对新品、宣传促销的态度等 |
| 品牌行为指标（广义上） | 品牌关注因子 | 了解卷烟消费者在价格之外的品牌关注因子 |
| | 品牌偏好状态 | 了解卷烟消费者的主吸品牌及辅吸品牌等 |
| | 品牌评价与推荐 | 了解卷烟消费者对满意品牌是否主动推荐等 |
| | 品牌转换因素 | 了解卷烟消费者转换主吸品牌的驱动因素 |
| 品牌行为指标（聚焦品牌） | 品牌接受漏斗模型 | 知名度、联想度、接受度、美誉度与忠诚度 |
| 其他 | 消费者联系方式 | 姓名、电话、手机、微信／QQ及详细通信地址 |

以调查目的为依据，以调查指标库为参照，任何一位营销老司机都有能力设计一份贴近消费原生态的消费者调查问卷。

## 四、选择方式

接下来的任务，就是选择调查方式来解决怎么调查的问题。一般说来，消费者行为调查主要有3种方式：问卷调查、零售终端监测和固定样本跟踪（见图51）。不论采用什么方式，都不要期望直接从消费者口中得到答案。对于一个成熟的烟草企业来说，应将这3种方式搭配使用、相互补充，不断建立完善消费者数据库。

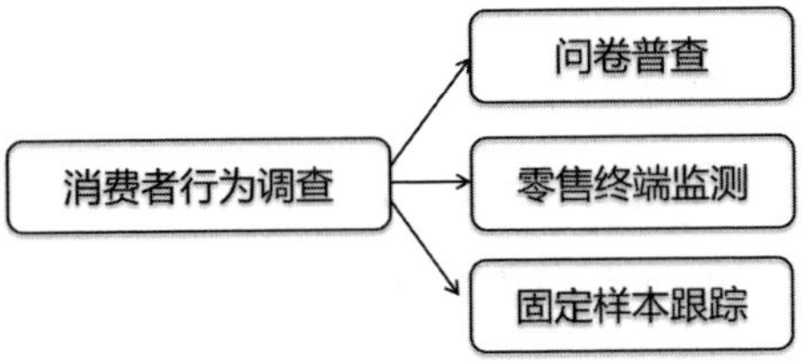


图51　消费者行为调查主要方式

## （一）消费者问卷调查

问卷调查的一般途径是“小样本预测大市场”，小样本选取方法分概率抽样与非概率抽样。概率抽样按照概率论和数理统计的原理从总体中随机抽选样本，并以此来对总体做出判断，同时可对调研误差加以控制。非概率抽样在抽取样本时依据方便或主观原则，以达到最大限度降低调研成本的目的，如拦截式调查、网络调查等。

为保障高端烟民、铁杆烟民和新生代烟民这3个主要消费群体的样本量合理分布，营销老司机更倾向于采用概率抽样中的分层抽样，样本量并不是越大越靠谱，而是参照统计学相关原理设定合适规模，且兼顾样本规模与调查效率。当一个卷烟市场烟民总量大于10万时，保证置信水平95%以上、误差控制在1%以内，有9604个调查样本就能满足需要。也就是说，对于一个地市级商业公司而言，建立一个万人消费者数据库是必要的也是足够的。

## （二）零售终端监测（消费跟踪）

烟草行业自启动现代终端建设以来，就强调发挥零售终端的消费跟踪功能。所谓消费跟踪，也就是在零售终端对消费者的购买行为进行实时监测，可分为自动跟踪、人工跟踪两种形式。

1．自动跟踪监测：以现代终端为主体，引导客户运用零售终端营销管理系统，通过扫码销售，实时记录固定顾客的购买行为（“每卖必扫”），从而持续沉淀消费数据，挖掘消费价值。

2．人工跟踪监测：零售客户针对部分符合条件的老顾客，采用会员制形式，记录顾客购买信息并反馈至烟草公司；或客户经理选择消费流量较大的零售终端站柜服务，按照事先设定的采集工具，面向消费者开展行为数据的现场采集。

零售终端监测一般有两个难点：一是样本不固定，可以通过建立消费积分方式建立固定样本；二是零售客户难配合，消费积分、终端导流、新型支付等手段可一定程度调动客户配合度与积极性。

（三）固定样本跟踪

烟草企业按照“自愿参与、能长期合作”的原则，采取“锁定样本、长期追踪、定期分析”的工作模式，选择固定消费者进行长期持续的访谈与消费跟踪，着重分析其消费行为轨迹及变化，从而了解卷烟需求构成及变化趋势，并为消费者提供针对性服务，赢得顾客满意。

固定样本跟踪一般也有两个难点：一是跟踪难及时，可探索基于移动互联技术的消费跟踪方式，实时捕捉消费行为；二是样本消费者的配合度，通过赋予身份标签、消费者俱乐部、消费积分卡、样品烟品吸等手段可一定程度调动样本消费者的配合度与参与性。

## 五、建立体系

对于那些以卷烟营销为职能、以与消费者谈一场充满社会正能量的“恋爱”为初心的烟草企业来说，要在理清调查目的、明确调查对象及内容与方式的基础上，建立属于自己的调查体系，使消费者调查常态化、机制化，使每一次消费者调查都成为一次约会、一次链接、一次沟通。

消费者调查体系在空间上点、线、面相结合，在时间上日常、月度、季度、年度相衔接，从而形成全覆盖、全时序的调查体系。只有做到这一点，烟草企业才有底气实施面向消费者的“营”销。

消费者调查贵在体系化，难在持久化，烟草企业应坚持以自主调查为主，避免出现让那些从未吸过烟的调查员来设计问卷、分析问卷的情况。

## 六、让你秒懂：干货盘点与小炒

1．消费者调查要从理清目的开始，烟草企业需要的不是数据导向的消费者调查，而是目的导向的消费者调查。

2．消费者调查从样本上清晰有序地抓住高端烟民、铁杆烟民和新生代烟民三类消费群体。

3．消费者调查就是获取并解释消费者的消费行为，应以获取分析烟民的吸烟行为、购烟行为及品牌行为数据为主。

4．一般来说，消费者调查指标由基础数据指标和行为数据指标两类构成。

5．一般说来，消费者行为调查主要有3种方式：问卷调查、零售终端监测和固定样本跟踪。

6．不论采用什么样的消费者调查方式，都不要期望直接从消费者口中得到答案。

7．烟草企业应建立属于自己的调查体系，使每一次消费者调查都成为一次约会、一次链接、一次沟通。

## 小贴士：苏州烟草优化消费者调查流程

近年来，苏州市烟草专卖局（公司）在消费者营销方面的做法吸引了行业各单位的关注。他们坚持“以终为始”，从理清目的、明确需求出发，将“分析”前置，优化了消费者调查流程，提高了消费者调查的可靠性与结果应用的有效性。

**优化前的消费者调查流程图**

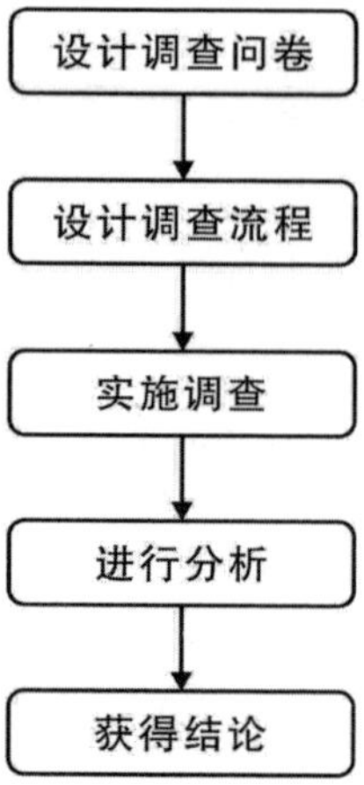


**优化后的消费者调查流程图**

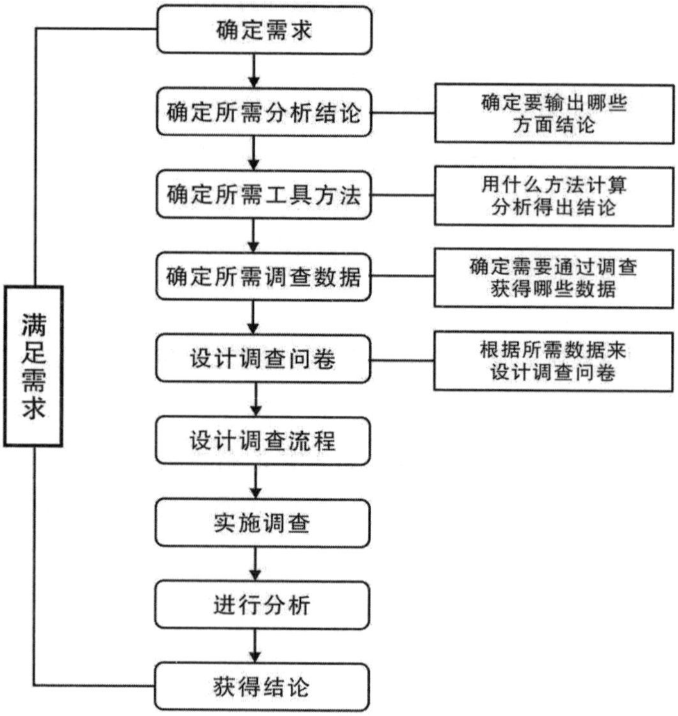

# 第十四章 重新定义终端营销

在古龙小说的7种武器中，拳头是一种原始的武器。但世界上的事，有很多都是这样子的——越原始，越有效。终端营销，就是卷烟品牌营销永不过时的一双拳头，即使被逼到屋角，就算戴上了镣铐，拳头仍可伺机而出。在卷烟品牌后广告时代，零售终端阵地如果你不去值守，没有人会替你值班（参见本书《重新定义零售终端》一章相关内容）。

## 一、终端营销的初心究竟是什么

不忘初心，方得始终；忘了初心，不知所终。

卷烟品牌终端营销的初心究竟是什么？现实中，有时连营销老司机都会忘了初心，乐于疲于在零售终端做各种“形象工程”。

这里通过下列排比句来帮助营销老司机回归本质，把握初心：

女神是用来爱的，不是用来看的。

男神是用来追的，不是用来累的。

产品是用来卖的，不是用来摆的。

因此，一切不以品牌动销为目的的终端营销，都会造成只围观、不下手的局面。

紧扣动销做终端，让用户“买买买”（买得到、愿意买、乐意买），才是“你好我好大家都好”的赢（营）销。

但大量的营销实践证明，仅有想掀起营销高潮的情怀不够，还得有过硬的本事。近年来的市场状况，使许多营销老司机都深深感到：**上柜不易，动销更难**。为什么有的品牌从不装酷而畅销不衰，有的品牌天天装酷装到滞销？

品牌动销公式如下：

动销＝市场活跃度＝目标上柜率×（活化度＋推荐率＋促销度）×口碑转化率

在终端市场，畅销的产品往往并非价格最低的商品，也不是知名度最高的商品，而是市场表现最活跃的商品。品牌动销的秘诀就在于——**市场活跃度**（也可叫“市场引力波”）。市场活跃度高、引力波强，则消费者关注度高、动销频率高；市场活跃度低、引力波弱，则消费者关注度低、动销频率低。

市场活跃度怎么来的呢？从一般规律来看，主要取决于如下5个要素：

1. **目标上柜率**：将产品放到消费者最容易接触的零售终端，始终是驱动销售的基础条件。上柜率高低决定品牌（产品）在市场上的能见度，决定产品的市场势能强弱。

2. **活化度**：通过品牌形象的活性化来刺激消费者改变消费心理，用场景联想、情感联想放大需求数量或频次，营造有利品牌（产品）动销的氛围。

3. **推荐率**：发挥核心终端推荐品牌（产品）的作用，形成示范效应，树立产品消费影响力以及其他终端的信心。

4. **促销度**：围绕核心终端、核心消费场所，面向核心消费人群，以品鉴、体验、促销相结合的方式，对品牌（产品）进行销售推动。

5. **口碑转化率**：即品牌口碑传达给目标受众的覆盖面并且在此基础上产生后续传播，反映消费群体的活跃程度与自传播指数。江湖上始终流传着“哥”的传说，众口“镀”金，有口皆碑，这才是驱动用户购买的关键因素，如黄金叶(乐途)找到了“小钢炮”这个绰号，细支烟南京（煊赫门）在校园商圈流传着这样一句话：“抽烟只抽煊赫门，一生只爱一个人”，都充分体现了口碑转化的威力。

在这5个要素中，目标上柜率是基础，它为0则市场活跃度也为0；活化度、推荐率、促销度都是“眼前的苟且”（营销刺激），只能起加法效应；口碑转化率则是“诗与远方”（品牌效应），可以发挥乘法效应，它为0时则市场活跃度也为0。市场活跃度为0的产品，不早早挂掉才怪（PS：上柜率只能起到有限乘法效应，不一定越高越好；口碑转化率可以起到无限乘法效应，使产品在市场上有了翅膀）。

从消费者购买体验的角度看，这五要素依次是：看得见（上柜率）、想得起（活化度）、听得到（推荐率）、买下来（促销度）和传出去（口碑转化率）。因此，功夫在诗外，终端营销不仅指面向零售终端的营销服务组合，更包括以终端为阵地面向最终用户的口碑转化；不是单纯依靠零售客户去影响消费用户，而是在零售终端形成驱动用户购买行为发生改变的系统性力量。

至此，营销老司机都会恍然大悟：**动销规律如此简单，“吃瓜群众”也能帮忙**。

## 二、上柜：要诱导，不要粗暴

烟草工商企业历来都高度重视上柜率，事实上，过去的终端营销主要围绕着上柜率展开，以至于现在所谓的品牌培育（其实主要也就是上柜率）成为零售客户意见大、客户经理头大的事情。

有些地方出现了零售客户“闻品牌色变、谈培育气愤”的现象。“所谓品牌培育，就是专门推荐不想卖、不好卖、卖不动的品牌。”不少零售客户如是说。很显然，目前依靠客户经理个人硬推而简单粗暴上柜，已不太奏效。有些公司把上柜率作为客户经理的最重要考核指标，殊不知每一个KPI（绩效考核）指标的背后，都有一个复仇的女神在某个地方等着你。

哪些因素决定了零售客户的上柜意愿？营销老司机都知道主要有3条：市场前景、批零差价以及零售客户对该品牌的了解与认同。如图52所示。

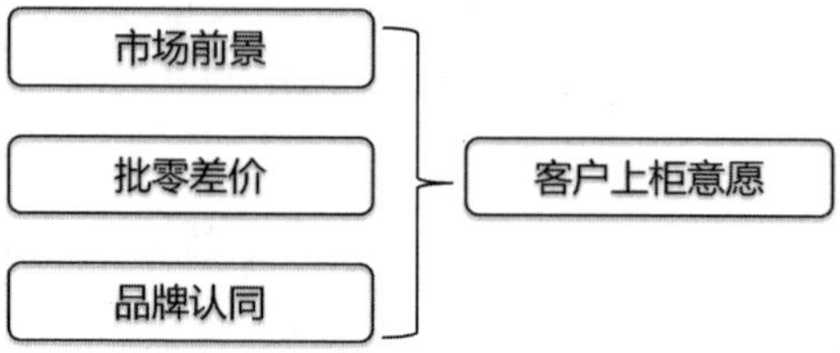


图52 新品上柜的意愿驱动因素

在这三者间，客户经理能够发挥部分作用的主要是第三条。那么，有没有有效策略用来提高上柜率？

**动销讲规律，上柜讲策略**。有些“诱导”策略还是可以见效的。目标客户筛选要用好三个基本策略：

第一，坚持以点带面。不要在同一时期同一区域试图让所有客户上柜，那不仅不可能，反而降低上柜效率。事实是，越是设置门槛，人们越是珍惜。

第二，烟草商业企业可以把上柜宽度作为客户分档的一个标准，以标准的力量来驱动上柜，而不是依靠客户经理个体的、随机的努力。

第三，可以使用漏斗模型、波士顿矩阵、九宫矩阵法等方法筛选出目标终端中的黄金终端，更精准地锁定上柜的优先目标。

目标客户沟通要用好两个基本策略：

第一，重复地、清晰地传递品牌的利益点（不仅是卖点），关键是站在客户角度的利益点，不断地重复强化。

第二，正式沟通比非正式沟通有效，书面沟通比口头沟通精准，正式沟通比如新品推介会，书面沟通比如新品宣传单页或微信文案等。

## 三、活化：要风情，不要风骚

终端营销在一定程度上就是提供终端刺激，营造有利品牌（产品）动销的终端场景。活化度就是提供刺激的重要手段。

品牌活化度一般来自两个方面：商品陈列和品牌情景（见图53）。一“硬”一“软”，一“形”一“神”，其意义都在于：**改变某些用户在特定场景下的行为概率**。不可能改变所有用户的购买行为，但有可能让一部分用户在购买时变得任性起来。

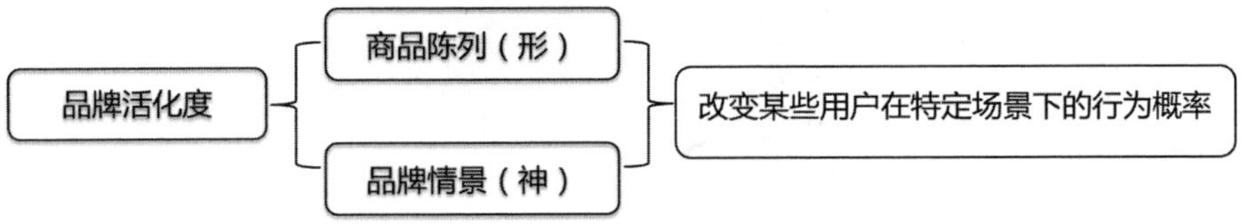


图53　品牌活化度的两个方面

有关大数据显示，消费者在终端购买快消品时作出购买决策的平均时间只有13秒。也就是说，品牌活化度必须追求“秒杀”消费者！因此，品牌活化是一门“不仅要靠脸吃饭还要拼才华”的细节艺术，既要讲颜值，也要讲气质。

商品陈列讲究品牌的充分曝光，要把握3个基本法则：

第一，陈列的核心是降低被发现的成本，放大被购买的机会，找出每个零售终端的磁石点位置，给出重要的单品。

第二，突出单品，终端陈列空间的有限性、稀缺性决定了在一个时期内只能突出重点陈列，对重点陈列的单品，可以围绕着“定位到产品的使用场景”进行场景化陈列，众星捧月，营造氛围。

第三，充分使用专柜专区和展销工具。专柜专区的意义在于容易引起消费者的注意，展销工具的意义在于：无声无息中促进消费者作出购买决策。

品牌情景讲究品牌的独有调性，也要把握3个基本法则：

第一，按照用户（烟民）心理设计品牌情景，塑造整体品牌体验，尽可能让消费者“想得起”。

第二，精益配置终端物料。物料的选择根据终端销量和消费者特征决定，以提高物料投入的产出比。

第三，充分使用品牌道具，丰满品牌形象，刺激消费者联想。

初恋难忘。品牌活化度是消费者的见面第一感，要按照初恋的要求去精心设计，可以风情万种，但不可卖弄风骚。

## 四、推荐：要勾心，不要调情

品牌的终端推荐，包括客户经理向零售客户的推荐，零售客户向消费者的推荐。真相是，许多客户经理不知道怎么“开口营销”，更多零售客户不愿也不会**“开口营销”**。陈列再美，也抵不过老王一张嘴，适当推荐具有临门一脚的作用，可以影响三分之一左右的目标顾客。

品牌在终端与目标用户的互动，是相亲，不是调情。常见的推荐说辞诸如“这烟，抽得舒适”“抽这烟，上档次／有面子”“这包烟，很有品位”等，都不痛不痒，有“调情”之嫌，缺“勾心”之力。

如何让推荐说辞直达目标用户心灵？以上述3种常见推荐为例。“这烟，抽得舒适”是基于生理／功能诉求的推介，对烟民管用，对新烟民就不见得管用，对注重口感的烟民管用，对其他烟民就不见得管用，稍加改变，效果就会不一样，如：听许多老顾客反映，这烟抽起来饱满／醇和／清爽／……（究竟使用哪个词，要根据产品特点与听者特征灵活使用）。“抽这烟，上档次／有面子！”是基于心理／社交诉求的推介，对新烟民管用对老烟民就不见得管用，对社交型烟民管用，对其他烟民就不见得管用，可稍微改变即增强效果，如：抽这烟，让您更有气场／气质／……（同理，究竟使用哪个词，要因人而异）。“这包烟，很有品位”是基于个性化诉求的推介，比较适宜面向高端消费者及个性化消费者，但难以产生“走心”之效，老司机也许可以这么说：“很多像您这样有品位的人都喜欢买这包烟”或“这包烟，很能衬托您的优雅／儒雅品位。”

上述例子共同的改进之处就是把赤裸裸的直白表达转换为场景化的表达，把人（听者）自然地代入其中，更容易让听者产生情景联想。营销老司机须知：勾心的奥秘不是语言，而是与己有关的“场景”；品牌推荐要做的不是“向对方描述一个产品”，而是“向对方描述一个（与他有关也与产品有关的）场景”，或戳中他内心的某个“点”，或让他产生场景联想。

开口营销看似简单，其实是个技术活，基本原则应是“一烟一推介，一人一推介”，贵在个性化，难在个性化，神在个性化。正因为难以做到个性化的灵活应用，导致大部分的“开口”如风——被听者当做耳边风。

除了场景化表达，终端推荐的另外一种武器就是口碑化表达。口碑化表达就是简单直接地“说人话”，让消费者一听就懂、听几次能记住，从而能转化为消费口碑。口碑化表达主要有6种基本方法，如图54所示：

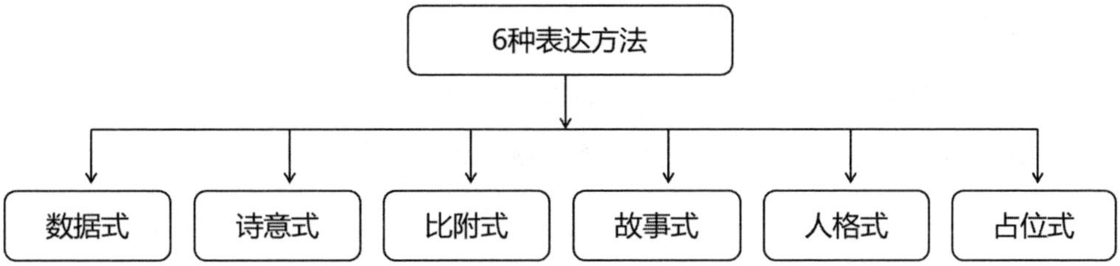


图54　终端推荐话术的6种表达方法

1. **数据式**。即以数据冲击、震撼人心。如黄鹤楼品牌使用过“371道特色工序成就1支黄鹤楼”。需注意的是，数据必须真实、必须具有震撼力；数据之外要传递新信息。

2. **诗意式**。即以诗意的语言营造出令人向往的情境。如苏烟使用过“最是那一低头的温柔，恰似水莲花不胜秋风的娇羞”。利群使用过“人生就是一次旅行，不在乎沿途的风景，而在于看风景的心情”。诗意语言传递的内容主要围绕品牌主张或产品口味提炼。

3. **比附式**。即以关联比附的方式令人联想。如“普洱，不伤胃；茅台，不上头；黄鹤楼，不伤喉”，“利群，像宝马一样享受自由的乐趣”，又如“南有牡丹，北有荷花”。应用比附式的要点有二：一是要高定位比附（本质上就是“抱大腿”）；二是比附事物之间具有高关联性。

4. **故事式**。即以品牌故事令人想象。如黄山品牌“纪大烟袋子与徽州贡烟”故事，又如黄鹤楼1916“南洋兄弟配方”故事等。故事要精短，要具有展现力和推动力，尽可能情景化。

5. **人格式**。即以拟人的方式令人愉悦。如一句“贵人抽贵烟”让人心理上很满足，又如“恒大牌香烟，父亲的味道”让人产生情感共鸣。应用人格式要因人而异，需与消费者的身份、生活方式相关联。

6. **占位式**。以占位的方式令人难忘。如“这是中国第一款短支烟”、“世界上首款像iphone一样的卷烟”、“北方细支烟第一品牌”（长白山）等。占位点不是第一，就是唯一，适宜口头传播，不宜见诸文字。

根据品牌口碑三大内容，数据式、比附式、占位式通常揭示“惊人的事实”，诗意式、人格式主要诉求“打动心灵的人话”，故事式往往讲述“表达情感的故事”。

无论是场景化表达还是口碑化表达，品牌推荐不仅仅是口头推荐，有时更需要“把锤子交给消费者”，让消费者“动”起来、参与进来。

## 五、促销：要实效，不要广告

有些品牌将终端营销简化为促销，就是“三个一”工程：发一些宣传单，送一些品吸烟，兑一些小奖品。在粉丝经济时代，培育品牌粉丝成为王道，终端促销由广告式转变为体验式、吸粉式，不赚吆喝要实效。任何不以吸粉为目的的促销，都是热热闹闹一阵子，事后一地鸡毛、所获甚微。

作为营销老司机，要把握终端促销的如下5个基本法则：

一是根据用户品牌接纳“漏斗”（见图55），制定分阶段促销方案。不同阶段有不同的促销目的与促销形式，正如恋爱在没有牵手之前就不要想着接吻。

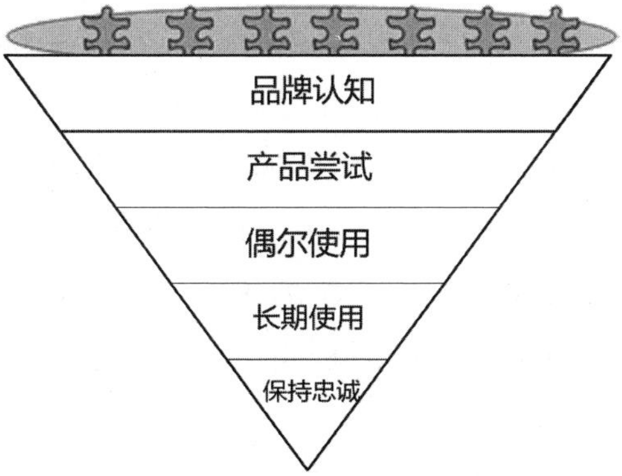


图55 用户品牌接纳“漏斗”

二是扣住刺激购买行为，设计走心的购买利益点。终端营销改变不了烟民的吸烟行为，但可以尝试改变其购烟行为，这需要精心设计出购买利益点。利益点设计一般围绕两种情景：第一，由少买变多买；第二，由买廉变买贵。从品牌的角度看，还有一种情景，即强化重复购买行为（由随机购买变为稳定购买）。

三是促销形式越简单、越有效。行业开展的历次消费者调查结果都表明，烟民“想要的其实很简单”，其最感兴趣的促销形式主要是赠品促销、现场抽奖等有实惠的形式，因此在促销形式上无需复杂，但需要尽可能让烟民参与。同时，限时促销更能激发烟民“我要，我马上就要”的心理。

四是打通线上线下。线上线下一体化越来越成为用户普遍的生活场景，只有线上线下同步开展活动，相互补充，才能更有效地吸粉。线上的主要功能是事前发布（信息）、事中直播（过程）、事后分享（体验），放大线下活动的吸粉效应。

五是两种情况下不做促销。其一，新品上市时，除了品鉴体验式活动外，不宜做直接的促销活动；其二，品牌规格发生价格下滑时，要坚决不做直接的促销活动。在这两种情况下促销的副作用都大于“疗效”。

促销，如同在恋爱过程中适时给恋人买点小礼物，礼物的贵重倒在其次，关键在于“适时”“适度”地表达诚意。

## 六、口碑转化：要群乐，不要自嗨

正如前文所述，“口碑”就是隔壁的隔壁的隔壁的老王，都能听到你的声音。所谓口碑转化率，形象地说，就是老王被你打动了也去传递你的声音（故事）；正经地说，就是企业所设定、所期待的品牌传播内容经过一系列互动后，变成用户制造内容和用户自发传播。有效的市场渗透率不是市场份额，而是口碑转化率。

口碑传播不变的法则是把话语权还给用户，坚持走群众路线，把真理重复千万遍。营销者的主要任务是做到与目标用户的充分链接与有效沟通，“聚得起、粘得住、带得动”关键意见领袖，并发挥他们的自传播作用。也就是说，营销者的任务是“点火”，让用户自己去绽放，**“给一丝阳光，许一片灿烂”**（具体参见本书《重新定义口碑营销》一章有关内容）。

终端营销就是后广告时代卷烟营销的“拳头”，套路固然可以学，态度绝对要认真，“态度决定力度”。做好终端营销的态度就是诚意：**简单的事情重复做，重复的事情用心做，用心的事情坚持做**。

## 七、让你秒懂：干货盘点与小炒

1．品牌动销是终端营销的初心。

2．品牌动销＝市场活跃度。

3．终端营销，不仅要给用户提供“眼前的苟且”，也要创造“诗与远方”。

4．上柜讲策略，要诱导而不是简单粗暴。

5．品牌活化度的意义在于改变某些用户在特定场景下的行为概率，要按照初恋般的要求去做，可以风情万种，不可卖弄风骚。

6．品牌推荐勾心的奥秘在于触动目标用户内心的某个点，简单直接“说人话”，让消费者一听就懂。

7．终端促销，就是如同在恋爱过程中适时给恋人买点小礼物，关键在“适时”“适度”表达诚意。

8．口碑传播不变的法则是把话语权还给用户，走群众路线，把真理重复千万遍。

## 小贴士：改变消费者购买行为的利益点设计

如何提高卷烟品牌动销率？一个靠谱的答案是：在零售终端尽可能地改变消费者的购烟行为。

消费者凭啥改变自己的购买行为？比如，铁杆烟民老王来到一家名叫“烟与火的艳遇”的零售店，原本准备买一包常抽的双喜（邮喜），最后变成了喜滋滋买一条邮喜回去，这中间发生了什么故事？

答案其实很简单：因为有**“好处”**呗！买一包，老王啥“好处”也没有；买一条，老王得到了2张可能赢得500万大奖的彩票。

对于总价不高、经常性购买、各品牌差别极小的快消品，消费者的购买行为是最简单的，不需要花很多时间选择，一般随买随取，只购买自己熟悉的品牌而较少考虑品牌转换，这种购买行为营销学上称之为**习惯性购买行为**。调查表明，绝大部分消费者购买卷烟是基于习惯性购买。

要改变消费者的习惯性购买行为，最重要的事情是设计购买理由。消费需求是个坑，购买理由才是真。购买理由中没有“干货”不行，这需要围绕消费者购买场景设计“走心”的购买利益点。

消费者改变购买行为只有两个方向：第一，由少买变多买（加量）。第二，由买廉变买贵（加价）。

1．让消费者由少买变多买，一般可设计3种购买场景，赋予不同的购买利益点：

——由单包购买变成单条购买。

——由单条购买变成双条购买。

——由双条购买变成多条购买。

从消费者调查来看，单包购买是超过60%消费者的常态购买行为，引导其向单条购买转变必须具有足够的驱动力；单条购买是部分老烟民的常态购买行为，引导其向双条购买转变倒不算困难；双条购买有时是自吸购买、有时是礼品购买，引导其向多条购买转变，需要看具体情况。

2. 让消费者由买廉变买贵，一般可设计两种购买场景，赋予不同的购买利益点：

——梯次式提升购买档次。

——跳跃式提升购买档次。

绝大部分消费者平时的消费档次比较固定，引导其梯次式提升购买档次要把握两点：一是在同一品牌内做替代性推荐（跨品牌的难度要大些）；二是赋予小的利益点（如品吸、赠送打火机等）。引导其跳跃式提升购买档次则主要把握节假日、购买动机等机会，辅之以购买利益点刺激。

在营销实践中，可把“加量”与“加价”组合在一起操作，实现“量价齐升”，其关键在于选择合适的品牌规格与合适的促销终端，同时增加消费者购买参与程度（比如抽奖）。消费者有参与，则意味着其改变购买行为的几率更大。

当然，所有营销老司机必须清醒地认识到，无论你设计的购买利益点多么“走心”，也不可能改变所有消费者。事实上，只需要改变其中一部分人就足够了！

# 第十五章 重新定义体验营销

无论你是否承认，体验经济时代已经呼啸而来。你正在读这本《重新定义卷烟营销》的书，为某些文字“点赞”，对某些文字“不敢苟同”，也是在“体验”，“体验”随时随刻发生。神马都是浮云，唯有体验是真。

最早提出“体验经济”概念的未来学家阿尔温•托夫勒在《未来的冲击》中预言：“服务经济的下一步是走向体验经济，商家将靠提供这种体验服务取胜。”体验经济被称为“第四种经济形态”（产品经济、商品经济、服务经济、体验经济），是指以商品和服务为载体，使消费者得到情感性利益和自我实现性利益的超值满足和享受。

在体验经济时代，消费者的物质需求比重下降，情感需求比重上升；大众需求下降，小众的个性化需求上升。人们更愿意花钱购买娱乐的、教育的、逃避现实的、审美的和自我实现的人生体验，同样是茶，人们不仅为“柴米油盐酱醋茶”的茶付钱，更会为**“琴棋书画诗酒茶”**的茶而埋单。

## 一、体验：烟如人生，人生如烟

为什么走进大学校园的那一天、“洞房花烛夜”的那一天、孩子呱呱坠地的那一天、拥有第一张办公桌的那一天，至今仍历历在目、回味无穷？因为，**“那一天”**是人生中的一次重要经历，是一次巅峰的“人生体验”。岁月的流逝能磨损很多东西，唯独磨损不了体验，甚至有些体验历久弥新。

什么叫体验？行为学上，体验是指人们响应某些刺激（stimulus）。心理学上，体验通常是对事件的直接观察或参与造成的，不论事件是真实的，还是虚拟的。营销学中，体验是指企业和顾客交流感官刺激、信息和情感的要点集合。

**首先，体验很复杂**。人的体验正如人的指纹一样千差万别，各不相同，难以捉摸。小小一包烟的体验，会涉及吸烟者的感官、情感、情绪等感性因素，也包括知识、智力、思考等理性因素，“烟草兼含六代愁”。

**其次，体验很主观**。要想知道梨子的味道，就得亲口尝一尝；要想知道香烟的味道，也得亲口吸一吸。体验具有非我莫属、不可复制、不可转让、转瞬即逝等特点，它的每一瞬间都是一个“唯一”。

**最后，体验很随机**。“人生四大喜”“人生四大悲”都是体验。体验通常不是自发的而是诱发的，是由“事件”诱发情感、创造记忆的经历和过程。

“饭后一支烟，快活似神仙”。香烟提供给吸烟者的，本质上就是体验。吸烟不是嘴馋了，是心痒了。哲学家将香烟比喻成“虚无”的象征，就像时间、空气、云层、美女，香烟缥缈无根，却足以诱惑众生。人生就是存在，存在就是体验，正所谓：烟如人生，人生如烟。

## 二、体验营销：让用户爽起来

1998年，美国战略地平线LLP公司创始人提出了“体验营销”（experiential marketing）的概念。他们认为，消费者消费时理性和感性兼具，消费者在消费前、消费中和消费后的体验，是研究消费者行为与企业品牌经营的关键。

# 第十五章　重新定义体验营销

体验营销的书面定义，首推体验营销大咖伯恩德·H. 施密特博士在《体验营销》一书中给出的界定：体验营销是站在消费者的感官（sense）、情感（feel）、思考（think）、行动（act）、关联（relate）5个方面，重新定义、设计营销的思考方式。这个定义明确了以满足消费者的体验需求为目标，提出了5种类型的体验形式。如图56所示。

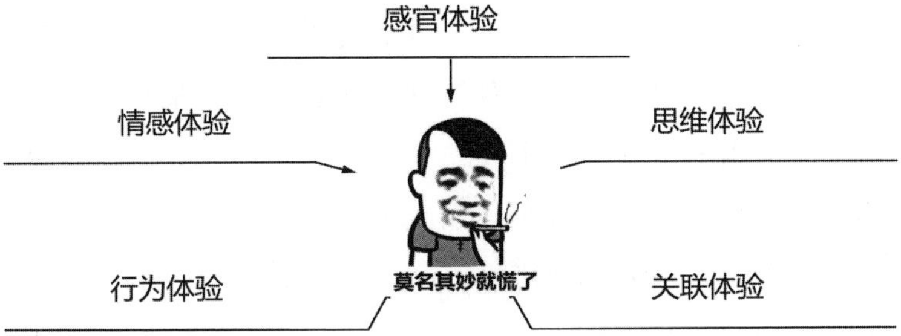


图56　体验营销5个战略体验模块

1. **感官体验：**即知觉体验，是指消费者通过视觉、听觉、嗅觉、味觉、触觉等与外界互动所体会到的知觉愉悦感。这是消费者最基本的体验（如眼观六路、耳听八方、鼻嗅五味……）。吸烟作为一种**“持续的嘴唇运动”**（想一想还有哪些这样的运动），调动了“视、听、嗅、味、触”五觉，赋予吸烟者以全方位的感官体验。如表20所示。

**表20　一支烟的全方位感官体验**

| | |
|---|---|
| 触觉 | 打开熟悉的烟盒，抽出一支香烟，轻轻地敲打烟头，缓慢地塞进嘴角，拿起打火机，嘴角偏向火焰 |
| 听觉 | 香烟燃烧发出细碎的滋滋声，散发出清澈的阳刚之美 |
| 味觉 | 一股饱满的或醇厚或略带香辣的烟流顺喉而下，直达肺腑，沁人心脾 |
| 视觉 | 青灰色的烟雾喷出，笼罩在写满岁月沧桑的脸的周围，如波浪似的轻烟向上升腾、旋转 |
| 嗅觉 | 熟悉的烟草本香如同爱人的体香。头香浓馥，饱满流畅；余香悠长，令人陶醉其中 |

2. **情感体验**：即体现消费者内在的感情与情绪，使消费者在消费中感受到各种情感，如亲情、友情、爱情等，也可以是心情、激情、情怀等。吸烟本身就是情感的表达，“父亲的味道”，表达的是亲情；“我点了二十根想你的理由，却找不到一根忘却你的理由”，表达的是爱情；“让心灵去旅行”，表达的是追求自由、渴望释放的情怀。

3. **思维体验**：是指较为理性的，通过启发消费者的智力，以创意的方式引起消费者的惊奇、兴趣，对问题集中或分散的思考，为消费者创造认知和解决问题的体验。现实中，思考往往需要借助香烟点燃，决策往往需要借助香烟强化，如“笔杆子”离不开“烟杆子”，“枪杆子”也需要“烟杆子”，人们下决心干一件事时往往用劲熄灭烟头，如此等等，都表明吸烟本身赋予人们以思维体验。民国美女作家张爱玲曾说过：“一个女人如果连烟都可以咽下，就没有事是不能咽下的了。”这淡淡的一句几乎道尽天下女子对吸烟的独特思维体验。

4. **行为体验**：即通过吸引消费者的主动参与，让消费者在整个过程中获得一种感同身受的全新体验，进而引领消费者形成一种全新生活方式或生活体验。吸烟的一系列动作（包括拆烟包、掏烟支、嘴叼烟、点火、吐烟圈等）都是行为体验，有些烟民喜欢把玩香烟，追求的就是体验。

5. **关联体验**：包含感觉、情感、思维、行动等层面，是指超越私人感受，把个人与理想中的自我、他人（社会认同）和文化有机联系起来而获得的反应。它使人们建立起对某个品牌的偏好，同时让使用该品牌的人们形成某个特定的社会群体。比如，见到“中华”，联想到尊贵；见到“双喜”，联想到喜庆；见到“黄鹤楼”，联想到“雅士一族”。正如有作家说：“一根香烟为吸烟者代言，就像诗为诗人代言一样。”

经典的卷烟体验营销就是围绕“感官、情感、思维、行为、关联”五要素进行组合设计，创造用户体验，追求用户品牌忠诚。

随着世界日益“活色生香”，功能体验成为刚需，情感体验则成为强需，用户对体验的强度、丰富性、独特性要求越来越高。为用户创造满足需求的正常体验，已经不能叫做“体验营销”，只有超出用户的预期，让用户产生商业之外的感情认同，这才叫做“体验营销”。比如，约会是体验，但不是体验营销，约会过程中有“惊喜”，才是体验营销；吸烟是体验，但不是体验营销，吸烟过程中有“满足／舒适／愉悦”感，才是体验营销。

重新定义的体验营销，简单地说，就是**授人以“愉”，让用户“爽”起来**（新一代用户可能还追求“酷”）。从体验强度来看，要让用户感到“爽，很爽，非常爽！”；从体验丰富性来看，要让用户感到“一直都非常爽”；从体验独特性来看，要创造用户专属感，“唯我独爽”。在90后中流行的金句“带你装酷带你飞”大致就表达了这种极致的体验感。

品牌营销的过程就是创造用户“爽”的体验的过程，所有环节的产品或服务，都是为了实现用户体验的目标。社会化卷烟品牌的情感、诚意、社群关系、心动感、尖叫度在本质上都是用户体验，这要求营销老司机：

**第一，做懂体验的老司机**。“做一包好烟”固然重要但还不够，“好抽”对于烟民来说是满足了基本的感官体验需求，需从关注产品和服务转向以用户体验为中心。

**第二，做有情商的老司机**。进行全程、全面的体验管理，把直白的营销活动演化为与用户“谈恋爱”的心灵之旅。抽烟看牌子的只是约会对象，抽烟认牌子的才是“恋人”。

**第三，做讲技术的老司机**。已有越来越多“黑科技”融入营销，“品牌体验×新技术＝X”成为一个典型的体验方程式。例如，已有卷烟零售终端尝试应用AR（增强现实）实景红包推介品牌，吸引消费者，开启了线下流量新入口和终端体验新感觉。又如，VR（虚拟现实）技术以其超强的沉浸感、交互性、感知性而前所未有地冲击着消费者的中枢神经，使得VR购物是一种身临其境、流连忘返、影响深远的体验，也使得“VR＋体验营销”充满想象空间。云南中烟已探索利用VR、AR技术，将烟包图案与后台信息相关联，消费者用手机APP扫一扫烟包，眼前就能呈现一幅立体图案，点击可进入美轮美奂的品牌场景。也有工业企业探索将VR／AR技术应用到新品发布会、品牌终端展示等环节。

## 三、感官营销，眼前“苟且”最动人

感官营销的主要任务，就是在恰当的时间、恰当的地点，以恰当的方式给目标用户以恰当的感官刺激，使目标用户大脑里释放一种与快乐体验有关的神经递质多巴胺——“那种感觉不言而喻”，只想“跟着感觉走”。

1. **视觉营销——悦目才能赏心**。眼睛是心灵的窗户。生理学研究认为，人在接受信息的过程中，83%是靠眼睛获得；心理学研究也表明，人的视觉器官在观察物体最初的20多秒内，色彩感觉通常占80%，造型只占20%，由此产生色彩营销、品牌“视觉锤”等理论。按照色彩营销主要观点，色彩是有温度、有情感的，消费者都是“好色之徒”，色彩在商品上应用的主要目的是使商品情感化，成为与消费者沟通的桥梁，实现“人心—色彩—商品”的统一。可口可乐的红白弧形瓶、雀巢的红色马克杯、王老吉的红罐、洋河的蓝色包装，都是具有代表性的品牌“视觉锤”。就广告受到广泛禁止的卷烟品牌而言，视觉营销主要有两大基本途径（见图57）：

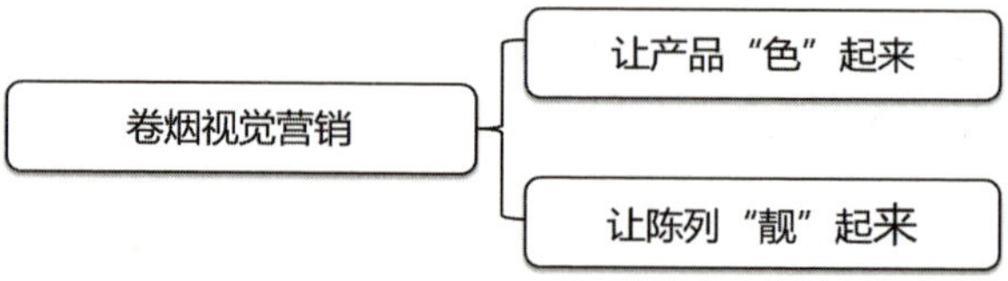


图57 卷烟视觉营销主要途径

一是让产品“色”起来。中华红、芙蓉蓝、天子黄、黄山“徽州贡丝”版画、延安“鲁艺”版画等，都形成了符号化的视觉效应，令烟民“见色起意”。但“五色令人目盲”，对那些包装色彩斑斓的卷烟品牌来说，坚持以基本色系奠定卷烟品牌调性、实施符号化传播，做到“色而不花”，是一门有待加强的基础功课。

二是让陈列“靓”起来。这是终端营销的重要内容，陈列的意义在于“曝光”（夺目、醒目），提高商品曝光率，放大被购买的机会，因此，位置比空间更重要，色彩比造型更重要。古田（红军灰）在许多终端店、形象店设置了卡通小红军形象，显著提高了“曝光率”。

2. **听觉营销——悦耳才能走心**。研究证实，人们对广告声音的印象比商标还要深刻，声音可以创造品牌识别与记忆，创造品牌故事的情绪连接，甚至创造消费行为与品牌归属感。当打开瓶装或罐装可乐的那一刻，一般会听到独特的、令人满足的“噗”声；英特尔处理器的广告音可谓是最清晰、最独特、最容易被人记住的。后广告时代，卷烟品牌的“声音”传播受限，最美妙动听的“声音”当然是经久流传在市场上的口碑，正常传播渠道只有零售终端、小型会议等窄渠道：

一是制作并传递具有象征意义的品牌音乐，如许多零售终端喜欢播放黄鹤楼品牌婉转动听的黄鹤楼歌曲，“当那熟悉的旋律响起，总要点燃一支烟回忆”。

二是零售客户推介，零售客户在消费者购买时恰当推介也是一种“声音”，众口一词，持续不断，消费者“从来没有记住，永远也不会忘记”。当然，最开脑洞的是通过产品传递“声音”，如黄鹤楼（08）首次采用侧翻式盒型，开启之间发出马蹄声，寓意马踏连赢；黄山（高山流水）烟盒拉开就是一把古琴，是“一条可以弹琴的烟”。围绕烟民打开烟盒的“那一瞬、那一声”，应有更多的体验创造空间。

3. **嗅觉营销——闻香才能识人**。研究证明，人类的嗅觉是最敏感的，嗅觉记忆的准确度比视觉要高一倍。“不要人夸颜色好，只留清气满乾坤。”把嗅觉等感官体验植入到品牌传播中，比耳闻目睹的二元感官刺激更能激发消费者兴趣，有助于使消费者对品牌产生认知与认同。星巴克门口空气中飘溢的纯正咖啡香味，让消费者闻香识店；高露洁将其独特的牙膏味道注册了专利，为品牌创造了强有力的感官特征；BOSS品牌将店内个性张扬的男性香味与品牌融为一体，突出诉求“男人的味道”。“香烟”这个俗称就充分表明了烟民对嗅觉的在意与敏感，人类对“香”的喜好，犹如蝶之恋花，木之向阳。各个卷烟品牌历来都高度重视卷烟香型创新（美其名曰“品类”创新），但产品特性决定了只有打开包装后，才能充分感知烟草本香与加香加料带来的嗅觉体验。卷烟品牌很少开展单独的嗅觉营销（一般与味觉结合在一起，传递吸味特征），嗅觉营销在零售终端与营销活动中还没有广泛应用，能否营造烟香四溢的零售终端或体验场所，似乎值得探索。

4. **味觉营销——舌尖上的挑逗**。味觉是指食物在人的口腔内对味觉器官化学感受系统的刺激并产生的一种感觉，目前被广泛接受的基本味道有**“苦、咸、酸、甜、鲜”**，“五味俱全”是一种难以言喻的复杂体验。这是一个吃货成为通用标签的时代，每个吃货都有一张勤奋的嘴巴和一组灵敏的味蕾。湘菜的香辣、川菜的麻辣、贵州菜的酸辣，令爱辣的吃货想起来也会垂涎欲滴。入口的东西最骗不了人，卷烟正是依靠嘴巴来消费的，因此吸味历来是烟民最关注的一个因素。在劲头、口感、余味等方面每个烟民都会有自己的体验。有吃货烟民会用“肥而不腻”来形容一包烟的味觉。云烟提出“清甜香”之初，有的消费者第一反应是：“我觉得烟不可能有甜味。”“甜？那是女士烟吧。”只有在品吸之后，才会真正感受到“回味甜纯”的特征。各种各样的爆珠烟也在不断丰富烟民的味觉体验。从营销手段来看，卷烟味觉营销的主要途径是组织品鉴会/品吸活动，把“舌尖上的挑逗”完整传递给烟民。

5. **触觉营销——第N次亲密接触**。触觉是5种感觉之中最本质的也是最直接的，在传递情感方面具有神奇作用。人与人之间的触觉体验往往来自于3个典型动作：“摸一摸、抱一抱、亲一亲”（见图58）。尽管绝大多数的感觉都可以让人认知世界，但只有触觉才能使人最终拥有世界。正因为如此，消费者一般都渴望在购买之前能够触摸他们想要的商品，品牌所涉及的物品与环境的外形和质感的设计，成为品牌体验的一个重要维度。如可口可乐的玻璃瓶，通过曲线优美的瓶子，人们通过接触和把握而感觉到强烈的快感，从而在情感上得到格外的满足。调查发现，许多消费者表示："触摸产品很好玩""在对一件产品亲自检查后再购买，我会感觉到更开心"（卷烟开架销售很少见，烟民在零售终端还不能自由自在地触摸想要买的烟）。卷烟品牌与烟民的触觉体验只有"摸一摸、亲一亲"两个体验点。"摸一摸"，在产品外形设计方面赋予烟民以愉快的手感，目前异形烟越来越多，但充分考虑到烟民手感的并不多，双喜（邮喜）借鉴iPhone设计理念，算得上一包"好玩的烟"；"亲一亲"，即过滤嘴与嘴唇碰触的瞬间，吮吸、轻咬，力度正好、飘飘欲仙，由此有人曾提出疑问：香烟过滤嘴的出现是不是源自人类对乳房的情结？目前倒没有证据证明这一点。徐志摩曾形象地称吸烟为"吻火"，产品设计者对烟民的"吻触过滤嘴的技法"还需进一步探索，赋予烟民以细腻的唇感、柔软的触感和销魂的快感。

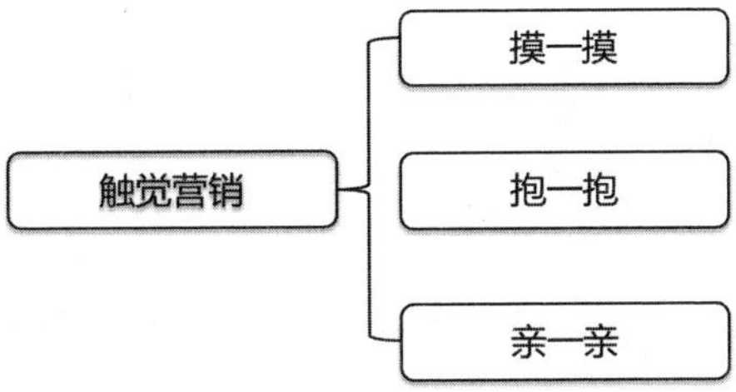


图58　触觉营销主要形式

感官事实上是一个整体，各感官之间具有高度协同性，使用感官越多记忆越深刻。在咖啡馆约会好过在图书馆，因为多了听觉、嗅觉与味觉；在主题酒店约会又好过在咖啡馆，因为又多了触觉……美好体验，都是五感同体的。

在佛家思想里，人有"六根"：眼、耳、鼻、舌、身、意；世有"六尘"：色、声、香、味、触、法；修炼就是要"六根清净，看破红尘"。感觉营销则是相反，要充分创造"六尘"刺激消费者的"六根"，**使品牌在"六根"与"六尘"的碰撞中与用户结缘**。走进任何一家星巴克，墙上古色古香的壁画，咖啡历史的图片，实物陈列，随手可及的大吧台，排满了供人DIY的各种器皿和工具，全木质的桌椅，独特的小沙发，尽量模仿咖啡的色调变化的绿色、暗红相间的色彩基调，舒缓的音乐，永远摆放整齐的星巴克小点心，还有那用于盛开水的白色大瓷杯，以及煮咖啡时的嘶嘶声，将咖啡粉末从过滤器敲击下来时发出的啪啪声，用金属勺子铲出咖啡豆时发出的沙沙声，打奶泡的吱吱声……营造出令小资们心驰神往的“第三空间”，实现了“出售的不是咖啡，而是人们对咖啡的体验”。

在卷烟品牌营销中，以品鉴会／品吸活动为载体，可有效整合视觉、听觉、嗅觉、味觉、触觉五觉体验，如2016年河北中烟“荷花”品牌广州发布会围绕“五觉”，采用全息技术，使品鉴会／品吸活动成为互动、好玩的全感体验平台，产生了令人惊艳的体验效果。在品鉴／品吸活动中，可探索以传播品烟方法为主题，培育具有仪式感的吸烟文化，全方位提升烟民的感官体验，如山东中烟曾提炼“品烟五步法”（见图59），贵州中烟也曾提炼“品烟五步法”（见图60），两者都有机融合了“五觉”。可惜的是，这种好的做法坚持得不够久，推广得不够广。

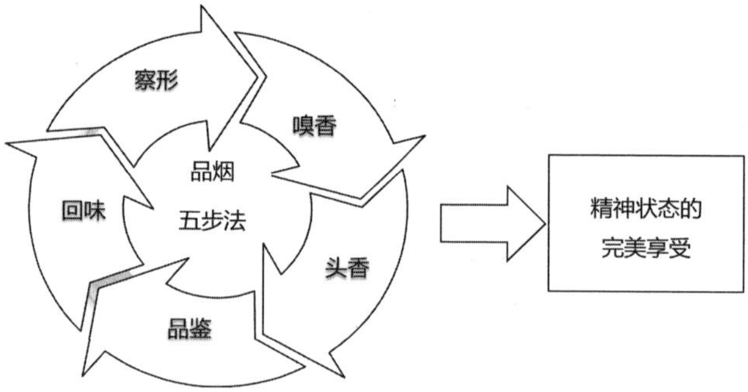


图59 品烟五步法（一）

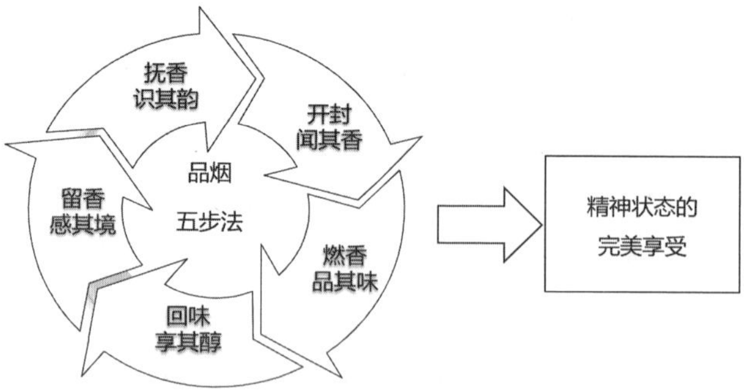


图60 品烟五步法（二）

## 四、感官之外，“诗与远方”不可少

“见贤思齐焉”“闻玄歌而知雅意”“知一味而足”“牵一发而动全身”，人们以感官为基础构建了一个丰富多彩、博大无边的精神世界。《舌尖上的中国》不仅引发了“吃货效应”，而且引发了“味道引起的乡愁”的强烈共鸣。体验营销在感官营销之外，还需要有情感式、思考式、行动式乃至关联式营销。

1. **情感式营销——创造感动**。就是在营销过程中找准用户心灵的最软处轻轻抚摸，充分调动他们的情感体验，创造用户感动。有感动，就容易有行动。

创造感动的基本原理有4条：一是以惊喜来创造感动。海底捞就是这方面的代表，经常以细致入微的服务、超越顾客期望的惊喜来创造顾客感动。二是以同情创造感动。金圣（滕王阁）致力营造“幸福家”，弘扬“家文化”，就是以同理之心点燃烟民心底一切与“家”有关的亲情体验。三是以审美创造感动。“求一雅乃高”，审美是一种情感的、自由的、愉悦的心理体验，是一种理性化了的感性，兰州（智在）以老树的漫画作为包装画面就是一种审美的尝试。四是以道德创造感动。道德行为是内心产生善和美的体验的基础，品牌必须是道德榜样，芙蓉王“芙蓉学子”、利群“阳光助学”、双喜“喜愿基金”等都向社会传递了别样的温暖与喜悦。当然，有些人习惯戴着有色眼镜看待烟草，使得卷烟品牌的道德榜样形象不够彰显。

2. **思考式营销——我思故我在**。思考式营销是启发人们的智力，创造性地让消费者获得认识和解决问题的体验。我国有一本几乎人人知晓的杂志——《读者》，其成功秘诀诚如作家李书磊所说：一般来说，男人喜好金庸，女人喜欢琼瑶，但男人和女人都喜欢《读者》，它提供了金庸和琼瑶都无法提供的东西，给读者创造了独特的心灵体验。2016年云南中烟提出“好山好水醉云烟”，鲜亮地打出了“云香”概念，烟香、咖啡香、茶香、花香、果香、美食香等，赋予烟民以丰富的想象空间与思维体验。

3. **行动式营销——参与即体验**。行动式营销是通过吸引消费者参与产品设计或营销活动来激发消费者，使其生活形态发生改变。宝洁公司创建了一个“宝洁建议者”计划，消费者能够直接参与到新产品的开发过程中，试用各种新产品，并提出自己的反馈意见，真正体验到了“上帝”的感觉。宜家最为人津津乐道的就是DIY，几乎所有家具都需要顾客自行组装。贵烟“国酒香”系列每年举办“悦读贵州”、“味到贵州”等体验之旅，邀请众多大咖参与其中，就是符合行业特点、体现地域特色的一种行动式体验营销。

4. **关联式营销——文化是最高体验**。关联式营销是包含感官、情感、思考和行动的营销综合。文化体验是用户的最高层次体验，体验营销的背后是文化营销，通过品牌所倡导或者体现的文化来影响公众的价值观念和消费习惯。星巴克体验的背后是“咖啡文化”，宜家体验的背后是一种不奢华不夸张的“家居文化”。双喜品牌自2006年借助青藏铁路通车的天路之旅，2007年的奥运城市体验之旅，到2008年的宝岛台湾之旅，“双喜世纪婚礼”不仅让消费者和社会大众一起体验“喜悦”，而且将“喜文化”表达得淋漓尽致。2017年3月四川中烟与四川省社科院合作成立宽窄哲学研究院，院企合作推动宽窄产品向宽窄文化升级，也为开展高规格的圈层营销打下伏笔。

## 五、玩转体验营销的5项注意事项

体验因人而生，人当然是体验营销的核心要素。作为营销老司机，要玩出有格调、有情义的体验营销，不可不掌握这5项注意事项。

## （一）体验营销是个真诚的套路

有的烟草企业品吸会一次又一次，品吸烟一条又一条，效果却十分有限，其主要原因在于体验营销设计往往停留在表面上，感官营销不完整，感官之外不丰富，形成不了用户的整体体验。

营销老司机要认识到，体验营销是个有诚意的“撩拨顾客”套路。所谓诚意，就是站在用户体验的角度审视和规划企业提供的用户体验；所谓套路，就是从战略高度精心设计与规划一个完整的体验营销体系。从产品角度看，不能孤立地去策划一个产品，而是重视产品的品位、形象、个性、情调、感性、文化等方面，营造与目标用户心理相一致的产品属性以增加消费体验。从服务角度看，科技的发展使得服务更容易被模仿，在服务中增加体验元素可以更加突出差异化和个性化，更好地吸引目标用户。从品牌角度看，要描述目标用户接触品牌的全过程，发现其中的关键接触点并加以设计与管理，使用户在每个接触点享受到一致性的体验。

## （二）体验营销要有勾心的主题

一个出色、勾心的体验主题更能吸引目标用户的关注，为他们带来差异化的体验价值，并能进一步刺激他们积极参与体验营销活动。体验营销需从一个主题出发并且所有环节都围绕这主题，或者至少应设有“主题道具”。比如卷烟品牌体验店，就是要让烟民感受到品牌文化及其倡导的生活方式，陈列、道具、柜台等都是为这一主题服务。

体验主题是体验活动设计的中心，要能反映企业形象和品牌特性。人性化的品牌主题决定了品牌的传播诉求要人性化、情感化，以人性的、创制独特的传播诉求，通过使用情感刺激来影响消费者的感情和情绪，以此触动消费者的内心情感或积淀美好记忆。在卷烟品牌中，“佳节必有黄鹤楼”就是一个可感知的体验主题。

### （三）体验营销要营造“巅峰体验”

体验营销的精髓，不是简单的体验流程设计和若干文化性与感觉的结合，而是在如何营造瞬间climax的体验（“巅峰体验”），这也叫“高潮体验”。

当然，对于卷烟营销来说，独自“爽”不如一起“爽”。体验营销的最高层次是通过设计某种情境引起某种情绪的反应，最后产生情感，而这种情感的体验，不是个人的，而是用户和品牌的互动，甚至是用户和用户之间的互动，大家在互动中就出现了群体的颠峰体验（如“啤酒节”狂欢）。有共同爱好的一群人，享受同一件事情以此获得认同并产生群体的高峰体验，—种新的快感就出现了（此处有尖叫度），如苹果公司的网上音乐商店和网上软件开发把同好者紧密联系在一起。

### （四）体验营销要做贴心“暖男”

体验存在于品牌与用户接触的所有时刻，品牌要为用户创造一致性的体验。体验的特点决定了一个环节不好的体验足以破坏用户的整体体验，魔鬼存在于细节之中。因此体验营销就是“暖男式”营销，在设计顾客体验时，须关注每个细节以保障体验的一致性。暖男总能在细节处创造惊喜，黄鹤楼微信公众号曾经向烟民赠送过独具匠心的礼物——吸烟袋（配合三口品）。一款宽窄车贴曾火爆烟草人的朋友圈，因其充满人文气息的标语和富含川蜀韵味的造型赢得了许多车友的喜爱。需要注意的是，注重体验细节不是提供过度体验。

### （五）体验营销要有“事后”的风度

有的营销老司机视体验营销为一个简单活动：活动结束，体验也就中止了，因而是不完整的过程。体验营销要有“事后”（销售之后）的风度，不能事情结束就无情。第一，活动结束不代表体验结束，要进行体验的跟踪反馈（如品吸会后的微信回访等）；第二，要对体验营销活动进行评估，从用户角度进行复盘改进。目前信息技术已经为建立用户体验数据库提供了足够支持，可为把握用户体验动向、设计更佳用户体验积累数据；第三，体验营销活动更需要参与者予以更多的分享传播，形成用户自传播效应。

吸烟即体验，体验即人生。体验营销是最贴合卷烟品牌的一种有效营销方式，因此，所有营销老司机都应成为一枚懂得创造极致用户体验的“暖男”。

## 六、让你秒懂：干货盘点与小炒

1．神马都是浮云，唯有体验是真。香烟就是给予吸烟者以“销魂”的体验。

2．经典的体验营销有5个战略体验模块：感官体验，情感体验，思维体验，行为体验，关联体验。

3．重新定义的体验营销，就是授人以“愉”，让用户“爽”起来。

4．对于感官营销来说，眼前“苟且”最动人。吸烟调动了“视、听、嗅、味、触”五觉，赋予吸烟者以全方位的感官体验。

5．感官之外，“诗与远方”不可少。文化体验是用户的最高层次体验，体验营销的背后是文化营销。

6．体验营销是个真诚的套路。诚意，就是站在用户体验的角度审视和规划企业提供的用户体验；套路，就是从战略高度精心设计与规划一个完整的体验营销体系。

7．体验营销要有勾心的主题与巅峰的体验。

8．体验营销就是“暖男式”营销，要有“事后”（销售之后）的风度。

## 小贴士　卷烟品牌体验营销的常规玩法

在2016年全国网建会上，国家烟草专卖局提出着力推动消费体验常态化，广泛开展消费体验区建设。那么，卷烟品牌实施体验营销的常规场所与形式有哪些呢?

从活动场所来看，一般包括体验会所、品牌体验店、终端体验区、便民吸烟点、流动体验点等。

1．**体验会所**。一般“高大上”，目前不算多。工业的如玉溪庄园、重九烟庄等，商业的如“徽映服务大厅”“方圆会所”等。会所以“体验营销＋会员制营销＋互动营销”的运作模式，搭建“工、商、消、零”四方互动平台。

2. **卷烟品牌体验店（形象店）**。**这**是工商协同建设的让烟民体验卷烟品牌、产品和服务的零售终端实体。其功能主要是品牌体验，品牌专柜、品牌文化展示专区、消费者品吸区是其标配。同时兼顾宣传促销、信息采集、消费者服务等功能。建设品牌体验店的关键点在于依据用户（烟民）购买时的“看过来、想起来、动起来、买下来”心理活动规律来设计品牌情景与互动情景。如图61所示。

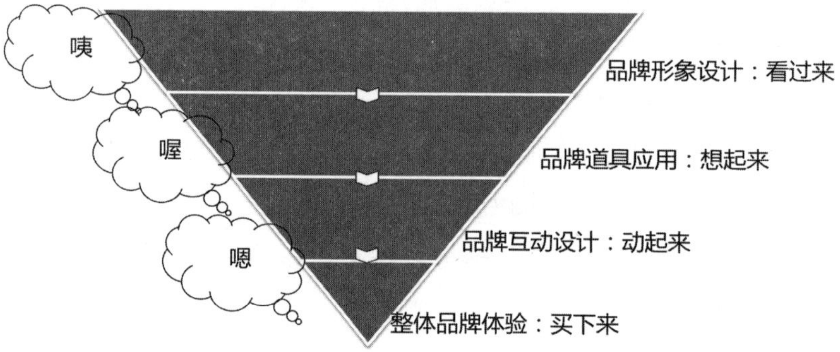


图61 基于用户购买心理的终端体验设计

3. **终端体验区**。是指在行业近年来推进现代终端建设中，在部分现代终端建设了消费者品吸区，成为消费者体验的阵地，也成为采集消费者信息的阵地。零售终端LBS推荐系统的应用，将使终端体验区大有可为。

4. **便民吸烟点**。是指在法律法规允许的范围内在某些场所建设的便民吸烟场所。卷烟消费场所建设已经成为行业需要面对的重要课题，这些场所不仅保护更多的非烟民权利，也能方便烟民消费、提升消费体验。消费体验可以走亲民道路，不必追求高大上。

5. **流动体验点**。是指在广大农村市场设置的流动性品牌体验点，如“品牌大篷车”等。

从活动形式来看，主要包括品鉴会/品吸会、终端品吸活动、主题体验活动等。

1. **品鉴会/品吸会**。是指工商企业在新品上市时协同组织开展新品体验活动。按照体验营销模式开好品鉴会/品吸会，一要精心设计体验主题；二要系统设计体验点，可按照感官、情感、思维、行为、关联5个方面，也可按照会前体验、会场体验、会后体验3个阶段；三要结合目标群体的特点来邀请体验者，不可随机选择；四要适当搭载品牌宣传、文艺活动、抽奖互动等，把正统的会风变成好玩的“画风”。

2. **零售终端品吸活动**。是指在一些重点零售终端或繁华地段举行有关新品或主推产品的免费品吸活动，这种形式在业内比较常见，实施难度也不大，主要是赋予消费者以直接的感官体验。

3. **主题体验活动**。邀请零售客户、消费者走进企业见证“卷烟品牌是怎样炼成的”，这方面行业已有大量实践，如贵州中烟“国酒香体验之旅”大型体验活动，让参与者实地参观、全身心地感知国酒香与国酒茅台“同根同源、同窖同香、同境同心”的烟酒融合魅力。

# 第十六章 重新定义社群营销

剑客的剑，文人的笔，烟民的烟，英雄的斗志，现代人的手机，都是这样子的——一刻不可放弃！手机已成为江湖中的剑，社群已成为现代的江湖，社群营销应运而生。广告可以没有，与用户的友谊则断断不可少。后广告时代，社群营销将成为卷烟品牌营销的“长生剑”。

但用户手机里的微信群、QQ群越来越泛滥，这是不是江湖中的“社群”？就算是，怎样让你的“社群”不沦落为用户要定期消除的“小红点”？营销老司机也越来越感到：玩社群，听起来有格调，做起来却很苦闷！

## 一、社群，究竟是个什么鬼

按照经典的马斯洛需求层次论，社交的需求是人类的底层需求之一。传统的社交主要基于血缘、地缘、学缘、业缘等因素，如亲戚圈、老乡圈、同学圈、同业圈等。随着互联网发展，具有相同社交属性的人更容易跨越时空聚集到一起，形成“朋友圈”即新型“社群”。

按照社会学定义：“社群是指在共同目标、价值观、规范约束下，相互作用、相互影响、共同活动的人群的集合体”，传统的家族、村落也是“社群”。财经作家吴晓波则如是定义：“社群是一种基于互联网的新型人际关系。”突出了社群的互联网社交属性，文艺一点说，社群就是互联网时代的**“海内存知己，天涯若比邻”**。

以移动互联思维重新定义社群，首先要厘清社区与社群的关系。在PC互联网时代，网络上人与人之间互动的主要形态是“社区”，如天涯社区、百度贴吧等。因为条件所限，必须有电脑、有网络才能玩，不论是参与人数还是在线时长都有限，人与人之间多为弱关系，每天抽点时间在同一个地方谈论一个主题。到了移动互联网时代，手机（互联网）似乎成为人们身体的一个器官，是肢体和思想的延伸，几乎可以做到无时无刻、随时随地在线，建立强关系的需求也就越来越高，移动社交软件提供了这个条件，“社群”的形成水到渠成。从“社区”到“社群”，主要经历了4个阶段（见图62）：大礼堂式群聚（BBS）、会客厅式群聚（豆瓣、人人网）、VIP包房式聚集（微博）、个人化专属空间式聚集（QQ、微信等）。社群的魅力如此之大，连支付宝都忍不住一度要搭建“基于同好的社群”。

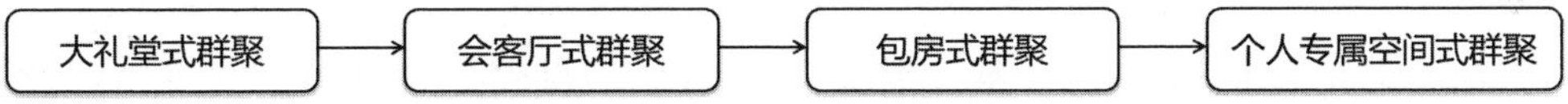


图62 从“社区”到“社群”的演进

# #社区与社群的主要区别如表21所示：

**表21 社区与社群的区别**

| 社区 | 社群 |
|---|---|
| 强调人与人在物理空间中的联系 | 强调人与人在虚拟空间中的关系 |
| 成员之间是弱关系 | 成员之间是强关系 |
| 没有“同好”（调性、格调） | 有“同好”（调性、格调） |
| 缺乏一致的行动 | 容易形成一致的行动 |
| 主要传递信息 | 能够产生行为 |
| 乌合之众的“团伙” | 志同道合的“团队” |

总之，移动互联网的“社群”与原始社会的“部落”一样，是人类社交需要的产物，刷的是**“存在感”**，要的是**“成就感”**。存在感，即如果你不在社群你就会被边缘化，人的社会属性就会缺失。如果你在社群里说话或发起活动，有人认同有人响应，这就有成就感。

## 二、社群营销，其实就是一起“嗨起来”

基于移动互联网的“社群”既极大降低了沟通成本，又极大降低了信任成本，让企业有能力直接对消费者和用户进行有效组织。因此，社群的营销功能日益凸显，企业一旦建立了“粉丝社群”，就意味着构建了极高的消费者竞争壁垒，实现真正意义上的抢夺心智资源。甚至有掌柜先生如此激动又动人地描述社群的营销功能：社群将是品牌的诞生地、价值的策源地、产品的产生地、管理的聚集地，对于习惯于传统营销的朋友来说也是处女地。

社群营销成为社会化营销的主要代表。何谓社群营销？作为一个新事物，当然不可能有一致的说法。这里举两例：

说法1：社群营销，是基于圈子、人脉、六度空间概念而产生的营销模式，是指个人或群体透过群聚网友的网络服务，来与目标顾客群创造长期沟通管道的社会化过程。

说法2：所谓社群营销，就是寻找有相同爱好的人群，以价值输出实现社群培育，以参与感、归属感持续运营，以可复制性推动社群规模扩大，最终形成消费行为、扩大消费影响的活动。

营销老司机更倾向于这样通俗易懂地来定义“社群营销”：让品牌的用户（目标用户）“一起入群一起嗨”。在群外，他可能是受众，是“围观者”；到群内，他就是粉丝，成为“自家人”。

社群营销至少具有三大特点：

**其一，以小博大**。社群营销是一个口碑传播的过程。通过一些元素引起口碑，汇聚人群，口碑再扩散，周而复始，因而起到以小博大、事半功倍的效果。

**其二，营销前置**。让用户介入产品设计研发阶段，在此过程中获取用户信赖和支持。亲身参与、感受的方式，会比其他宣传促销活动更能打动用户。

**其三，紧密关系**。社群内容或线上线下活动，将是塑造品牌独特性、打造品牌调性的重要途径，由此也会增加用户的品牌忠诚度，提升品牌价值。

例如，地产圈的阿那亚从默默无闻做到最火的文旅项目，它没有传统意义上的营销活动，所有活动都可以理解为“社群活动”，其主要奥秘在于成功运营了48个业主微信群，从时尚、投资到美食团购，包括业主的互助群，形成共同价值观下的“社群—社区”进化，充分体现了以小博大、营销前置和紧密关系等特征。

就习惯于传统圈层营销的卷烟品牌而言，虽然各品牌组建了数量颇多、人数不少的微信群／QQ群，但能称得上社群营销的还不多。真龙品牌堪称这方面的先行者，他们通过微信（真龙积分会员平台）“吸粉”、“留粉”和“黏粉”，线下组织开展了起源历史书友会、茶友会、摄友会、红木品鉴会、玄学会、钓友会、高尔夫球友会等一系列活动，线上众筹聚粉，线下开展活动，打通了线上线下，保持了与“龙粉”的良好互动。黄山品牌也将社群线下活动与社区公益有机结合，进行了富有价值的探索。

## 三、建立社群的4个法则

社群不是自由进出的菜市场，也不是一起来跳舞的广场。建立社群，需要在系统规划的基础上定位价值、明确使命、找对“同好”。

建立社群应遵照如下4个法则（见图63）：

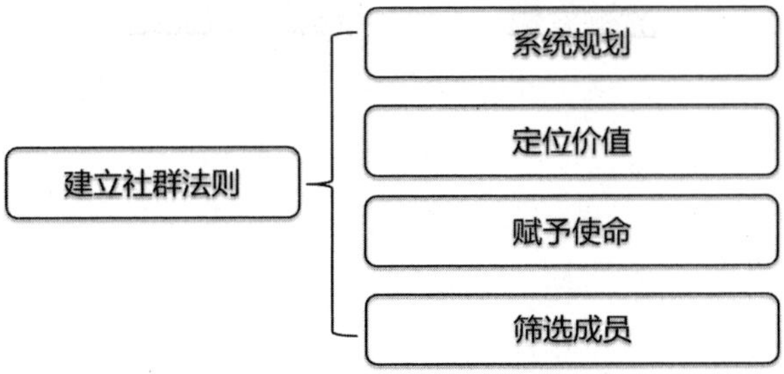


图63 建立社群的4个法则

法则1：系统规划

建立社群，不是建个“微信群”或“QQ群”那么简单，在后广告时代，烟草企业的社群应是一项营销战略，需要做整体规划，而且是**“一把手”**工程，建立由用户驱动的决策机制。

一个卷烟品牌究竟要建哪些社群？这当然要根据自身需求和资源进行缜密规划。比如：建立X个锁定核心零售终端的“零售客户群”，建立Y个培育品牌发烧友和关键意见领袖的“VIP用户群”，建立Z个听取用户心声的“产品吐槽群”或让用户参与产品研发的“新产品意见群”，甚至可以考虑建立聚合专业人士的“风骚策划群”，如此等等。

谁来建这些群？有的群由营销总部建，有的群由区域营销中心建，甚至有的群由用户（意见领袖）来组建。

法则2：定位价值

微信、QQ等其实都只是工具，社群并不仅仅存在于这些工具中，而是存在于人们的心智中。所以，关键是要“在人们的心智中创建一个社群”，而不是利用这些工具去简单地拉拢一群人。这就需要价值定位——你要建立的社群有什么核心价值？

核心价值是一个社群存在发展的基础，也是一个社群的目标导向。比如你是个卷烟品牌，你可能自然而然地想建立一个或一批烟民社群，但这不是核心优势！卷烟品牌有那么多，为什么别人需要关注你？这才是建立社群前应思考的问题。几乎所有运营成功的品牌社群都是基于自身产品，小米的社群永远是围绕着小米的手机玩法，罗辑思维的社群永远都是围绕着罗振宇的动态做延展。

法则3：赋予使命

把人约来要干什么？这个不用说也会懂。但建立社群的时候，许多营销老司机急吼吼地“找一群人”，却忘记了要“一起做一件事”。

建立社群要做的并不是组织一个团伙，而是“聚合一群人，一起做一件事”。大家之所以凝聚在一起，不是为了“沟通交流”、打发时间，而是为了一起“获得些什么”“改变些什么”“提高些什么”……比如一个健身会所，要建立的并不是“健身爱好者沟通群”，而是“6个月，一起改变自己”群；

一个卷烟品牌要建立的并不是“烟民群”，而是“共同塑造品牌”或“一起来品吸好烟”群。

“社群”要以“利他”的初心明确自己的使命：“一起做一件事”，以及“为什么我们要做这件事”，要让用户清楚这个群是干什么的，避免成为乌合之众。

### 法则4：筛选成员

社群成员的筛选非常重要。没有筛选，就没有成员之间的彼此信任、高效交流。如果筛选得好，甚至可以达到无为而治的效果。

邓巴定律告诉人们，人类智力将允许人类拥有稳定的社交网络人数是148人，估算为150人，所以邓巴定律也称为150定律。这对规划社群规模有很大启示，如果社群在150人以下的规模，群内交互是非常有深度的，即使是没有活动刺激，成员通过兴趣话题链接也能自发互动（半熟人社交模式）；如果社群超过150人的规模，就需要强有力的规则引导及活动刺激，否则群的凝聚力将会大大消退，没有熟悉的感觉，彼此沟通频率将降低（半陌生人分享模式）。

目前大部分没有严格成员筛选的群，基本上都是半死不活。因此，要设定一定门槛的入群条件，筛选真正志同道合的人。社群成员筛选主要有两个方法：标签筛选、收费筛选（见图64）。品牌社群适宜采取标签筛选方法，比如，你是不是铁杆烟民，是一个标签；是不是泰山品牌的粉丝，也是一个标签。有了条件，入群流程也需要仪式化。

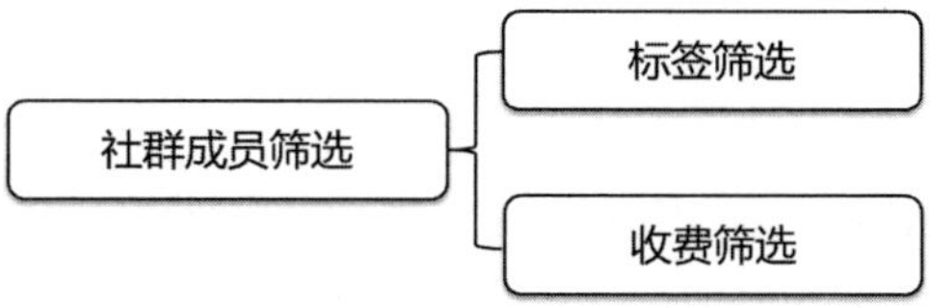


图64　社群成员筛选方法

好的社群不在于有多少成员，而在于影响力有多大。小规模的社群常用于沉淀核心用户、新品测试用户等重点对象，是社群精细化运营、提炼社群价值的有效方法。

## 四、运营社群的5种武器

打江山容易守江山难，建社群容易运营社群难。有多少企业是抱着做专业社群的美好愿望，但最终建立的社群要么成为一言不发的“死群”，要么成为八卦灌水的聊天室。

营销老司机必须做好足够的心理准备：你建立的社群，99%的概率会在半年之内成为“死群”或聊天室，没有红包就没有人气。要知道：社群的价值全在于运营，运营社群就是运营品牌。在用足耐心的同时，需要运用好5种武器。如图65所示。

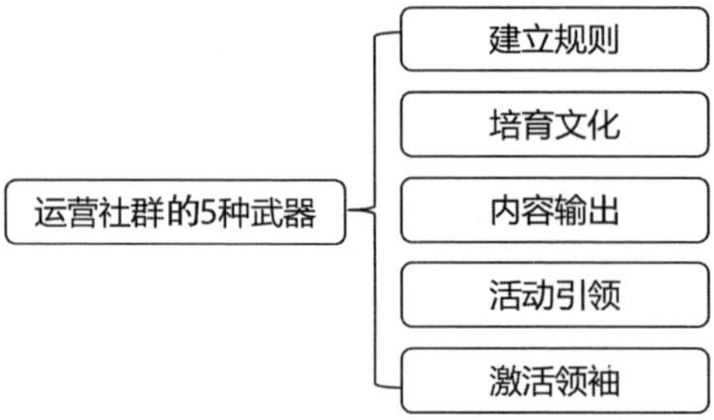


图65 运营社群的5种武器

### 武器1：建立规则

既然是群体，那必须要有相应的规则规范才能长久生存，不然只会像一盘散沙般徒有其表。在社群规则中，以下3点非常重要：

**第一，共同群规**。即在社群使命之下，所有成员需要共同遵守的基本规则。在良好的规则及运作机制下，管理员的管理也更加省力，社群成员更加信服。

**第二，角色分工**。要给社群成员找到自己在群内所处的角色，让大家都有参与感，让每个成员都清楚地知道自己是里面的一分子，而不是一个路人。可以邀请行业专家“坐镇”，吸引社群成员，形成不同的势能。

**第三，激励机制**。让社群成员保持活跃，要有一定的激励机制、反馈机制。比如“零售客户群”，让零售客户知道自己每月的销售积分，获得其他成员的反馈，让人获得持续的成就感。

**第四，风险预控**。随着《互联网群组信息服务管理规定》的施行，聊天有风险，建群需谨慎，群主的责任变大了。作为品牌社群，应避免政治、宗教等敏感内容，杜绝淫秽色情、暴力恐怖、谣言诈骗、传销赌博等违法违规信息在群组内的传播。这些需要作为严格的规则，人人遵守。

### 武器2：培育文化

基督教有礼拜日，家庭有过年，夫妻有结婚纪念日，总之，都有固定的仪式化行为。社群也要有节日与仪式，如小米有橙色星期五，让成员有“组织感、仪式感、归属感”。

**第一，建立社群仪式**。如果把社群活动“仪式化”，每次以固定的方式做类似的事情，就会逐步提高参与度，并且让成员养成习惯。就像买彩票一样，每周的那么几天大家都知道要买彩票、几点钟要开奖。建立社群仪式要注意两点：

一是仪式需要相对固定并且严格限制。每次的活动需要用固定的形式，比如明确的开始和结束时间、明确的组织形式等。秋叶的PPT社群，每次新成员加入，都有爆素颜照的仪式，这样每次在新成员加入之前，所有人都会被培养出期待感。

二是需要设计参与行为。许多社群的通行做法是每周安排一个人进群分享，这其实不是“聚集一群人做一件事”，而是“你为这一群人做一件事”。需要设计一些让社群成员易于参与、乐于参与的事情，比如互相打分、荣誉上榜、轮流坐庄等，强化仪式行为。

**第二，营造社群亚文化**。要有群符号、群规、群标识、独创的群语言、群友之间特定的称呼等。比如小米MIUI的荣誉会员，他们简称为“荣组儿”；又如有些社群设计了自己的“表情包”，不再用微信表情，而是用自己小圈子的表情，这就是一种比较有效的社群亚文化，能强化社群成员 “We are family”的认知。

武器3：内容输出

能够将人们从广场上拉进社群的，只有内容，“内容为王”说的就是这个道理。对以服务用户为主要价值定位的卷烟品牌社群来说，持续的优质内容输出应体现在“知识干货、咨询答疑、信息资讯、利益回报”4个方面。“干货”是真享，“红包”是真爱。

内容输出其实不见得都需要原创，更多的是将现有品牌知识资源进行整理，定期进行分享。用户在社群里不是作为被动的“教育对象”，他们有主动获取资讯、获取知识的诉求。

武器4：活动引领

活动是宣传拉新、增强成员粘性、激发活跃度的有效手段，也是引导社群主题的有效方式。一个社群的活跃度需要不断运营活动进行刺激。在活动的预热和进行期间，群内的讨论话题和日常交流大多会以活动内容为中心发散。

活动一般分为常规活动与非常规活动。常规活动是让用户对社群忠诚、热爱，非常规活动是要宣传社群、拓展品牌影响力。对于品牌社群来说，重要的活动就是鼓励粉丝参与产品研发或体验过程。从小米的社群运营中可以看出，小米从手机的调研、开发、宣传等各个环节都举办了大量的线上线下活动，在活动强势引导社群内部话题的同时，极大地增强了社群内部粉丝间的交流，高度参与感形成了米粉的自发传播,让米粉固化了“我是主角”的感受。

社群活动要线上线下一体化，线上拉粉、建群、做活动是起点，最终还要落实到线下。线上线下结合起来，才是完整的社群营销。线下活动可以深度拓延，不宜局限于烟草内容，也不一定需要不菲的投入，更多需以跨界思维来组织，也可以由社群成员自行策划组织，增强参与感、认同感、群体感，一起

“自我实现”。

武器5：激活领袖

事实上，每个活跃的社群都拥有领袖式成员，他们通常是早期核心成员或品牌铁杆粉丝，拥有较强的表达欲望，且相对其他成员拥有较大的话语权。同时，“人以群分”，领袖成员的特征很大程度上决定了一个社群未来加入的新成员特征，社群成员对意见领袖的信任也反映了他们对产品和品牌的信任。

领袖式成员对于社群的拉动和引导作用十分巨大，运营社群时应该联合这些意见领袖进行示范引导与活动管理，把他们培育成“群头”，让社群不偏离最初的定位及主题轨道。甚至可以支持他们建立“自组织”，鼓励其组织各类活动，持续保持社群活跃度。

总之，社群营销很时髦，但运营社群很艰苦。没有持续艰辛的坚持，“长尾”将变成“烂尾”。很多事情不看做不做，而看做多久、能否坚持到底，社群营销亦是如此。

## 六、让你秒懂：干货盘点与小炒

1.“社群”不等于微信群、QQ群；社群是基于虚拟空间的人与人的一种情感关系。要研究的不是网络，而是人性。

2．社群营销就是让品牌的用户（目标用户）“一起入群一起嗨”。

3．建立社群的四大法则：系统规划、定位价值、赋予使命、筛选成员。

4．建立社群不是“组织一个群体”，而是“聚合一帮人，一起做一件事”。

5．运营社群的5种武器：建立规则、培育文化、内容输出、活动引领、激活领袖。

6．社群营销的背后是用户思维，核心在于有没有投入资源去响应用户的需求。

7．企业如何建立自己的社群？引用罗振宇的两句话：以求道的精神做产品；用求爱的方式做传播。

8．社群营销很时髦，但运营社群很辛苦。没有持续辛劳的坚持，“长尾”将变成“烂尾”。

## 小贴士："罗辑思维"社群三部曲

罗辑思维号称有几百万用户，已相当于一般省级电视台的流量，据说估值上亿，其最大的价值就是构建了一个顶级的微信社群。罗辑思维是如何构建社群的呢？主要有3步：

**其一，选对人**。罗辑思维的用户主要是85后"爱读书的人"，这群人有共同的价值观、爱好，热爱知识类产品；会员加入要交钱，分200元和1200元，确保会员能真正付出行动。

**其二，养习惯**。培养共同的习惯，可以进一步固化会员"自己人效应"。比如，固定每天早上大概6：20发送语音消息，培养用户阅读习惯。

**其三，强互动**。线下的互动更能激发人与人之间的联合，罗辑思维就曾举办过不少线下活动，比如"爱与抱抱""霸王餐"游戏等。

# 第十七章 重新定义跨界营销

不同行业、不同品牌之间的“融合”越来越盛行，宜家有了餐饮，小米出了牙刷，Uber和复联在一起了，杜蕾斯与立白“一起去污吧”，专车与电影结合了，穿衣与美食融会了……看似风马牛不相及的两个事物，一旦走在一起却能擦出令人惊喜的火花。

不用多说，营销老司机都知道这就是所谓的“跨界”，这股潮流正在逐渐风靡于各行各业。

## 一、跨界营销：我只服隔壁老王

“跨界”，英文“crossover”，字面意思是指“交叉、超越”，艺术界称之为“混搭”，演艺圈称之为“客串”。在商业领域，跨界是指要么“打劫”，要么合作。跨界“打劫”，意指外行杀入内行，内行丢盔卸甲。在跨界“打劫”的年代，隔壁老王，防不胜防，要避免被“打劫”，就要主动跨界合作。

### （一）跨界营销的概念

从营销的角度来说，跨界是指不同行业、不同品牌之间的角色客串、渗透融合，“跳出行业看行业，跳出品牌做品牌”。

跨界营销，通常的书面定义是指：根据不同行业、不同产品、不同偏好的消费者之间所拥有的共性和联系，把一些原本毫不相干的元素进行融合、互相渗透，进而赢得目标消费者的好感，使得合作品牌都能够得到最大化的营销。

菲利普•科特勒曾对跨界营销有过经典又另类的论述：未来的品牌世界将

只有3种生存模式，统领主流市场的独立品牌，另类派别的小品牌，以及两个非竞争关系的独立品牌组合出的混合品牌。也就是说，未来的品牌“非大即小”，或者跨界生存。

对跨界营销的本质可以从不同角度来认识：

从企业的角度来看，跨界营销是一种用户资源互换，你把你的用户给我，作为交换，我把我的用户给你，双方不涉及或者较少涉及资金方面的付出，这种方式能让双方以较小的投入获得更多的用户，实现双赢或多赢，因而是一种投入产出比较高的营销方法。

从用户的角度来看，跨界营销是一种生活方式的融合，彰显的是一种生活态度与审美方式的融合，如爆米花、可乐与电影的组合，就是一种常见的生活方式；喝着小酒叼着烟，也是一种常见的生活方式。

### （二）跨界营销的类型

完整地看，跨界营销主要有水平跨界营销、纵向跨界营销和交叉跨界营销3种款式。如图66所示。

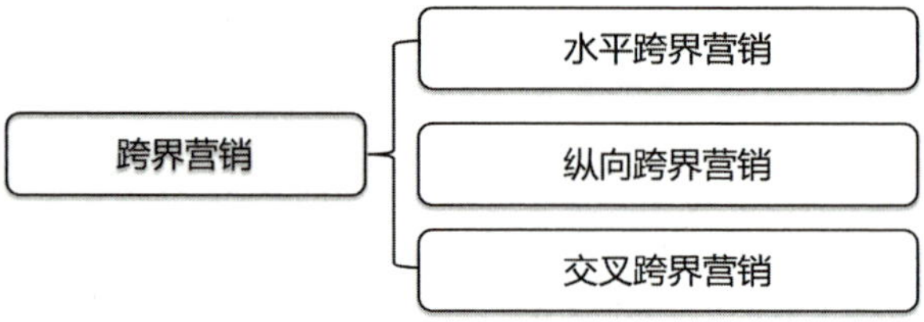


图66 跨界营销3种款式

1. **水平跨界营销，**是指不同行业、不同品牌之间在一致的目标下，实现优势互补，创造竞争优势的营销手段。这是最常见、狭义上的跨界营销。

2. **纵向跨界营销，**是指产业链上下游企业共同投入市场、共建渠道，服务消费者，实现利益共享。酒类企业与经销商的深度合作就属于此类跨界，烟草行业出现的区域品牌定制也接近于此类跨界。

3. **交叉跨界营销，**是指企业、合作单位、消费者之间形成三位一体的联动关系，共享价值与利益。可口可乐当属此中高手，其在体育营销、餐饮营销、游戏营销、音乐营销等方面的精湛表现，无不渗透着交叉跨界营销的精髓。

### （三）跨界营销红火的动因

跨界营销为什么就火了？道理其实很简单。

**第一，用户越来越跨界**。这是跨界营销兴起的根本动力。全渠道化消费者的消费需求更加扩散，生活方式更加多元，一个文化符号已无法诠释一种生活方式或者再现一种用户体验，就需要几种文化符号联合起来进行诠释和再现，而这些文化符号的载体就是不同的品牌。

**第二，边界越来越模糊**。互联网的跨界渗透能力，各个行业之间的围墙正在逐步被推倒，固有的藩篱正在被打破，在一个大的概念范围内早已是你中有我、我中有你，有些情况下人们已经难以分辨某一款产品应该属于哪个行业。

**第三，竞争越来越激烈**。当依靠市场竞争解决不了问题时，就需要用合作来解决，一个企业、一个品牌、一个产品单打独斗的时代早已结束，合作共赢正在成为不可抵挡的潮流。

## 二、玩转跨界：法则、姿势与注意事项

在品牌形象塑造、产品内涵输出都存在严重梗阻的情况下，跨界营销为卷烟品牌开辟了新的营销方式，成为后广告时代的主要营销武器之一，有利于突破界内资源的约束性，将烟草本身特性与合作方的品牌、人文、地理等元素的交集发挥到最优，实现价值跨越，提升消费体验。

我国自古就有“烟酒茶不分家”的消费传统，非烟不近，非酒不亲，非茶不交，产品都具有嗜好性、快消性、社交性等特点，在消费群体上也有着很多交集，烟酒茶的跨界合作基于特定的消费习俗与特定的文化渊源。烟酒跨界方面，行业内较早的案例如好猫与西凤酒牵手推出“好猫西凤酒”，在本地市场取得了不错的业绩，也加深了消费者对两个品牌的认知与联想；2012年贵州中烟携手贵州茅台推出贵烟（国酒香），烟酒飘香的珠联璧合效应取得了成功，赢得了良好口碑，在业内掀起了烟酒跨界的旋风。烟茶跨界方面，山东中烟以既能凸显泰山地域特色，也符合“泰山”高端气质的“女儿茶”为蓝本，构建了“茶甜香”“品类”；七匹狼（通仙）的命名灵感源自古人的饮茶体验（唐代诗人卢仝《七碗茶诗》），品茶与品烟感觉相通，贡烟与贡茶比邻而居。当

然，茶企也在踊跃跨界，比如普洱茶烟等茶制代烟品的问世（真正的跨界“打劫”哟）。这些跨界都是遵循“烟酒茶同源”的传统认知，深入挖掘当地名酒、名茶元素，具有不可复制的“原产地标签”。

新形势下，卷烟品牌要玩转跨界营销，这里提供“三个四”的套路组合，供营销老司机参考。

### （一）四项基本法则

隔壁老王是个神一般的存在，跨界营销**“只有想不到，没有做不到”**，但在实际操作中，有的企业将跨界营销简单地理解为联合促销，忽视了双方在品牌、消费群体、资源等方面的匹配度，使得跨界效果大打折扣。实施跨界营销，须掌握四项基本法则：

**法则1：门当户对**

找对人才能干对事。两个企业在战略、品牌、实力、营销思路和能力、消费群体、市场地位等方面应该有共性和对等性，只有具备这样条件的跨界营销才能更好地发挥协同效应，实现利益共享。如“奔驰”牵手“乔治•阿玛尼”，两者都是在各自领域享有盛誉的奢侈品品牌，贵烟牵手茅台，娇子牵手五粮液，都是基于地域因素的强强联合，可谓是“天造地设的一对”。因此，跨界营销最为重要的一环就是选择匹配的合作对象，这很大程度上决定了跨界的效果和成败。

**法则2：格调相配**

这种相配应表现为3个“一致”：一是消费群体的一致性，合作双方必须具备一致或者契合度高的消费群体（当然，消费群体的契合度也可以表现在消费特性、消费理念等方面的相同相似）；二是品牌理念的一致性，是指双方在品牌内涵上有着一致或者相似的诉求点，能相互映衬与相互诠释，使品牌形象和品牌联想更具张力；三是利益共享的一致性，双方要能通过跨界合作带来一致大小的利益，各取所需。

**法则3：关系错位**

参与跨界营销的企业或品牌应是互惠互利、互相借势增长的共生关系，而不是此消彼长的竞争关系，这就需要合作企业在产品上具备非竞争性。此老王与彼老王不是“对手”，两个隔壁老王才有合作的可能。错位有时也体现在老牌企业与新兴企业的跨界合作上，如可口可乐一直定位为年轻人消费群体，它选择的跨界合作伙伴都有时尚、前卫的元素。

**法则4：互补到位**

合作企业在产品属性上要具备相对独立性，合作不是对各自产品在功能上进行相互补充，而是产品本身相互独立存在、各取所需，是基于一种共性和共同的特质形成用户体验上的互补效应、乘法效应。“英雄配好剑，骏马配好鞍，名烟配好酒”，才能各得其所、相得益彰。

## （二）四种主要姿势

卷烟品牌如何有效切入“跨界”？主要有4种姿势（见图67）：

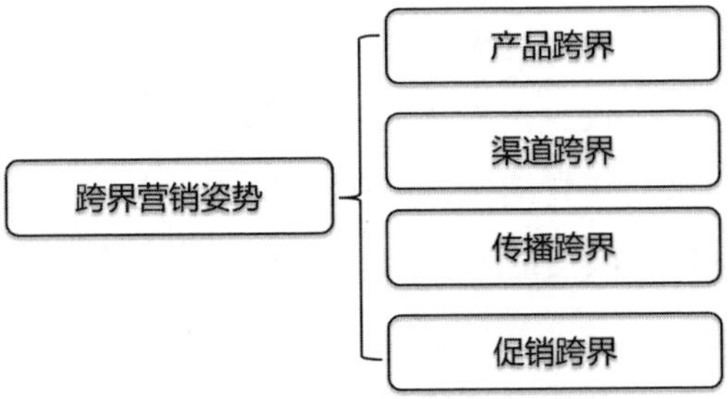


图67　卷烟品牌跨界营销姿势

**姿势1：产品跨界**

产品跨界是最常见的跨界模型，是指在产品研发过程中，企业通过借鉴同行业或行业外成形的概念、功能，实现自身产品的功能跨越。如“果汁＋牛奶”，形成消费者喜爱的果奶饮品，让“营养快线”成为“娃哈哈”最赚钱的

“王牌产品”之一。产品跨界主张积极地向其他行业、其他品牌学习，奉行有取舍的“拿来主义”，让自身产品形成“叫得响”的卖点与“可感知”的感官体验，做到与众不同，提升产品附加值和品牌含金量。这方面卷烟品牌已经有较多探索与实践，如前文提到的“烟酒茶跨界”都属于产品跨界。值得一提的是，已有卷烟品牌结合现代小资的生活方式，实现了香烟与咖啡的跨界。如真龙（燃情时光）在滤嘴棒中添加了红酒、咖啡颗粒；中南海（Z咖）自称“第一支搭配咖啡的香烟”，标有Z符号的金棕色烟支看起来像一根巧克力棒，为消费者提供更新奇、更潮流与更时尚的体验。

**姿势2：渠道跨界**

渠道跨界是指产品或品牌跨越不同于常规的销售渠道，以获得不同领域的消费者。这在家电、建材、IT、汽车、手机、日用品、饮料食品等行业都有大量运用，如“家电＋建材”，将家电与建材渠道进行融合，为消费者打造出一站式的体验营销。时下，企业面临的渠道选择越来越多，传统意义上的渠道概念正在被推翻，产品通过各类渠道出现在与消费者产生关键接触的任何地方，“窄”渠道变为“宽”渠道。卷烟渠道除了卷烟零售终端以外，卷烟工商企业可以尝试与银行、4S店、网咖、酒吧、茶楼、酒店、婚庆公司、旅游景点等进行合作，在特定的地点推出特定产品，实现资源共享和优势互补，如黄金叶（易捷之风）牵手中石化进行渠道跨界，丽江烟草、贵阳烟草探索“烟草＋旅游”的跨界等，都是以较少投入拓展卷烟营销阵地，实现优势互补、资源互用、利益共赢。据北京的年青消费者反映，在琴行里也能买到“麻万”（万宝路的一个规格），可见卷烟渠道跨界的脑洞还可以无限制打开。

**姿势3：传播跨界**

传播跨界主要是指多个不同领域的品牌联合起来合力进行传播，共享营销成果。如创维与华帝合作的“创维-华帝农村影院工程”等，被业内誉为跨界传播的经典；2016年七夕节，TCL联合福临门、杰士邦、冷酸灵等多个品牌以“白搭体”吐槽产品痛点，令人脑洞大开；2017年春节前夕，洽洽与暴走漫画合作拍摄的《暴走吧，洽洽年货节》，创造了出人意料的“笑”果。现在的消费者每天都被各式各样、眼花缭乱的广告围追堵截，使得购买决策充满变数，当以往百试不爽的传播方式逐渐失灵时，跨界传播成为新趋势。卷烟品牌已经不可能在公众媒体和空间做广告，但不代表不能做任何传播活动，如可以借助某些事件性机会或专业性平台进行内容植入、跨界造势。在实践中，有些卷烟品牌借助酒类、食品、高端礼品等专业交流平台，与经销商和消费者进行深度沟通，本质上就是一种有效的跨界传播，如贵烟（跨越）连续在2016年、2017年中国（广州）春秋两季国际茶博会上亮相，成为柑普茶商的待客佳品；四川中烟采取网络直播方式，开展“宽窄逍遥游”七城巡游活动，刷新了卷烟品牌跨界传播的方式。又如，“青春小酒”江小白的表达瓶上出现了“天下好烟出云南，云端广袤思无限”的内容，更是烟酒跨界传播的新形式。

**姿势4：促销跨界**

促销跨界即营销老司机熟悉的联合促销，是指双方达成促销合作计划，其中一方企业的产品成为另一方企业的促销品或促销工具，或者双方均把对方产品作为己方产品的促销品。这在食品饮料、家用电器、汽车等产品销售中运用十分广泛，如可口可乐牵手魔兽世界、小米手机等，给年轻人以一种“酷毙了”的感觉；杜蕾斯携手携程酒店推出“约会袋”，携手“饿了么”网上订餐，精准抓住了用户痛点。在实践中，烟酒茶混搭、“喜烟＋喜糖”的婚庆套餐等都是常见的卷烟销售“黄金搭档”，既可以更好满足用户需求，又可以实现销售增量。在线上，真龙积分会员平台与微商平台开展合作，引入蜂蜜、牛奶等特色商品对“龙粉”优惠销售；微信公众号“和联盟”在2016年“双12”与腾讯理财通合作，为卷烟零售客户提供理财空间，都体现了跨界促销的新探索。

当然，4种姿势的划分只是相对的，可以任意组合起来创造不同的玩法。比如四川中烟与五粮液集团“川烟＋川酒”的跨界合作就包含了产品、渠道、传播和促销4种姿势，实现与五粮液品牌背后相关人群形成广泛的链接。产品合作方面，双方共同开发“五粮浓香”特色卷烟产品和雪茄烟产品，以及“宽窄”品牌、长城雪茄专属的系列白酒，融合宽窄、酒香、爆珠3个概念的宽窄（五粮浓香）已经面市；渠道合作方面，双方组合优势销售渠道，互相提供产品展示、终端促销及服务工作，探索品牌联合促销、客户资源共享、共建股份制烟酒直营店的形式；传播合作方面，全国1000多家五粮液专卖店都有可能成为宽窄的形象店；促销合作方面，双方共同开展体验式消费和终端品鉴，根据需求互相提供促销品等。

（三）四大注意事项

江湖言“出来混的，迟早都要还的”。营销老司机必须认识到：“出轨”的悲剧很多，跨界营销也是一把双刃剑，不可以把跨界营销作为一种噱头，更不能炒作概念。运用好跨界营销，需注意以下4点：

**其一，用户导向**。跨界营销面向的是相同或类似的消费群体，其实质是实现多个品牌从不同角度诠释同一个用户特征。因此，企业须奉行以用户为中心的营销理念，从关注自身向关注用户转移，更加关注用户需求，更加强调用户体验与感受。换言之，要以恋爱的心态去跨界，而不是简单的交流合作。自“援酒入烟”概念出现以后，卷烟品牌出现了以模仿为主要手段的跟风势头，酒香爆珠产品除了贵烟（国酒香）、宽窄（五粮浓香）外，还有娇子（软祥云）、天子（五粮香）、泰山（皇家礼炮）、黄山（古井）、真龙（佳韵）……有的烟民直接表示“也是醉了”。盲目跟风反映出没有真正地确立用户导向，使跨界成为劈腿式的耍流氓而不是有诚意的恋爱。

**其二，体验互补**。跨界营销中，寻找合作伙伴的依据，是基于用户体验的互补，而非简单的功能性互补，甚至可以说：跨界是否成功的标志，就在于能否形成高层次的用户体验。如有的烟草企业与中石化加油站开展跨界合作，效果就很难会好，为什么？因为不符合消费者的真实生活方式与消费场景。加油站是杜绝烟火的地方，停车加油的人绝不会在加油站吸烟（除非不要命了），买烟的概率也很低。

**其三，资源交换**。跨界合作不是一个品牌和另一个品牌的简单相加，1＋1>2才有意义。如果双方还要花费大量的费用，就完全没有必要采取这种策略。跨界合作要么是用户换用户，要么是产品换用户。合作对象的用户基数一定要足够大，不能太小众，这是合作的基础条件。至于用户基数多大才算是足够大，这取决于企业所预期的目标以及自身产品的用户数量。没有种子用户的企业，不适合玩跨界营销。

**其四，高效协同**。跨界营销对相互合作的企业在营销能力上提出了很多挑战。以往企业的营销战略，只需要考虑如何使用好企业自身的资源，而由于合作，企业需要考虑如何通过战略上的修正，在与合作伙伴的互动中，获得资源利用上的协同效应，为用户创造更好的消费体验。

“世上本没有路，走的人多了，也就成了路”。跨界营销的发展方向很可能是无边界营销（不是无底线营销），世上原本就没有边界，或者说，边界原本只是人们心中的壁垒。

## 三、让你秒懂：干货盘点与小炒

1. 跨界营销，要么主动跨界，要么主动共享。

2. 跨界营销的本质，从企业的角度来看，是一种用户资源互换；从用户的角度来看，是一种生活方式的融合。

3. 跨界营销主要有水平跨界营销、纵向跨界营销和交叉跨界营销3种款式，水平跨界营销是最常见的跨界营销。

4. 跨界营销之所以被追捧，有三大背景：用户越来越跨界；边界越来越模糊；竞争越来越激烈。

5. 跨界营销为卷烟品牌开辟了新的营销方式，成为后广告时代的主要营销武器之一。

6. 玩转跨界营销的四项基本法则：门当户对、格调相配、关系错位、互补到位。

7. 玩转跨界营销的4种主要姿势：产品跨界、渠道跨界、传播跨界、促销跨界。可任意组合创造出不同的玩法。

8. 玩转跨界营销的四大注意事项：用户导向、体验互补、资源交换、高效协同。

# 第十八章　重新定义数据营销

这是一个言必称数据、万物皆数据的时代。据说，“大数据”就在每个人身边乃至体内，人们的一言一行、一举一动都转化为数据，无处可逃，无秘可藏。大数据之“大”，并不单指“容量之大”，而是通过对海量数据的交换、整合和分析，带来“大知识”“大科技”“大价值”，因而大数据被拥趸者称为**“未来的新石油与矿产”**。“大数据之父”维克托•迈尔–舍恩伯格曾大胆预测：“虽然数据还没有被列入企业的资产负债表，但这只是一个时间问题。”

作为营销老司机，当然要学习、了解大数据相关理论与技能，一是大数据可以用来相亲把妹（可以一个人买张电影票试试），二是据《哈佛商业评论》论断，数据分析相关工作是“21世纪最性感的工作岗位”。既实用又性感，不学不用岂不辜负深情？但说起大数据，许多营销老司机首先是“脑袋大了”而不是“数据大了”；说起数据采集，只会“收集数据让你看” 而不是“穿过数据来看你”；说起数据分析，“问君能有几多愁，连抽三包黄鹤楼”。这一切的根源，在于把数据及数据营销神秘化、复杂化了。重新定义数据营销，就是要回归简单，为我所用。

## 一、数据营销：没有那么“大”

数据在营销中的运用由来已久，算不上新课题。如今之所以更强调数据营销，一方面，正如胡适先生所比喻，国人多为“差不多”先生，什么事情都“差不多”就行，缺乏数据收集、整理和使用的传统；另一方面，在烟草行业内部，以互联网为依托的电子商务、工商零数据共享等新型营销工具得到广泛运用，客观上积累了大量数据。国家烟草专卖局在对卷烟营销市场化取向改革的部署中，明确提出了**“提升数据营销能力”**、“加快推动卷烟营销方式从‘经验营销’向‘数据营销’转变”，数据成为驱动业务变革的要素。

### （一）数据的本质及特点

所谓数据（data），是信息的表现形式和载体，是用于表示客观事物的未经加工的原始素材。进入信息时代后，人们趋向把所有存储在计算机上的信息（符号、文字、数字、语音、图像、视频等），都统称为数据。由于产生数据速度极快、数据类型多样化、数据数量海量巨量，因而有了“大数据”之说。

大数据（Big Data）究竟怎么界定，各有说法。有人强调其“信息资产”的属性，有人强调其“4V”（volume、velocity、variety、value）特点，有人强调其“在线、实时、全貌”的本质，也有人强调其背后的“大思维”——与互联网相通的一整套新思维。

玩大数据的前提是企业实现信息化，目前多数烟草企业虽然完成了信息化，但在数据集成共享、数据分析建模、数据人才培养等方面并不成熟。营销老司机还是要从基础做起，理清“数据”的本质及特征：

**第一，数据本身无意义**。数据是信息的表达，信息是数据的内涵。数据只有对实体行为产生影响时才成为信息，如“他身高180”本身没有意义，只有你的择偶标准是180时，这个数据才是有意义的信息。

**第二，单个数据无价值**。数据只有经过累加、量变引起质变才会有价值。“他身高180”没有什么价值，只有在众多男生中只有他一个人身高180时，才凸显出价值。

**第三，多组数据更真实**。关于同一个事物的多维度数据更能反映该事物的全貌。“他身高180”只能反映身高是否符合需求，只有结合其他数据分析，才能发现他原来居然是一个“高富帅”。

**第四，数据是有情绪的**。数据虽然是事实或观察的结果，但数据也是有情绪的。“他身高180”，对有身高情结的女生来说是有温度的数字，往往意味着积极评价；对无身高情结的女生来说，则可能完全无感。

## （二）数据营销及相关概念

营销“砖家们”尤其喜欢编词，与数据营销容易混淆的概念就有数据库营销、数字营销以及大数据营销等。

1. 数据库营销（DMS）是指为了实现接洽、交易和建立客户关系等目标而建立、维护和利用顾客数据与其他顾客资料的过程，其本质是实施“一对一的顾客关系管理”。北京老字号内联升鞋店“履中备载”、王永庆“量米缸卖大米”等故事都反映了早期的数据库营销，IT网络及数据技术的发展使之作为一种营销手段变得更加普及与成熟，烟草企业对零售客户基本实现了数据库营销，而消费者数据库还有待破题。

2. 数字营销是指使用数字传播渠道推广产品和服务的实践活动，从而以一种及时、相关、定制化和节省成本的方式与消费者进行沟通，其核心是精准与互动，关键是提供可衡量的营销效果。一般而言，数字营销是从传播沟通的角度提出，媒介传播领域习惯使用这一概念。

3. 大数据营销是指基于多平台的大量数据，依托大数据技术而应用于互联网广告行业的营销方式。其本质是通过精准信息推送来影响目标消费者购物前的心理路径，实现线上与线下营销的连接。因此，大数据营销是侧重于从互联网广告的角度提出，互联网领域习惯使用这一概念。

综合对上述几个概念的比较，营销老司机不难发现，烟草企业需要的、能做的不是时尚的数字营销，也不是时髦的大数据营销，而是**包括数据库营销在内的数据营销**。主要原因有二：其一，烟草企业拥有大量数据，但并不拥有传说中的“大数据”，现阶段数据主要存储在“一号工程”及卷烟营销系统内，既包括原始数据，也包括初级加工数据，数据来源处在从抽样统计向大数据转型的过程中。其二，卷烟品牌传播的广泛受限性，决定了通常意义上的数字营销、大数据营销不具备直接的实践意义。结合实际需要，营销老司机可将烟草企业的数据营销描述为：在卷烟营销实践中有目的地采集、分析、应用相关数据，以实现**“心中有数、策略有度”，**更精准地满足消费者需求的过程。

概言之，数据营销就是依据数据来实施营销决策，指导营销活动。数据，既可能“大”也可能“小”，关键在于“活”。数据的价值不在于量的多少，而在于业务流程中真实数据的沉淀和实时处理、反馈，这样的数据才是有价值的“活数据”。

## 二、数据营销：正确打开“三件套”

一般说来，数据营销要解决3个关键问题：

第一，数据怎么来（采集）。

第二，数据怎么挖（分析）。

第三，数据怎么用（应用）。

常规思维路径是“采集-分析-应用”，即先采集、再分析、后应用，大多数营销老司机都会一直奔跑在追寻数据的道路上，甚至深陷在采集数据的“泥潭”中，遑论分析与应用。重新定义后的思维路径应是“应用-分析-采集”，数据营销首先要先解决怎么应用数据，再考虑如何分析数据，最后，自然明确要采集哪些数据，这就是“大脑指挥手脚”，而不是“手脚束缚大脑”。如图68所示。

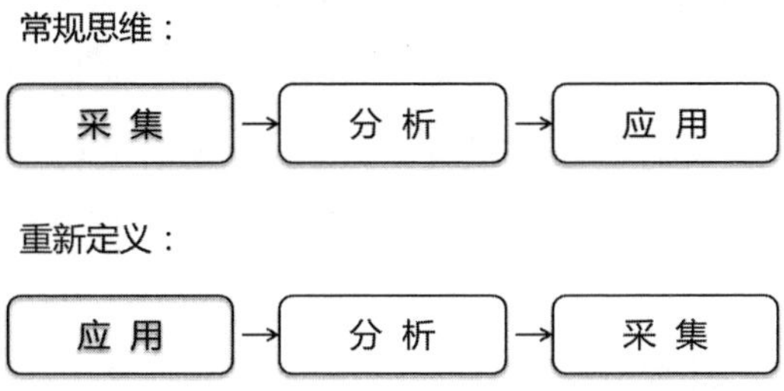


图68　两种思维下的数据营销要素比较

## （一）数据是要用的

卷烟营销是从预测市场需求、组织适销货源、供货满足需求到平衡市场状态的完整闭环，广义上来讲，各个环节都必须应用数据。这里按照市场、品牌、客户以及营销管理4个方面做一重点梳理：

1. 从把握市场维度看，数据营销的意义在于绘制市场“晴雨表”，做好“气象预报”。主要有三大应用方向：一是预测消费需求，挖掘市场机会；二是发现关键用户，实施精准营销；三是预警市场变化，规避经营风险。烟草企业在市场状态的数据化衡量方面已进行了大量探索，形成了较为成熟的经验，如青岛烟草、厦门烟草的市场状态量化衡量与调控等。

2. 从培育品牌维度看，数据营销的意义在于绘制品牌“体检表”，做好“品牌保健”。主要有五大应用方向：一是研究消费需求，支持产品研发创新；二是研判品牌发展趋势，制定品牌营销策略；三是描述品牌用户群体，实施个性化营销；四是监测品牌市场表现，调整品牌传播策略；五是诊断品牌市场状态，调整品牌投放策略。

3. 从服务客户维度看，数据营销的意义在于绘制客户“全景图”，做好“客户顾问”。主要有三大应用方向：一是研判客户经营状态，实施渠道优化；二是把握客户订货行为，改善客户服务；三是个体上定位客户经营状态，提供经营指导。

4. 从营销管理维度看，数据营销的意义在于绘制营销管理“仪表盘”，做好“管理贤内助”。主要有两大应用方向：一是评估现行策略效果，优化营销／销售策略；二是积累绩效数据，支持绩效管理。

## （二）数据要挖出油

如果把数据比做石油，那数据分析就是勘探、钻井、提炼、加工的技术。数据固然宝贵，但数据如何解释、如何应用、如何变现更加根本。有研究表明，大多数企业只对自身持有的约12%的数据进行了分析，分析能力不足是企业数据营销面临的普遍问题。大多数烟草企业对数据商业应用的敏感度同样偏低。

所谓数据分析，就是基于商业目的，有目的地进行收集、整理、加工和分析数据，提炼出有价值信息的过程。面对同样的数据，仁者见仁智者见智，而且真实的数据并不一定能推导出正确的结论，探求数据价值取决于把握数据的人。只有熟悉营销业务，以面向未来业务的眼光去分析，才能发现（新）价值。不重视数据分析，无法成为真正的营销老司机。

数据分析就像做一道精美大菜，主要包括6个步骤（见图69）：

Step1：理清目的（下单）。根据数据分析应用方向，整理分析框架和分析思路，带着初心出发。

Step2：数据收集（备料）。按照确定的数据分析和框架内容，有目的地收集、整合相关数据。

Step3：数据处理（切配）。对收集到的数据进行加工、整理。主要包括数据清洗、数据转化等处理工作。

Step4：数据挖掘（烹饪）。通过分析手段、方法和技巧对准备好的数据进行穷尽可能的探索分析，直到挖出“油”来。

Step5：数据呈现（装盘）。字不如表，表不如图。一般情况下，数据分析结果都是通过图表方式更直观地呈现出来。

Step6：撰写报告（上菜）。通过分析报告，把数据分析的目的、过程、结果及方案完整呈现出来，为营销业务提供参考。

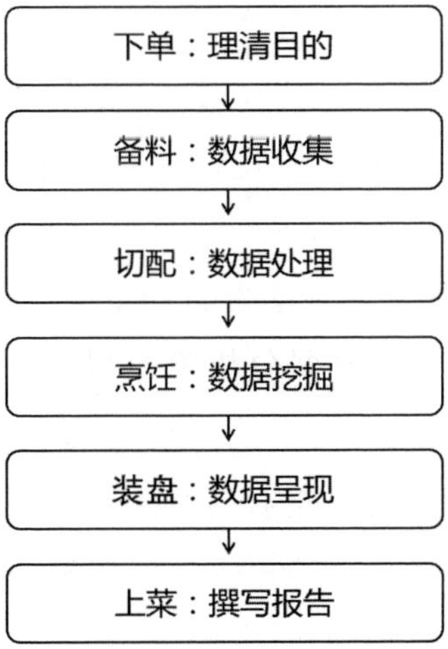


图69　数据分析6步骤

做好数据分析，营销老司机还需掌握三个法则：

**法则1：思路比方法重要**

有些营销老司机习惯于更关注分析方法与技术，但成功的数据分析实践的核心因素不是数据分析方法与技术，而是对业务深入理解和正确分析的思路。方法主要用来汇总统计与呈现，使数据分析变得简单，而要使数据分析有用有效，能够发现有价值的信息甚至见人之所未见，则取决于思路。思路体现在逻辑思考（数据建模）、创新灵感、分析结论、可行建议等环节，“不谋全局者，不足以谋一域”，优秀的数据分析者应具备全局观。以分析市场机会为例，至少有6种思路：从外部因素分析市场机会，从价值链分析市场机会，从用户需求分析市场机会，从用户行为习惯分析市场机会，从市场特征分析市场机会，通过市场细分分析市场机会。总之，思路越开阔，发现就越多。如图70所示。

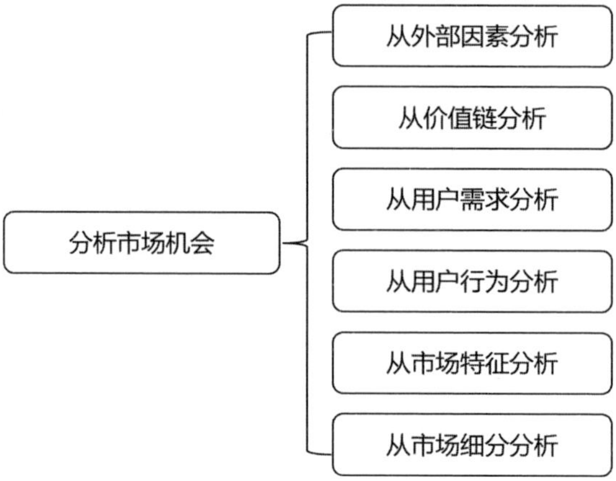


图70　市场机会分析的多种思路

**法则2：相关比因果重要**

大数据思维强调“关注相关性而不是因果关系”。每个数据就像散布在夜空里的星星，彼此之间布满了关系网，或正相关或负相关，轻轻按下其中一个数据，可能就会引起另一个数据的变化（比如，尿布销量变化可以引起啤酒销量变化）。营销老司机习惯于使用聚焦镜（因果分析），而使用广角镜（相关性分析）有助于从枯燥的数据中发现开脑洞的全新价值。如格林斯潘任职美联储主席期间，发现男性内裤销量平稳上升，就预示经济形势良好，反之，则经济形势下行。他据此提出了著名的“内裤理论”，并成功预测了美国经济走势。

**法则3：方法其实也很重要**

工欲善其事，必先利其器。不能因为“思维比方法重要”就否定方法的重要。营销老司机要轻松驾驭数据，就要学会使用工具与方法。一要熟悉常规数据分析方法，最基本的要了解如方差、回归、因子、聚类、分类、时间序列等方法的原理、使用范围、优缺点和结果的解释。二要熟悉至少两种数据分析工具，使用Excel是基本功，还要熟悉一个专业的分析软件如SPSS / SAS / Matlab等，便于进行专业统计分析、数据建模等。三要熟悉数据呈现常用图表，如饼图、折线图、柱形图 / 条形图、散点图、雷达图、金字塔图、矩阵图、漏斗图、帕雷托图等，能用图表就不用数字，能用图片就不用文字，能用动态呈现就不用静态展示。

## （三）数据要采得准

在数据采集环节主要有采什么、采多少、怎么采3个基本问题，都要求“准”。

**第一，采什么**

营销老司机不是采蘑菇的小姑娘。在明确了数据应用方向、数据分析需求后，要坚持按需采集，只采集**有效度的用户数据**，避免“大而全”的数据冗余带来无从下手或全量采集后却不知道要分析什么的尴尬。所谓“效度”，是指一个数据或指标的生成，需贴合它所要衡量的事物，即指标的变化能够代表该事物的变化。比如，要衡量某个品牌的市场状态，选择社会库存量作为指标，就是一个效度不足的指标，存销比才是有效度的衡量指标；又如，要预测消费需求，零售客户订单数据就是效度不足的数据，烟民数量、烟民人均吸食量、烟民购买行为及其相关数据才是有效度的数据。

**第二，采多少**

大数据的理想状态是“有多少、采多少；有什么、采什么”，用“全样本”反映大市场。抽样统计则是“窥豹一斑”，以“小样本”反映大市场，这里并不是“韩信带兵、多多益善”，但要注意**数据的全面性和多维度**。所谓全面性就是指数据量足够具有分析价值、数据面足够支撑分析需求；多维性就是指能灵活、快速地自定义数据的多种属性和不同类型，从而满足不同的分析目标。比如，就单个客户单次订货数据（交易数据）而言，需求提报量、订货频率、订货量、订货金额、订足率、订货规格数、最大单品订货量、新品订货量、一二类烟订货比等指标可能是需要的，有助于有新的发现。

**第三，怎么采**

烟草商业企业目前采集数据的主要方式有人工采集、终端POS机扫码、信息间的系统对接等。从未来一段时间看，既要保持传统抽样采集方式，又要扩大样本和采集范围，采用信息化采集手段，从采集零售客户数据向采集消费者数据延伸，形成覆盖全渠道、全业态、全景式的数据采集体系，满足数据的大量性、多类型要求，保障**数据的信度**。所谓“信度”，是指一个数据或指标自身的可靠程度，包括准确性和稳定性。在信息技术高度发达的今天，只要明确了“采什么”，“怎么采”是容易解决的，例如在明白基本的“5W2H”也能玩转消费行为数据后，终端消费跟踪方法自然迎刃而解。目前行业内已有零售终端扫码、消费者样本长期跟踪、客户经理驻店调查等有价值的做法。

## 三、客户数据：梳理千丝万缕来懂你

烟草商业企业已经积累了海量的零售客户数据，主要有客户基础数据、客户交易数据、客户经营数据等。对营销老司机来说，缺少的不是零售客户数据，可谓是千头万绪、千丝万缕，但“数据何其多，用时方恨乱”，有效度、有信度的数据仍显不足，读懂客户仍然是一道未完成的题目。与其迷失在客户数据的海洋，不如建筑起可以安放信号灯的“孤岛”。“做”的永远比“说”的更靠谱，采集分析客户数据，同样是行为数据最有价值、最有含金量。

### （一）客户行为数据标签

客户千万，行为多样。以大数据思维来看，在多样化、充满随机性的客户行为中，交易行为、在线行为最真实，同时，烟草管理的特殊性决定了不可忽视客户的守法守规行为。因此，客户行为数据主要有三大类（见图71）：

**一是客户交易行为数据，**指客户实施订单行为产生的相关数据，能真实反映客户经营能力与经营状态。主要有订单频次、订单总量、订单总金额、订单满足率、（关注单品）订足率、（关注单品）订足面、（关注单品）再购率等指标。这类数据在订单平台上客观存在，即使客户发生交易行为时受到了违背自身意志的外部干扰，仍不改变数据的真实性。

**二是客户在线行为数据，**指客户登陆订货平台的相关数据，能直观再现客户面对订货平台时的工作场景。主要有访问时段、访问频次、在线时间、点击率、浏览时间、站内搜索、论坛发帖量等指标。大部分公司过去对这类数据没有重视，积累得还不够，只能“数据几时有，点烟问电脑”。

**三是客户守法守规行为，**指客户违反专卖法规或行业营销规范的行为记录，能显著反映客户的忠诚度，并从另一个角度折射其经营状况。这类数据不一定完整，但具有显著性的分析价值。

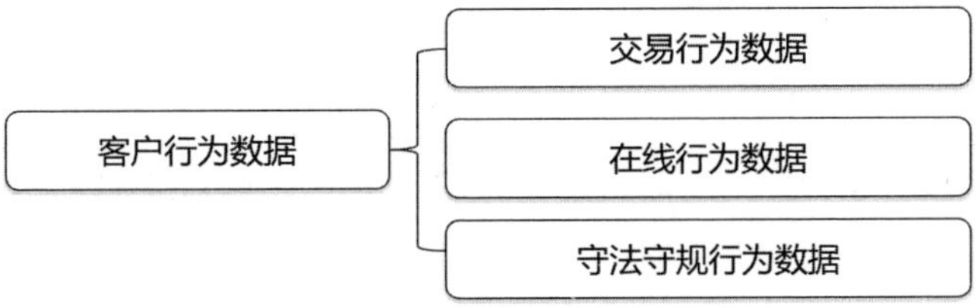


图71 客户行为数据主要类型

### （二）客户行为分析的三维空间

营销老司机一般都比较关注客户“进销存”分析，在这个分析模型中，有效的数据只有“进”的数据即客户订货数据，“存”的数据要么缺失要么“缺实”，“销”的数据更是只能类推得出。因此，不用想多了，老司机只需重点进行客户交易行为分析（客户订货数据），就可以发现很多。

**第一，交易行为分析：发现交易背后的秘密**。为啥要分析客户交易行为？一般说来无非有这三大原由：一是发现问题，特别是交易异常现象；二是发现机会，特别是可上量、上结构、上品牌的目标群体；三是发现交易规律，特别是对调节供需关系具有指导意义的客户订货规律。

交易行为分析从内容上按照“客户（交易数量、交易金额、交易频数等）、品牌（上柜率、再购率、断货率等）”两大维度，来分析交易特征及发展规律。每个维度又可从空间和时间的角度建立分析框架，空间上分“面、线、点”，从整体到类别再到个体，分析各自表现；时间上分“过去、现在、将来”，从时间序列角度来分析变化轨迹。

构建覆盖客（户）品（牌）、时空交错的分析框架，通过对比、分类、描述、相关等分析方法，让交易背后的秘密无处可藏。一是对比分析，“不比不知道，一比吓一跳”，数据的价值因对比而清晰，对比始终是最简单有效的分析方法，可纵向对比、横向对比或综合对比，对比的眼力决定分析的水准；二是分类（聚类）分析，用类别代替个体，使复杂的事情简单化；三是描述分析，一般分析集中趋势和离散趋势；四是相关分析，研究事务间的某种联系，如相关关系、因果关系。

客户交易数据是个金矿，还有无限挖掘的可能（如客户基础数据关联分析），可进一步挖掘客户属性特征、客户需求规律、客户经营能力及客我关系状态等。

**第二，在线行为分析：洞悉订烟时刻的表情**。在假装拥有在线行为数据的情形下，在线行为分析是真正的实时在线全貌的大数据分析，任意一个指标都有不可忽视的分析价值。这里提供3个分析模型供参考：一是客户黏性分析，从访问频次、在线时间、浏览时间等指标分析客户“高黏性-低黏性”，这种行为粘性是真正的依存度内容；二是客户互动分析，从点击率、站内搜索、论坛发帖量等指标分析客户“强参与-弱参与”，这种参与行为直观反映客户经营意识与订烟时的诸多表情包；三是行为关联分析，将在线行为与交易行为关联分析，如某个新品上市通告的点击率与客户的新品上柜率、订购量之间的关系等。

**第三，客户价值分析：货真价实的RFM模型**。卷烟零售客户真正的价值隐藏在交易行为数据中，客户价值分析一般可采用常见的RFM模型（见图72），把握该（类）客户的购买频率、购买金额及变化轨迹，形成精准的客户价值评价，发现他究竟是“金牛”客户还是“瘦狗”客户，是品牌忠诚型客户还是“花花公子”型客户。

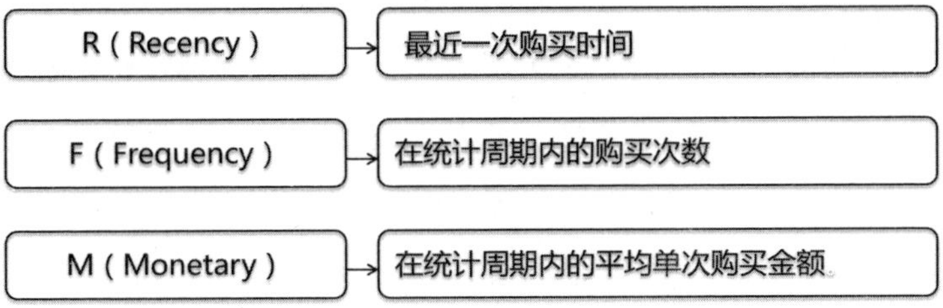


图72 用户价值分析RFM模型

R（最近一次订单）：用户最近一次购买时间（近度）。

F（频率）：用户在统计周期内的购买次数（频度）。

M（价值）：用户在统计周期内平均单次购买金额（值度）。

RFM强调以行为来区分客户，较为动态地显示了一个客户的全部轮廓。其意义主要有4点：一是依据对R、F变化的监测，推测客户订单的异动状况，形成对客户流失可能性的判断，如果某个客户的“R”停留在一个月前甚至更长时间，他很可能停歇业或发生了其他事情，这样的客户总数有多少等，这些可为预测未来订单趋势提供依据；二是从M的角度分析，很容易找出贡献度高的客户，如果某个客户的“M”最近几个周期稳定提高了，其原因是什么，这样的客户总数有多少等，也可以据此预测订单结构趋势；三是结合前两点，把重点放在贡献度高且流失机会也高的客户身上，提供个性化的客户沟通与服务，降低客户流失几率；四是可与其他交易行为数据、在线行为数据关联分析，精准地发现客户需求或购买行为特点，进而施加影响以提高客户的购买次数或平均单次购买金额。

在RFM分析的基础上，按照“R”“F”“M”3个因子对个体进行聚类，构成不同细分客户群集合，对不同客户群进行多维度的进一步分析，可能会有诸多“不可描述”的价值发现。

## 四、烟民数据：穿越千变万化来读你

对营销老司机来说，一个重要的挑战莫过于准确识别消费者态度和行为驱动因素，并且对其施加影响。以往主要通过调查问卷、小组座谈和访谈获得消费者信息，然而基于性别、年龄、地域的消费者描述就像一张曝光不足的照片，只能看到照片里模糊的身影，消费者到底是一个什么样的人、处在什么生活状态、有哪些购物习惯等难以清晰把握。跟踪消费者行为，可以获取更真实、更精确、更有参考性的数据，消费者行为分析是营销分析的首要内容。

烟民数据是指在零售终端实施消费跟踪而采集的烟民购买行为数据。当然，从实际情况来看，**"数据几时有，点烟问青天"**。营销老司机可以继续假装已拥有这些消费跟踪数据。

## （一）赋予身份标签

老汉在本书《重新定义市场调查》一章中已提出，零售终端发挥消费跟踪功能，成为获取烟民数据的重要渠道。终端消费跟踪一般按照"5W2H"模型实施，但这7个要素并非平行并列，购买主体（who）是关键要素。因此，要建立以购买主体为核心的分析模型，从而实现贴切的烟民画像。烟民画像的核心是"标签"，在数据管理平台中，要对购买主体的基础属性、购买属性分别进行标准化处置（见表22、23），赋予其身份标签。

表22 购买主体基础属性的标准化处置

| 基础属性 | 标准化处置 |
|---|---|
| 性别 | 男，女 |
| 年龄 | 老，中，青 |
| 职业 | 公务人员，工，农，兵，学，商，专（技），其他 |
| 收入 | 高收入，中高收入，中等收入，低收入，无收入 |
| 教育程度 | 硕士及以上，本科，大专，高中／中专，初中，小学及以下 |
| 常住区域 | 按实际行政区域处置 |

表23 购买主体购买属性的标准化处置

| 购买属性 | 细分指标 | 标准化处置 |
|---|---|---|
| 购买目的 | | 自吸，交际，送礼 |
| 购买时间 | 购买频率 | 每天，隔天，3天及以上 |
| | 时间节点 | 上午，下午，晚上 |
| 购买地点 | 市场类型 | 城镇，乡村 |
| | 业态类型 | 商场，超市，烟酒店，便利店，食杂店，娱乐服务，其他 |
| | 经营规模 | 大，中，小 |
| 购买牌号 | 购买品牌 | 按照实际的品牌、规格导入 |
| | 购买规格 | |
| 购买数量 | | 单包，多包，单条，多条 |
| 购买方式 | | 点名式自主购买，非点名式自主购买，推荐购买，促销购买 |

## （二）整体分析的双维视角

消费行为学历来重视对消费决策模式的研究，出现了诸如科特勒行为选择模型、EKB消费决策模型（恩格尔模型）、尼科西亚模式、霍华德—谢思模式等复杂的研究成果。一包烟的消费决策其实没有那么复杂，这些模型在研究烟民购买行为中并无用武之地。营销老司机只需要掌握这样的双维视角即可：

**第一，购买主体分析：他们怎样买烟**。抽取购买主体中的任意一个基础属性，分析这一群体在购买目的、购买时间、购买地点、购买牌号、购买数量、购买方式上的分布及变化，把握该群体的购买形态，挖掘其购买偏好及变化轨迹（见图73）。购买偏好是消费动机在消费行为中的显性表现，最有分析价值的购买偏好其实只有品牌偏好、购买方式偏好两种。品牌偏好反映“什么人在吸什么烟”，信息量很大，可挖掘各个品牌／规格的消费群体特征，可挖掘是稳定的品牌偏好还是不稳定的品牌偏好，也可进一步挖掘类型偏好、吸味偏好、烟支偏好、包装偏好等深层次消费偏好，如此等等；购买方式偏好反映“吸烟的人怎么买烟”，可以进一步挖掘终端推荐、宣传促销对不同群体购买行为的影响程度。另一个重要指标是购买数量，与购买频率关联分析，可折射消费需求量的“潮起潮落”（变化规律）。

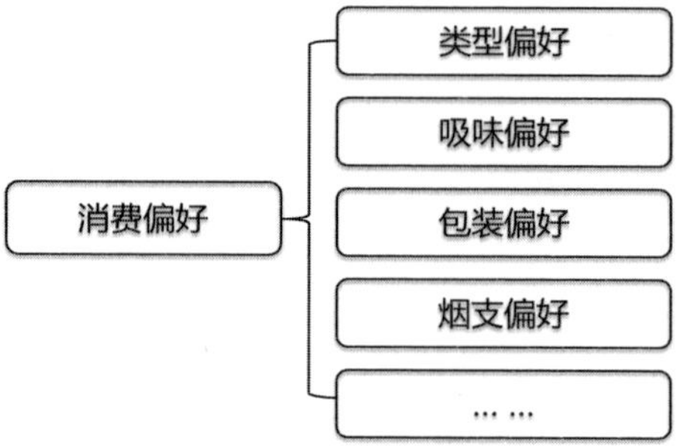


图73 透过购买品牌偏好来挖掘消费偏好

**第二，购买属性分析：他们有什么不同**。抽取购买目的、购买时间、购买地点、购买牌号、购买数量、购买方式中的任意一个指标，分析其在不同消费群体中的分布及差异，把握该属性的分布特征及变化轨迹，挖掘不同消费群体在该属性上的显著差异，找出那些“骨骼清奇”或需要做出营销响应的特定细分群体，如最喜欢在晚上买烟的群体、最喜欢买细支烟的群体、最喜欢买某个固定牌子的群体等。当然，各个购买属性犹若“北斗七星”，对它们进行关联分析也可推测方位、观察气象，但对结论往往需要进一步验证。比如阿里巴巴数据分析人员曾提出“女性胸部越大越‘败家’”，这是对女性内衣购买行为数据关联分析后得出的结论，网友们则不认同，认为："胸大的普遍嫁得好，所以才有能力败"，这是对生活场景进行高度还原后得出的结论。因此，数据分析的结论还需要结合现实生活情景来佐证。

烟民个体分析一般从购买目的、购买时间、购买地点、购买牌号、购买数量、购买方式等方面，把握该烟民的消费形态、消费偏好及变化轨迹，也可采用RFM模型，重在衡量与管理用户价值。

数据营销属于营销老司机的高阶技能，不见得人人要会，可以让专业的人去做专业的事，但任何营销老司机都要重视数据、训练数据思维，毕竟在网络时代，这是件"很性感"的业务技能。

## 五、让你秒懂：干货盘点与小炒

1. 大数据既性感又实用，不学不用岂不辜负深情？不要"收集数据让你看"，而要"穿过数据来看你"。

2. 烟草企业需要的、能做的不是数字营销，也不是大数据营销，而是包括数据库营销在内的数据营销。

3. 卷烟数据营销，就是实践中有目的地采集、分析、应用相关数据，以实现"心中有数、策略有度"。

4. 数据营销的3个关键问题，对此，常规思维路径是"采集—分析—应用"，重新定义以后的思维路径应是"应用—分析—采集"。

5. 所谓数据分析，形象点来说，就是探悉被数据"比基尼"掩盖的真相。不懂得数据分析，无法成为真正的营销老司机。

6. 确保采集到有效度的用户数据，力争采集有信度的用户数据。

7. 客户行为数据分析主要包括3个维度：交易行为分析、在线行为分析、客户价值分析。

8. 烟民数据按照“5W2H”模型获取，建立以购买主体为核心的分析模型。

9. 烟民的整体分析需着重两维度：他们怎样买烟，他们有什么不同。

10. 俗话说，审视美女身材看“三围”，分析用户价值看“RFM”。

## 小贴士：数据分析报告8要点

数据分析成果不是用来自赏的，而是用来沟通的。营销老司机要做好决策参谋，就要把分析成果有效地组织和呈现出来，形成报告。这里扼要总结出写好数据分析报告的8要点：

要点1：报告要有框架，框架要有逻辑。

要点2：数据要有来源，来源要能查证。

要点3：分析要有结论，结论要有提炼。

要点4：报告要有结论，结论要有依据。

要点5：报告要有建议，建议要能落地。

要点6：概念保持一致，用词力求准确。

要点7：尽量多用图表，动态呈现更好。

要点8：全篇通俗易懂，不要制造新词。

# 第十九章 重新定义货源投放

货源投放是打开“卷烟商品流”流向市场的水龙头。这些年来，水龙头一直在放，水一直在流，时而大水满灌，造成市场的泛滥，时而细水断流，引发市场的饥渴；那种静水深流、滋润市场心田的景象似乎还不多见。

货源投放这个“水龙头”集各大水系力量于一体，承载着行业、企业、卷烟品牌、零售客户、消费者等各方利益，因而一直是各方关注的焦点。从行业监管的角度看，规范性是第一要求；从品牌发展的角度看，精准性是内在要求；从客户盈利的角度看，适需性是本质要求；从企业经营的角度看，适量性、均衡性是关键要求（水满则溢，水浅则倒灌）。因而，在部分营销老司机看来，货源投放既是烟草公司最有权力感、仪式感的核心业务，也是富有策略性、具有操作难度的技术活。在卷烟营销市场化取向改革的大语境下，营销老司机需要重新定义货源投放，打破一些根深蒂固的不切实际的认知。

## 一、卷烟货源：从分配到投放

在早期“大进大出”的粗放经营阶段，烟草公司对卷烟商品的处置方式是转手批发、甩卖，赚取微薄的批发差价。自行业启动卷烟销售网络建设以后，货源供应作为一个业务环节，其重要性日益凸显，业务方式也不断演进，大致经历了依据计划分解货源、按客户类别协商供货、探索精准营销和探索按需投放这4个发展阶段，总体上从“分配”转变为“投放”，从人工操作转变为系统自动操作。

**第一阶段：依据计划分解货源**。彼时强调“以我为主、由我调控”的烟草人对“需求”还没有任何概念，按计划生产、按计划调拨、按计划销售，一般做法是层层分解货源计划，蛋糕有多大，就给你分多少。

**第二阶段：按客户类别协商供货**。自2006年试点“订单供货”改革后，特别是2008年国家烟草专卖局《“按客户订单组织货源”业务操作规范（修订）》对卷烟货源供应提出明确的规范后（即总量浮动管理，顺销品牌基本满足，紧俏品牌合理限量），全行业逐步形成了按客户类别协商供货模式。此模式考虑到客户需求和客户经营能力，强调“均衡科学供货”，与简单的计划分解相比有了较大进步，但“浮动”的标准是什么，“合理”的依据是什么，“协商”的效果怎么样，人为因素、经验决策仍占很大成分，零售客户只能在“规定时间”获取“规定订单”，普遍患了“吃不饱”与“吃不消”并存的中国式“胃炎”。

**第三阶段：探索精准营销**。随着进入大品牌时期，2010年上海烟草首先提出的“精准营销”浮出水面，逐步在全行业得到推广。精准营销以精确信息为基础、精准投放为关键、精细管理为保障，为高端品牌投放提供了一种力求“不断档、不积压、稳价格、促销售”的操作模式。在精准营销的推波助澜下，部分单位开始探索“全货源”精准投放，即以数据分析为基础，把所有卷烟货源“精准”投放给有真实需求的零售终端。这进一步体现了市场导向，也体现了品牌导向，但客户“真实需求”的真实性一直无从衡量，因而，“精准”终究只是一份美好的向往。

**第四阶段：探索按需投放**。以卷烟营销市场化取向改革试点为标志，货源投放进入探索按需投放“青春期”。有的企业响亮地提出了“客户要什么给什么、要多少给多少、不要什么不给什么”的口号，听起来朗朗上口、振奋人心，干起来却让营销老司机们总觉得有什么地方不太对劲。但不管怎么说，这充分体现了努力满足零售客户经营需要的担当，体现了对客户自主经营权的尊重。

## 二、市场化取向改革：从规范到规范

货源投放是卷烟营销市场化取向改革的重要规定动作之一，虽然确立了“按订单组织货源、按需求衔接计划、按状态调整策略”的总体要求，强调尊重市场、遵循规律，但改革顶层设计的着力点不是“放开”，而是“规范”，以规则促规范。归纳起来，从4个方面确立完善了货源投放规范：

**一是规范了货源分类**。将卷烟货源分为顺销品牌（规格）、紧俏品牌（规格）、新品牌（规格）三类。其中，顺销品牌（规格）又分为完全满足品牌（规格）和均衡满足品牌（规格）。

**二是规范了投放规则**。将货源投放规则分为按需、按档位、按价位段投放三类。归根到底，投放规则其实就两种：要么按需投放，要么不按需投放（限量）。按档位、按价位段投放其实就是不同的限量规则，前者注重普惠性，后者注重贡献度。如表24所示。

**表24 货源类型与投放规则**

| 货源属性类别 | | 货源属性类别 |
| --- | --- | --- |
| 顺销品牌（规格） | 完全满足品牌（规格） | 按需投放 |
| | 均衡满足品牌（规格） | 按价位段投放<br>按档位投放 |
| 紧俏品牌（规格） | | 按档位投放<br>按档位与价位段结合投放 |
| 新品牌（规格） | | 工商协同制定投放策略 |

**三是规范了投放管理**。要求必须做到所有品牌（规格）让客户自主选择，确保客户“不要什么，不给什么”，坚决杜绝种种不规范经营行为。强调坚持公平、公正、公开的原则，所有货源投放做到有规则可依、按规则办事，确保经营能力相同的零售客户享受一致的投放策略（同档同策略）。

**四是规范了大户管理**。强调要认真贯彻“限制大户、发展中户、扶持小户”的方针，明确销量大户标准，强化大户管理，切实解决依靠大户卖烟的问题。要支持中小客户发展，原则上对中小客户不设订货总量上限，帮助中小客户挖掘经营潜力。

在具体投放策略上，则经历了从最初的“要多少给多少”到重新设置投放量上限的变化。2016年改革试点工作要点提出：“要结合市场特点，针对主销规格制订差异化的限量投放策略”“要合理设置单次单品牌（规格）投放量上限，做到既满足零售客户的真实需求，又避免因投放量过大而造成社会库存积压或者真烟异常流动。”这个变化反映了经过初期改革试点后，行业不再盲目追求广义的“市场化”，而是进一步清晰了“稍紧平衡”状态下的市场化取向。

## 三、货源投放的本质究竟是什么

形象地说，卷烟货源，有时候就是个**大美女**，人人趋之若鹜；有时候又是个**丑八怪**，人人避之不及。原因很简单，货源是在一个周期内的供应总量，有可能稀缺，也有可能过剩，稀缺时就是美女，过剩时就是丑妞。

重新定义货源投放的内涵，就需要以“开源思维”来多视角地洞悉“货源”的本质：

**开源思维1：货源即资源**。烟草专卖体制和卷烟生产计划性的特点，决定了卷烟商品总量的“有限性”。因此，无论是对烟草商业企业还是卷烟零售客户来说，卷烟货源都是重要的资源。这个资源究竟是稀缺的美女资源，还是过剩的丑八怪资源，取决于货源的供求关系（市场状态）。因此，作为营销老司机必须做到3点：第一，确立牢固的资源观，货源就是你的“子弹”、你的“干粮”；第二，维护资源的稀缺性、珍贵性，这要从需求上研判、总量上控制、状态上调节（当然，往往会与销量目标发生难以调和的矛盾）；第三，合理配置资源，骨感的销售现实决定了不可能所有货源都稀缺珍贵，这就要对供给结构合理规划、合理配置，做到“子弹”中有“炸弹”，“干粮”中有“干货”。

从这个视角来看，**货源投放本质上是一种资源配置方式，**理论上要求发挥市场在资源配置中的决定性作用，这是最理想的配置方式，但问题是“臣妾做不到啊”，而且卷烟商品作为国家税赋凝结物，如果完全让市场来配置货源，会导致阶段性国家税收流失或客户利益受损。因此，只能坚持以行政为配置资源的主要手段，最大化维护国家利益、维护客户利益（熟悉的台词，熟悉的配方），发生在零售客户之间的货源调剂、真烟流通等现象是市场发挥作用，是对行政配置货源的必要补充（开脑洞的台词，不一样的味道）。行业提出，充分发挥市场配置资源的决定性作用是衡量市场化取向改革成效的唯一标准。就卷烟商品而言，关键是要发挥消费需求在产品研发、品类供应中的决定性作用，工业研发产品从群众中来到群众中去，商业优化供应从市场中来到市场中去。

**开源思维2：货源即财源**。美女永远是男人的关注焦点，盈利永远是零售客户的关注焦点。货源就是客户盈利的源泉。这源泉，是干涸的枯井，还是财源不断的活水源头，主要取决于3个方面：第一，是否适需，是否能满足客户周边消费群体需求，这要求营销老司机为客户找品牌，实现货源与客户个性化需求的匹配；第二，能否稳价，能否保持合理的批零差价，这要求营销老司机监测市场状态，调节投放节奏，管理市场预期；第三，能否稳定供应，保持或提高需求满足率，保障客户经营不断档、不脱销。如果做到了“货源即资源”，那么“货源即财源”就比较容易实现，纵使不能让所有货源成为客户财源，但“挖几口出水的井”还是能做到的。

从这个视角来看，**货源投放本质上是一种客户服务方式，**理论上要求公平、公正、公开，这就是市场化取向改革中高度重视完善投放规则的初心所在。追求“公平”无疑是有情怀的，但营销老司机要破除对“公平”的迷思，避免片面要求“绝对公平”，每个客户的经营需求与能力并不具备可比性，衡量卷烟投放是否“公平”的主要标准：一是客户盈利，二是规则公开。只要有利于客户盈利且规则公开、操作透明，就是公平的。

**开源思维3：货源即客源**。站在品牌角度看，货源数量意味着品牌销量，货源流向意味着目标客户、消费群体，因此，货源就是客源。投放出的货源，是引客源的“一枝花”，还是断客源的“豆腐渣”，这固然与产品质量紧密相关，但与投放策略也脱不了关系，只有以合适的“量”投放到合适的“点”，才能更加吸引贵客，做到以客引客、客源滚滚。这既要通过精细地切割市场、排查终端找到合适的“点”，又要在“同一市场”实施渗透，提高市场渗透率，点面结合，以点带面，尽快形成品牌在市场上的引爆效应。

从这个视角来看，**货源投放本质上是一种品牌营销策略**，理论上投放策略有两种：一是点投放（窄渠道投放），二是面投放（宽渠道投放）。过去营销老司机总认为：点投放适用于高档品牌，面投放适用于中低档品牌。但对作为资源、作为财源、作为客源的品牌货源来说，其实有且只有一种投放策略——点投放。只有灵活采取“同一个市场”渗透式或交叉覆盖式的点投放，才能避免“天女散花”，才能发挥货源投放引导消费潮流、调节市场预期的“指挥棒”作用，真正掌握营销主动权。

## 四、货源投放规则该怎么灵活应用

卷烟营销市场化取向改革对货源投放规则做了完整的规范性界定，同时也保持了灵活性空间。在理清了货源投放的本质后，为了使作为服务方式、营销策略的货源投放更有效，在实践中可进一步灵活应用投放规则。

**第一，货源属性细分——货源不细分，美丑分不清**。在投放实践中，紧俏品牌（规格）有的销量较大，有的销量较小。营销老司机可能会说，现在烟都卖不动，哪有什么紧俏品牌。那一定是资源配置方式出了问题，从策略的角度看，如果没有了紧俏品牌，那就要赶紧通过调节培育出紧俏品牌，没有了“美女”的市场可不好玩儿。

紧俏货源投放更加敏感，可将之划分为“销量大”和“销量小”两种（划分大小的标准因地制宜）。销量较大的紧俏品牌投放，既可以作为服务方式，体现“普惠性”，也可以作为品牌营销策略，体现“精准性”；销量较小的紧俏品牌投放，则只能作为品牌营销策略，务求精准，兼顾一定的普惠面。如图74所示。

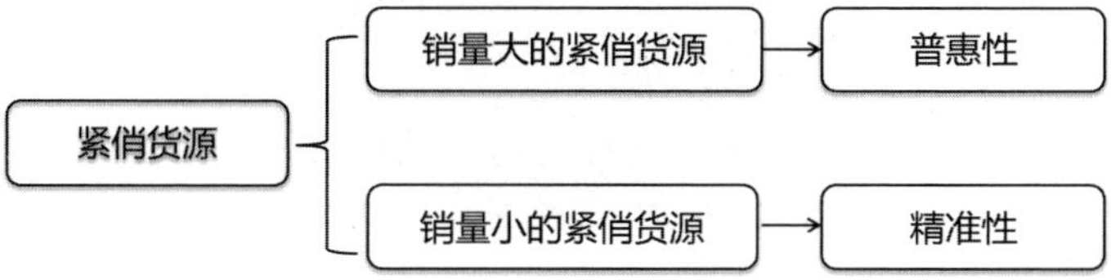


图74 紧俏货源细分

**第二，客户类别细分——客户不分类，咋整都不对。**目前通行的按客户经营能力将客户分为大中小三类和30个档位，经营能力由销量、结构、X因素共同组成。但事实上，销量与结构是两种不同的客户经营能力，客户各有擅长，这样的分档方法容易使那些有特殊/特别渠道价值的零售客户吃亏。

因此，需将销量与结构分开，以更精准地识别不同客户的不同经营能力。如按销量分30个客户档位，按结构分10个客户档位，共形成300个客户类别（别嫌多，营销的技术与艺术都在于细分），总体上可利用波士顿矩阵聚类为4个群体：高价值型、销量价值型、结构价值型、低价值型。如图75所示。

图75 基于客户经营能力的客户聚类

在客户基础属性里，除了市场类型、经营业态外，最重要的不是传说中的“商圈”（谁能准确识别客户商圈了？），而是客户的消费群体特征。识别客户的消费群体特征，是在客户分类中体现消费者营销的重要手段。

**第三，投放策略细分——要用美人计，策略就要细**。要进一步细分的投放策略是按档位投放和按价位段投放。

按档位投放是从客户服务方式角度设计的投放策略，强调同档同策，注重普惠性。为使之更有效，可进一步形成3种玩法：一是按档位定量投放，同档同量，有福同享，有难同当；二是按档位均衡投放，即同一档位设置统一的满足率投放，同档同满足率，不一样的量，一样的满足，毕竟人性的弱点是“不患寡而患不均”；三是按档位梯次投放，即按照不同档位设置梯次满足率投放，能力强者多吃点，能力弱者少吃点。如图76所示。

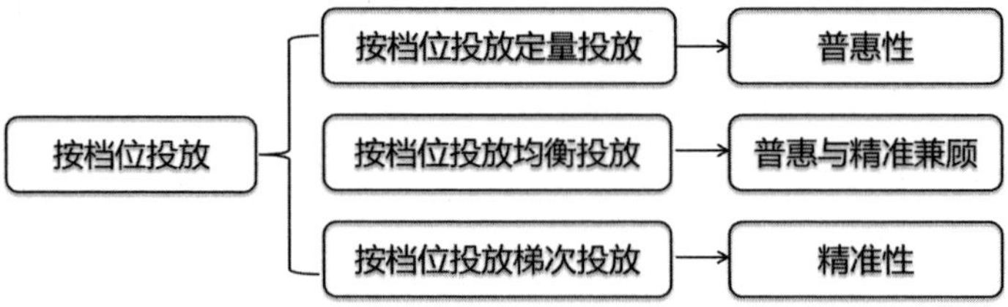


图76 按档位投放的3种玩法

按价位段投放是从品牌营销策略角度设计的投放策略，强调差异化限量，注重贡献度。特别是高价位的紧俏品牌一般只能对有需求的客户限量投放。限量投放可进一步细分为两种：一是限量到客户档位，这就回归到按档位投放，其中的第二、第三种玩法已经体现了差异化限量；二是限量到户，按照客户销售能力进行“一对一”个性化投放，一户一策。

## 五、货源投放怎么操作才更简洁化

使货源投放简洁化，有两个前提：一是杜绝不规范经营行为，规范即简洁；二是实现信息系统操作，自动即简洁。在这两个前提下，“人脑”＋“电脑”共同组成货源投放的“最强大脑”。以单品投放实操为例，主要是做好3件事、解决3个问题：

第一，何时投放。

第二，投放到哪里。

第三，每个终端投放多少。

**第一，何时投放**。这是对投放节奏的掌控，即在不同投放周期（一般以周为单位）是均衡稳定投放，还是一张一弛体现变化。掌握“水龙头”节奏的关键有二：一是投放周期所处的消费时点（季节指数）；二是货源品牌所处的市场状态。

投放节奏涉及所有类型货源，因此，货源投放应是按时序展开的流程闭环（见图77），即：按月制订投放计划，按周制订投放策略，按日跟踪市场状态，按市场状态及时调整。

图77 按时序展开的流程闭环

**第二，投放到哪里**。这是对投放策略的选择，即选择投放渠道类型以及投放面的大小，其本质是该货源要不要限量？如果不要限量，按需投放，皆大欢喜；如果需要限量，则要解决限制哪些渠道投放量的问题。从服务的角度看，限量须公平，不能厚此薄彼；从品牌的角度看，限量需精准，不应吃“大锅饭”。因此，选择投放策略的难点是从服务的角度考量还是从品牌的角度考量？处理原则应是：常销、大众货源，一般从服务的角度做考量，且按档位投放中的第一种玩法，统一限量，同档同量；高端货源，一般从品牌的角度考量，按档位投放中的第二种、第三种玩法或按价位段投放，且根据客户销售能力差异化限量。

投放策略主要涉及均衡满足品牌（规格）、紧俏品牌（规格），此时货源投放应是按逻辑展开的策略闭环（见图78），即：按市场状态识别货源属性，按货源属性选择投放策略，按投放策略确定投放对象，按投放对象实施普惠/精准投放。

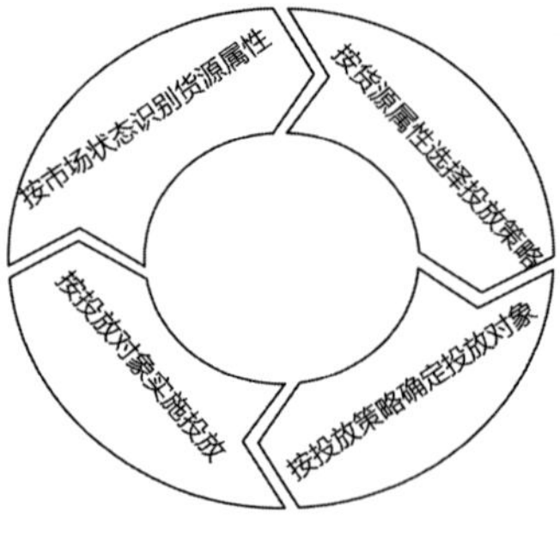


图78 按逻辑展开的策略闭环

**第三，每个终端投放多少**。这是对具体投放量的测算，即确定每个终端客户在一个投放周期内的某个单品货源投放量。从服务角度考量的统一限量，确定每个客户投放量很简单，需要精确计算到户的是差异化限量策略。测算投放量的步骤为：一是根据消费需求预测、消费季节指数、可供货源量等因素确定投放周期内的单次投放量；二是运用具体计算方法衡量出各个客户对该单品的销售能力；三是系统根据公式自动测算出各个客户的投放量。

投放量计算只涉及差异化限量到户的部分紧俏品牌（规格）或新品牌（规格），此时货源投放是一个算术公式，即按每个投放对象的销售能力来计算具体投放量。

总之，货源既是资源也是财源更是客源，货源投放需要开源思维，多维操作。心里想着市场、眼睛盯着市场、脚步丈量市场是必须的，但不能被市场牵着鼻子走，而是要让供给牵着市场的鼻子。

## 六、让你秒懂：干货盘点与小炒

1. 货源投放既是烟草公司最有权力感、仪式感的核心业务，也是富有策略性、具有操作难度的技术活。

2. 行业对货源配置的探索大致经历了依据计划分解货源、按客户类别协商供货、探索精准营销和探索按需投放4个阶段，总体上从“分配”转变为“投放”。

3. 货源即资源，货源投放本质上是一种资源配置方式。就卷烟商品而言，发挥市场配置资源的作用，关键是要发挥消费需求在产品研发、品类供应中的决定性作用。

4. 货源即财源，货源投放本质上是一种客户服务方式。追求“公平”无疑是有情怀的，但要破除对“公平”的迷思。

5. 货源即客源，货源投放本质上是一种品牌营销策略，这个时候其实只有一种投放策略，那就是点投放。

6. 市场化取向改革对货源投放规则做了完整的规范性界定，也保持了灵活性空间，在实践中可从货源属性、客户类别、投放策略等方面进一步地灵活应用投放规则。

7．单品投放实操主要是解决3个问题：何时投放；投放到哪里；每个终端投放多少。

8．选择投放策略时，常销、大众货源一般从服务的角度做考量；高端货源一般从品牌的角度考量。

## 小贴士：货源投放到户的计算方法

货源投放最容易、最理想的是按需投放，最难操作的是按客户销售能力差异化限量到户。如何计算客户销售能力？这里提供3种计算方法，供营销老司机参考：

**（1）品类系数计算法**。即根据确定的单品单次投放总量，由系统按照品类系数将其划分到某档位客户之中，并在该档位客户内进行均分（适用于均衡满足品牌）。

某档位内单体客户单品投放量＝该单品单次投放总量×品类系数／该档位客户总数

其中，品类系数＝该档位客户近3个月该单品所在品类销售总量／全市该单品所在品类销售总量。

**（2）订购能力系数计算法**。其公式为：

某档位内单体客户单品投放量＝该单品单次投放总量×订购能力系数／该档位客户总数

其中，某档位客户对该单品的订购能力系数＝（订购率×0.4）＋（订足率×0.6）。订购率＝订购户数／档位客户总数；订足率＝档位客户订货量／档位投放量。

**（3）客户类别系数计算法**。客户类别系数可以是市场类型系数，也可以是业态系数，也可以综合使用。同时，为了更准确地体现客户在销售规模、销售结构上的不同销售能力，可进一步使用销售规模系数、销售结构系数。

其中，市场类型系数＝某周期内该市场销量／全市总销量；

业态系数＝某周期内该业态销量／全市总销量；

销量规模系数＝该客户月均销量／同档位客户月均销量；

销售结构系数＝该客户月均销售结构／同档位客户月均销售结构。

这样可形成如下3个公式：

公式1：某档位内单体客户单品投放量＝该单品单次投放总量×类别系数／类别客户总数（均衡投放）

公式2：某档位内单体客户单品投放量＝（该单品单次投放总量×类别系数／类别客户总数）×销售规模系数（体现客户销量贡献）

公式3：单品对类别客户内单个客户投放量＝（该单品单次投放总量×类别系数／类别客户总数）×销售结构系数（体现客户结构贡献）

# 第二十章 重新定义营销组织

重新定义了卷烟营销的一系列概念与内容之后，当然就是要重新审视“营销组织”，真正的“营销”需要真正的“营销组织”来运作。所谓“营销组织”，是指企业内部涉及营销活动的各个职位及其结构，咱们营销老司机都是“有组织”的人。

现行的卷烟“营销组织”采取工商分设的方式，工业企业采用国家烟草专卖局领导之下的“总部+地区型组织”混合模式，商业企业则是国家烟草专卖局、省级烟草局（公司）、市级烟草局（公司）、县级烟草局（营销部）的多层级金字塔架构。这是在工商分设和卷烟销售网络建设过程中逐步形成的，总体有4个特点：一是高度垂直化，与行业的垂直管理体系相一致；二是有限专业化，工商企业都设置了一些专业化岗位；三是机构区域化，这与专卖专营的属地管理要求密切有关；四是“人海战术”，充实了市场经理、客户经理、订单员等岗位，共有5万多名营销老司机活跃在市场一线。

现行组织结构既有其高效的一面，也有其低效的一面，务实点来说，一般是响应领导要求时高效，响应市场需求时低效，特别是在品牌培育上形成了明显的职能分割，**“生孩子的不养孩子，养孩子的要养一堆孩子”**。随着卷烟营销环境的变化及卷烟营销市场化取向改革的推进，组织结构的不适应性日益凸显，为此国家烟草专卖局提出了“加强组织创新”的命题，要求“优化完善营销职能，设置新的营销岗位，加快从销售向营销的职能转型”。重新定义营销组织，就是要以市场营销观念为理念来重建“营销组织”，本章侧重以工商分设条件下的商业企业营销组织重建为例。

# 第二十章 重新定义营销组织

## 一、营销转型呼唤组织转身

在移动互联网与社交媒体驱动的“用户—企业”实时营销背景下，企业与顾客在多个渠道几乎实时进行互动，这就需要企业构建起全新的营销内容和营销接触界面，要求企业不断改造组织，使营销功能和组织进化得更敏捷、更灵活、更个性化，由此出现了很多“去中心化”“扁平化”“小团队化”的组织形式，甚至“群主”在某些企业已成为一个以“运营粉丝”为核心职责的职业化、专业化岗位（且有一个高大上的名字“社群运营经理”）。

具体到卷烟营销，近年来卷烟销量普遍持续下滑，固然有多方面的外部因素，但从内因来看，则表明传统地依靠渠道推动的“压货式”销售模式已难以为继，迫切需要建立起真正地依靠消费拉动的现代营销模式，这就是向往中的**“卷烟营销转型”**（也称卷烟经营方式转型）。正如本书《重新定义卷烟营销》一章中所述，要实现这个转型，看似容易实则不易。营销转型究竟从哪里转向哪里？有营销老司机相对完整地提出**“四个转变”**：思维从客户向用户转变；模式从推销向拉销转变；职能从销售向营销转变；重心从B端（business，即零售端）向C端（customer，即消费端）转变（见图79）。总之，营销转型的本质，是以用户思维把工作重心放在最终用户（消费者）身上，最大化地发挥消费需求的拉动作用，从而使“销售”变得顺其自然。

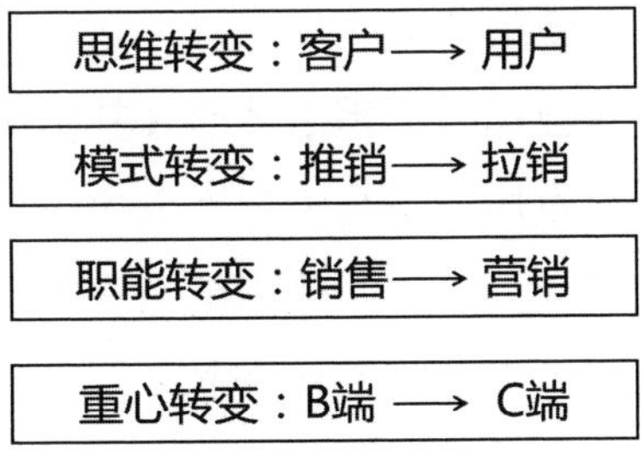


图79 营销转型的4层内涵

众所周知，在过去的营销网络建设历程中，地市级公司的营销组织架构尽管略有不同，但总体上都是以零售客户为中心的职能型组织，组织架构、部门职能、岗位设置及业务流程等都以零售客户为中心，客户是上帝，消费者是路人，客户经理众多，市场经理很少，面向消费者的营销职能要么缺失、要么弱化。因此，现行的组织可称之为“销售型”组织，以完成卷烟销售任务为主要职能。要使卷烟营销转型真正得以实现，必然要求组织架构从“销售型”转变为“营销型”，建立起全面面向消费者的营销组织及运作体系。

营销组织转身既是营销转型的组成部分，也是重要的保障因素。没有组织的“转身”，哪来营销的“翻身”。

## 二、营销组织：“营”在敏捷

营销组织的管理目标无非有三：一是对市场需求做出敏捷响应；二是使营销效率最大化；三是代表并维护消费者利益。因此，“敏捷”是对营销组织设置的最大要求。

怎么做到“敏捷”？组织设计时要做到4点：一是“以消费者为中心”，把消费者作为营销职能设计的出发点和落脚点，组织运行系统从消费需求端出发，到价值实现端结束；二是扁平化，简化纵向管理层次是现代组织的一个重要发展趋势，有利于提高响应效率与应变能力；三是专业化，对渠道建设、消费者营销等职能实现专业化分工，由专业化部门和岗位履责；四是精益化，按照“创造价值、消除浪费”的精益求精之精髓，提倡“一岗多责”，尽可能优化业务流程，简化内部管理流程。

在商业企业中，地市级公司是营销主体，其基本职能是渠道（终端）建设和拓展市场，而且渠道建设本质上也是为拓展市场服务的，旨在把零售终端建设成为合格的“消费者服务商”，更好地满足消费需求。因此，地市级公司需要建立全面面向消费者的营销组织（姑且称之为“敏捷型”组织），其关键是调整优化卷烟营销中心的组织职能与架构（当然，县级营销部作为基层执行部门，在职能设计、组织架构上需与营销中心基本匹配）。

**一是充实“营”的职能**。“营销＝营＋销”，因此，营销中心有两大职能：一是“营”，二是“销”。过去是八分销两分营，所以是销售型组织，以后要七分营三分销，成为真正的营销型组织。什么叫“营”的职能？简单地说，凡是围绕着“消费者买烟”而展开的活动，都是在履行“营”的职能；凡是围绕着“零售客户卖烟”而展开的活动，都是在履行“销”的职能。正如前文所述，职能转型不仅是思维方式的转变、行为方式的转变，更是资源配置方式的转变。现阶段，至少要明确把“营销消费者”作为营销中心的一项重要职能性活动，进行职能分解与职能描述，例如：寻找消费者、分析消费者、链接消费者、服务消费者、消费环境建设等，根据这些职能描述来设置相关的专业化部门与岗位，使营销消费者的相关职能有部门、有岗位去承担，从而对市场需求做出敏捷响应。

**二是增设“专”的部门**。根据国家烟草专卖局网络建设规范要求，地市级营销中心一般包括品牌部（采供部）、客户服务部、订单部、综合部等二级职能部门（实际上不尽一致，如山东省烟草商业系统普遍分设市场部与销售部）。如果延续职能型组织的思路，则可把现行的客户服务部一分为二，即设立终端服务部和消费者营销部（也可称为“市场拓展部”）。其中终端服务部负责服务零售客户，推进终端建设；消费者营销部负责承担与市场拓展密切相关的所有职能，如组织消费者调查、实施消费跟踪、开展消费行为分析以及实施消费者营销活动等。同时，根据移动互联发展趋势，把传统的订单部升级为电子商务部，承担与消费者有关的电子商务职能（如微信平台运营等）。如图80所示。

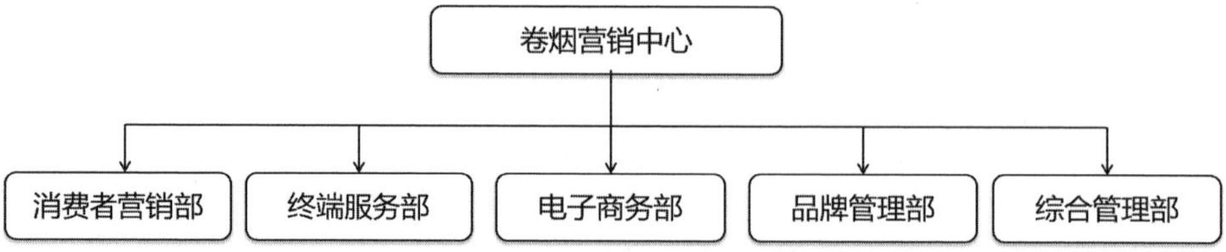


图80 烟草商业企业营销组织专业化部门设置

**三是设置“能”的岗位**。在营销前台设置两个专业化主力型岗位——市场经理和客户经理，为“敏捷型”营销组织按上一根“雷达线”。其中，市场经理面向消费市场，引导消费者买烟，“我的市场我研判、我的市场我拓展”（难以做到“我的地盘我做主”）；客户经理面向零售市场，帮助零售客户卖烟，“我的客户我服务、我的终端我维护”。在营销中台（营销部）设置3个专业化支持型岗位——市场分析员、终端策划员、品牌策划员。其中，市场分析员对应支持市场经理，终端策划员对应支持客户经理，品牌策划员全面支持市场经理与客户经理。在营销后台（营销中心）设置4个专业化支持型岗位——市场分析师、终端策划师、品牌运行师、电子商务师，形成“联合作战参谋部”，从整体市场层面强化分析研究，让决策者**“听得见炮火声”**，一线战斗员分布式协同作战，**“让子弹飞”**。这样，在岗位设置与职能发挥上，形成后台有力支持中台、中台有力支持前台的格局。中后台牛气，则前台信心十足；中后台薄弱，则前台软弱无力。如图81所示。

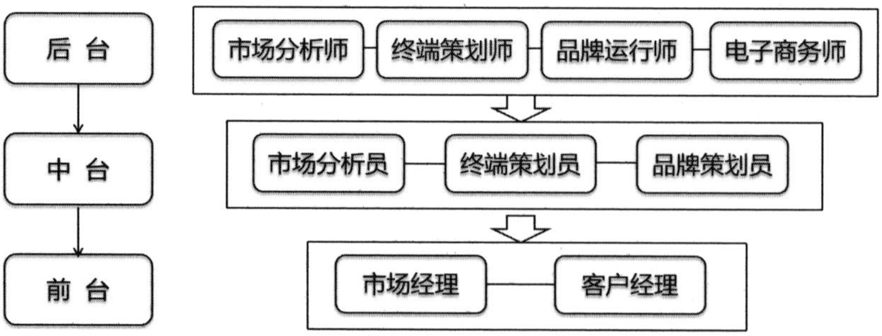


图81 烟草商业企业营销组织专业化岗位设置

这中间涉及3个问题：

**第一，会不会造成营销机构臃肿？**有些公司喜欢讲“小机关、大基层”，“宁在市场碰壁，不在办公室面壁”，因而严格控制营销中心／营销部岗位设置与人员编制，尽量把人员往一线赶。看上去这似乎没有什么不妥，甚至很“先进”，但这种组织模式本质上是“人员推销”“人海战术”的翻版，导致营销中心分析、参谋、服务等功能偏弱，对前台的支持能力严重缺失，经常出现“机关生病，基层吃药”的现象。

**第二，会不会造成市场与终端“两张皮”？**在前台设置市场经理与客户经理两个平行的专业化岗位，让市场经理回归“市场”、让客户经理回归“客户”，两者各司其职、各负其责，这是对一线资源配置的重要变革，需要强化中后台支持，在营销中心、营销部两个层面将市场与终端统一分析、统一运筹，以市场指导终端、以终端反观市场，则不会出现“两张皮”现象。必要时可组建前中后台相关岗位共同参与的“矩阵式”项目组来强化协同。

**第三，会不会造成客户经理负担更重？**当部分客户经理转身成为市场经理后，剩下的客户经理所要服务的零售客户数量会增加，其工作量会不会增加到难以负荷的程度？这取决于3点：一是服务方式的优化，突出差异化服务与在线服务，移动互联已经可以大大提高服务效率；二是终端信息化的推进，终端全部信息化后，数据提取与分析会变得相对容易；三是市场经理的补位与协同，市场经理不代表不与终端打交道，毕竟消费者最聚集的地方就是零售终端。

## 三、让市场经理名副其实

现在的市场经理是烟草商业营销组织中的一线基础岗位，其职能定位与职责也有所演进。

国家烟草专卖局《“四员”手册》（2007年试行版）中如此界定：“市场经理是（区域）营销部具体从事客户服务与营销工作及管理的岗位。其主要任务是在（区域）营销部经理的领导下，组织、管理、指导、帮助客户经理做好市场营销和客户服务工作。市场经理的工作任务包括营销管理、服务管理、客户经理管理三个方面。”这个界定把市场经理定位为基层营销管理者。《135工作法》（2012年修订版）中明确指出：“市场经理是区域卷烟市场的经营者。以服务客户为宗旨，以培育品牌为要务，以区域市场为工作场所，以指导客户经理为主要工作方式，与客户经理共同维护市场、培育品牌、服务客户。”这个界定把市场经理定位为“经营者”，同时提出以“市场”为侧重点，理念上有进步，但表达上有些模糊不清。

从烟草行业过去对市场经理的角色定位与职能描述来看，市场经理作为基层营销部管理人员，处在“兵头将尾”的特殊节点，具有基层管理者和营销执行者的双重身份，主要任务包括信息管理、销售管理、服务管理、品牌管理、团队管理。从工作实际来看，市场经理的基层管理者身份较为淡化，营销执行者身份与客户经理角色又高度重叠，从而造成市场经理的实际角色模糊，整体职能没有充分发挥。

市场经理，顾名思义，面向“市场”、开发“市场”、服务“市场”、经营“市场”，而且这个“市场”当然是指由消费者组成的卷烟消费市场。要使市场经理名副其实，真正回归市场、聚焦消费，就需要做到**“三个转变”**，即岗位性质由职能型岗位转变为专业型岗位；角色定位由基层管理者转变为市场经营者；工作重点由以零售终端为主转变为以消费市场为主。

转型后的市场经理，在角色定位上是区域卷烟市场特别是消费市场的研究者、服务者与拓展者（市场经营者）。形象地说，市场经理就是**“市场经纪人”**。在娱乐时代，“经纪人”可是一个红火的职业。所谓“市场经纪人”，即服务和打理的是某一类卷烟消费市场（最好不按照区域划分）。如何经营经纪市场是个大课题，重点可能有两条：一是研究市场，深入消费市场，持续研究消费市场，做消费者的研究员；二是引导市场，不断探索营销方法，有效引导消费市场，做消费者的导购员。

建立敏捷型营销组织，就要培养一支具有一定数量的职业化、专业化市场经理队伍。市场经理原则上应从客户经理中产生（减少客户经理规模，扩大市场经理规模），应具备专业化的市场调查、分析、预测、综合研判及营销策略应用等能力，并拥有一定的营销自主权与资源配置权。

## 四、让客户经理职能转型

自“客户经理”这个岗位出生之日起，行业就高度重视且予以较高的岗位要求与岗位期待，提出：“从访销员到客户经理，不仅仅是称呼的改变。”烟草行业对客户经理职能定位的探索，概括起来有3个阶段：第一阶段是以编制《“四员”手册》为标志，初步定位为“服务者”；第二阶段是以出台《135工作法》为标志，进一步定位为“经营者”；第三阶段是卷烟营销市场化取向改革以来，强调客户经理职能转型，明确客户经理“不再负责市场信息采集、需求预测和客户订单跟踪”，三令五申要求其“考核不得与销量、结构指标挂钩”。

在现行的营销组织架构下，尽管“客户经理”的名称听起来像“经理人”那样高大上，但却是最辛劳的岗位，面对任务必须加倍努力，面对问题只能无能为力，没有哪个客户经理真正找到过“经理人”的感觉，一度流行的“忙”“盲”“茫”就是其工作状态的真实写照，有营销老司机如此吐槽：“钱太少，活太多；事太杂，人太累；职位不高要求高，工资不高素质高；大小考试经常考，何时下岗不知道。”如果说这个岗位“很重要”，那么就重要在几乎承担了所有的服务苦力活与对业绩不力的问责。如果说零售客户是光荣的“接盘侠”，那么客户经理就是无奈的“背锅侠”（真是一对难兄难弟）。为什么会这样？是客户经理队伍素质不高，还是营销后台支持不力？原因固然是多方面的，真正的深层次原因是：烟草体制特性决定了客户经理只能是**“夹缝中的舞者”**，在计划与市场、公司与客户的双重夹缝中按规定动作“舞蹈”，既代表不了公司，也代表不了客户。

在过去的需求旺盛、不愁增长时期，零售客户对客户经理的期待并不高，“敬个礼、盖个章、问声好”，客户经理把简单的拜访服务做到位就能“感动客户”。随着卷烟市场形势“逆转”，客户经理不得不直接面对计划与市场的激烈碰撞，一方面，销量、结构、品牌培育“三座大山”如泰山般压过来；另一方面，客户怨声载道如潮水般扑过来，客户经理纵然用尽“洪荒之力”，也只会碰得头破血流，陷入“里外不是人”的尴尬处境，只能如此自嘲：“客户虐我千万遍，我待客户如初恋。”

在新的营销组织框架下，客户经理与市场经理成为营销前台并行的两大专业化岗位。客户经理主要从事客户关系维护与零售终端建设，概言之，要承担4个角色：拜访服务的提供者、终端建设的实施者、客户经营的引导者、客我信息的沟通者（见图82）。“人生如戏，不在演技在角色”。客户经理角色承担得好坏，主要取决于3个因素：一是自身素质与能力；二是中后台的策划与支持；三是权责能否对等。要在规则控制下，赋予客户经理一定的工作自主权，“让上战场的人有子弹、有干粮”，具体包括客户经理服务区域选择权、市场拜访自主权、商定销量主导权、品牌渠道建议权、货源供应参与权、终端建设提报权、终端资源配置建议权、派单请求协作权、团队业绩评价考核权等，严格用权触发条件，建立“既放得开、又管得住”的机制，使之由“螺丝钉”转变为“发动机”，由被动执行转变为自动自发。

图82 转型后的客户经理角色定位

营销组织变革“牵一发而动全身”，停留在传统销售思维里的烟草企业可能会瞻前顾后、犹豫不决。在新的营销组织形成之前，客户经理依然**“走街串**

**巷路不远，翻山越岭不怕偏；市场客户难兼顾，三座大山压在肩”**，只能互相自勉：奔跑吧，兄弟！

## 五、让你秒懂：干货盘点与小炒

1.“加强组织创新”、以市场营销观念为理念来重建“营销组织”是卷烟营销面临的重要实践课题。

2．卷烟营销转型包含“四个转变”，其本质是面向消费端、面向最终用户。

3．要使卷烟营销转型真正得以实现，必然要求营销组织从“销售型”转变为“营销型”，建立起全面面向消费者的营销组织及运作体系。

4．“敏捷”是对营销组织设置的最大要求。建立敏捷型组织的关键是调整、优化市级卷烟营销中心的组织职能与架构。

5．建立敏捷型营销组织要做好3件事：充实“营”的职能；建立“专”的部门；设置“能”的岗位。

6．让市场经理回归市场，让客户经理回归客户。

7．要使市场经理名副其实，需要做到“三个转变”。形象地说，市场经理就是“市场经纪人”。

8．要使客户经理实至名归，需要赋予其一定的工作自主权，“让上战场的人有子弹、有干粮”。

# 跋：探寻规律

回归常识、回归本质、回归简单的目的都在于探寻规律，顺理而行。正如科学家牛顿所言："简单的事情考虑得很复杂，可以发现新领域；把复杂的现象看得很简单，可以发现新规律。"

就卷烟市场而言，变化的永远是环境与现象，不变的是规律。规律是躲在市场深处的无形之手，左右着市场风云变幻。

尊重市场、遵循规律已是行业共识。问题是：卷烟营销中，究竟有哪些必须要发现和遵循的市场规律？根据本书各章中所表达的认识与观点，老汉在这里按照消费规律、零售规律和投放规律三大类，对客观存在的卷烟市场规律略加以归纳，以期形成相对完整、清晰的概念。营销老司机需认识到："舟循川则游速，人顺路则不迷。"规律不仅是用来发现的，更是用来遵循的。

## 一、消费规律：潮起潮落自有时

卷烟消费规律是指卷烟消费者在消费过程中（吸烟、买烟）普遍、稳定、反复出现的本质特征。本书试图揭示如下9条基本消费规律：

### （一）需求相对恒定律

卷烟产品的特殊性决定了一般意义上的需求规律在卷烟市场表现得并不显著。决定卷烟消费需求量的基础是人口（烟民）数量和人均吸食量，这两个指标都具有相对稳定性，因而卷烟消费需求量在确定的时间、确定的范围内是相对稳定的，也决定了卷烟消费量相对恒定。卷烟销量忽起忽落、大起大落，其背后定有不合规律之处。

## （二）需求相对弹性律

卷烟消费需求固然具有相对稳定的一面，但影响卷烟消费需求的因素众多，既有宏观的，也有微观的，随时随地都在发生，导致每个烟民的实际吸食量充满了弹性与随机性，因而消费需求总量也是有弹性的，这种需求弹性赋予营销活动以创造空间。忽视消费需求的弹性，会导致被动满足需求，使营销的创造性与乐趣荡然无存。

这两个消费规律必须联系在一起予以辩证认识，既要看到消费需求的相对稳定性，把握市场的确定性与基本面，又要看到消费需求的相对弹性律，捕捉市场的不确定性与机会，固本伺机，守正出奇。

## （三）供给创造需求律

供给与需求彼此依存，互为条件、互相促进，一方面需求引导供给，另一方面新的供给也可以创造新的需求。具体到卷烟市场，新的供给或增加有效供给可以激活消费动机、引领消费观念，优化存量需求、创造增量需求，近年来“低、细、短”现象的背后，就反映了这一规律的作用。

## （四）消费季节指数律

卷烟产品具有自吸、礼品、社交、情感等功能，决定了其消费量随着不同季节、不同月份而起伏波动，特别是具有重要节日的月份往往是消费高峰，高峰之后必有低谷。需要注意的是，不同的区域、不同的消费文化，使得卷烟消费的季节指数会不一样，反映出这一规律在不同市场情境下的具体表现。

## （五）消费观念决定律

消费升级是市场发展的永恒动力。卷烟消费者为什么会升级消费？第一，口袋富了；第二，脑袋转了。但“口袋富了”并不决定必然升级消费，只有“脑袋转了”才会真正产生消费升级行为。因此，“口袋富了”只是消费升级的充分条件，“脑袋转了”才是消费升级的充要条件。在卷烟消费者的消费升级中，消费观念起主导性作用。有些高收入地区卷烟销售结构不高、有些低收入地区卷烟销售结构较高，其背后都是这一规律在发挥作用。

## （六）消费升级跳跃律

卷烟消费者以怎样的路径升级自己的消费结构？其表现出来的现象是梯次

上升状，但这是所有消费者平均起来的结果，也是供需平衡的结果。具体到消费升级的特定人群，其消费升级呈现出较明显的跳跃式上升，即从一个主吸价位直接跳跃到另一个主吸价位。因此，梯次上升是平均后的结果，跳跃上升是场景化的过程，提升结构要算的不是算术平均数，而是消费能力的最大公约数。

### （七）消费体验趋势律

卷烟是一种典型的体验性产品。在体验经济时代，消费者的物质需求比重下降，情感需求比重上升；大众需求下降，小众的个性化需求上升，“心动感”代替“性价比”，情感体验超越功能体验，成为新的卷烟消费趋势。回归卷烟产品本质，为消费者创造更好的消费体验，方是合乎规律、合乎趋势之举。

### （八）品牌口碑驱动律

在消费者不能亲自体验的情况下，品牌口碑成为驱动消费者尝试购买新品的关键驱动因素。来自周边亲朋好友的经验性口碑具有最直接的驱动作用，来自零售终端或专业人士的专业性口碑也具有一定的驱动作用，口碑是消费热点的内核与风向标。品牌在终端的任何营销活动一旦脱离了培育口碑，也就背离了这一规律。

### （九）消费行为变化律

卷烟消费者的消费行为（含吸食行为、购买行为等）是与时俱进发生变化的。消费者行为之所以发生变化：一是观念转变，引发行为变化，这是长期的根本变化；二是场景刺激，导致行为变化，这是随机的临时变化。卷烟营销活动的意义就在于提高在特定情境下改变消费者行为的概率，不能影响消费行为的营销都是无效的。

## 二、零售规律：买进卖出自有价

卷烟零售规律是指卷烟零售客户在卷烟经营过程中普遍、稳定、反复出现的本质特征。本书试图揭示如下7条基本零售规律：

### （一）经营盈利决定律

盈利是所有卷烟零售客户共同的关注中心，从根本上决定着零售客户的经营观念与行为，脱离盈利谈卷烟经营是无效的。盈利水平=收入–成本，提高收入、降低成本是提高盈利水平的两条基本途径，快速动销（周转）是既能提高收入又能降低成本的关键所在，因此，关注终端动销是品牌营销的初心所在，也是客户服务的初心所在。

### （二）经营能力“二八”律

在外部环境没有发生重大变化的情况下，卷烟零售客户的经营能力是相对稳定的，强者恒强，弱者恒弱。“二八”定律在卷烟零售市场也有着明显体现，具体不一定表现为“二八”分布,但商圈辐射半径更大的客户，经营能力更强，所占市场份额更大。

### （三）生活方式影响律

商圈决定定位，定位决定品类，品类决定店面盈利能力。品类不是越宽越盈利，也不是越窄越盈利，而是取决于店面所处商圈（周边的消费人群）与商业半径、经营定位，更符合消费者的生活方式。互联网的发展极大地拓展了每个店面的商业半径但也使零售竞争更加激烈，乡村城镇化、城镇社区化使社区店成为更具有生命力的业态。

### （四）进销存动态均衡律

卷烟零售客户的进货量、销售量和库存量是反映客户经营状态的核心指标，进货量是经营状态的“刻度尺”，销售量是经营状态的“晴雨表”，库存量是经营状态的“温度计”。3个指标合理且相对平衡，则客户经营状态健康；3个指标有任意一个指标异常，则反映出客户经营状态不健康或有异常。

### （五）紧俏货源订单泡沫律

对于紧俏货源，卷烟零售客户永远是“求足之愿”与“不足之感”同时并存，他们总是有意无意间放大对紧俏货源的订单需求，从而形成类似于“啤酒游戏”般的泡沫效应。坚持紧俏货源的适度均衡满足，是吊起客户“胃口”的基本方法。

### （六）主销品牌常态分布律

每个卷烟零售客户都会有自己的主销品牌、主销规格，卷烟消费的供给结构与流行效应决定了大部分零售客户的主销品牌规格是相同的。那些主销规格与主流不同的客户，反映出大趋势下的小趋势，更能反映客户的商圈特征与个性化经营能力。

### （七）主动营销赢得机会律

主动营销是卷烟零售客户经营意识和经营观念的主要体现。无论是主动开口推荐，还是主动宣传促销，抑或主动提供服务，主动营销赢得的商机总是大于被动与等待。能否主动营销，是评价客户经营能力与潜力的重要方面。

## 三、投放规律：水大水小自有量

卷烟投放规律是指在卷烟投放过程中普遍、稳定、反复出现的本质特征，是卷烟消费规律与零售规律在货源投放中的作用与体现。本书试图揭示如下5条基本投放规律：

### （一）按需投放律

需求在任何营销活动中都发挥着决定性作用，在货源投放中也是如此。投放总量必须根据消费需求量确定，需合理研判消费需求的稳定性与弹性；投放节奏必须根据消费节奏确定，要正确研判消费需求的季节指数及变化。如此，方能既有效满足市场，又合理引导市场。

### （二）稍紧平衡律

供求关系通常有“供大于求”“供小于求”“供求相对平衡”3种状态。在实际的市场中，供给与需求在动态中实现平衡，平衡总是短暂的，不平衡则是经常的。在普通商品市场，发挥调节作用的是“无形之手”；在卷烟市场，发挥调节作用的是“有形之手”，“总量控制、稍紧平衡”是调节供需的理想境界。当“有形之手”不够灵敏时，“无形之手”就必然会发生作用。

### （三）水满则溢律

卷烟投放过量（相对于需求量）自然会引发真烟非法流通，正如“水满则溢，月满则亏”。零售客户之间的自发流通，是市场自发调节资源配置（“无形之手”）的体现，这是“有形之手”无法完全遏制的。认可自发流通，是尊重市场的必然要求；遏制恶意流通，是规范市场的客观需要。当然，更要依据流通品牌、流动方向来合理研判市场需求，优化资源配置，更好地发挥“有形之手”的作用。

### （四）水能载舟亦能覆舟律

卷烟零售终端因其社会库存功能，通常被视为一个大的蓄水池。“社会库存”的适量存在，是满足消费需求的客观要求。库存量偏少，容易错失需求；库存量偏大，容易导致市场价格走低。卷烟零售终端作为蓄水池，既能载销量之舟，也能覆销量之舟，关键在于“适量”（投放量）与“适度”（投放节奏）。

### （五）新品选点投放律

货源投放策略理论上分为面投放和点投放两种，对于新品卷烟来说，无论价格高低，其实只有点投放一种。越设置门槛，人们越在意；越紧俏，人们越珍惜。培育新品，必须设置订购门槛和营造紧俏氛围，使之成为符合零售客户心理预期的财源增长点。

只有从自然中才能了解自然，从市场中才能认识市场。卷烟市场还有许多运行规律有待老司机们去探索和发现。“明者因时而变，知者随事而制”，掌握、遵循、驾驭这些已认知的基本规律，是成为合格营销老司机的基本功。

# 后记：写在后面的话

按照套路，最后一要表达感谢，二要表示谦虚。

感谢，是必须的。首先，要感谢已读完本书的你，正是你的青睐，所写的文字才有意义。我是烟，你就是让烟激情燃烧的火。其次，要感谢多年来不离不弃的诸多烟草企业客户，正是你们的信任与接纳，使我有机会成为卷烟营销的观察者与服务者。再次，要感谢本书中直接或间接引用诸多素材的所有作者，由于不是严谨的学术研究，兼大多数素材来自平时的网络学习，所以没有一一检索并标明出处，如果处理不当，恳请理解与反馈。最后，要感谢创享管理咨询的小伙伴们，正是你们的自律与努力，使我在断断续续近一年时间里，写出这些工作之余的文字。也要特别感谢李婷女士为本书配加了创创享享系列插图。

谦虚，是认真的。不是水平有限，而是水平、时间、精力都相当有限，因此，失误、讹错、错误可能都难以避免，期待你的宽容与批评指正，老汉虽老，尚能学习成长。卷烟产品的特殊性、营销实践的迭代性，都决定了“重新定义”是一个持续性的共同思考过程，如果你有更多的宝贵意见，欢迎加微信“叼烟斗的老汉”（QQ780839167）交流反馈。

套路完毕，抽烟去。